DARK INVASION

HOWARD BLUM

万墨轩图书
WIPUB BOOKS

美国首次反恐与卷入一战秘闻

1915黑暗入侵

DARK INVASION

爱伦·坡奖得主作品

【美】霍华德·布鲁姆 著　王兴栋 译

西南师范大学出版社
国家一级出版社　全国百佳图书出版单位

CONTENTS 目 录

前　　言 PREFACE　001

人们普遍认为，美国介入一战的导火索是德国潜艇对美国商船的攻击。但事实真的如此“简单”吗？爱伦·坡奖获得者霍华德·布鲁姆将为您解开尘封多年的秘密档案，将一段鲜为人知的历史公之于众：美国介入一战的重要原因是德国间谍在美国本土发动恐怖袭击！

人物简述 CAST OF CHARACTERS　003

信任魔咒 PROLOGUE | THE SPELL OF BELIEF　001

世界上有完美的犯罪吗？答案是肯定的。只要能获得别人的信任，那就能操纵这个人，仿佛能对这个人念咒语，无论做过什么事，都不会留下任何痕迹——哪怕是有组织、有预谋的恐怖袭击。在百年前的美国，德国间谍们就是炉火纯青地运用了信任魔咒对美国展开“黑暗入侵”……

麻烦时刻 PART Ⅰ | A TROUBLED HOUR 011

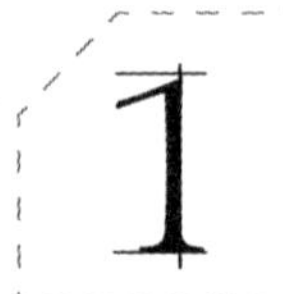

1915 年，爆炸、暗杀等一系列德国间谍发动的恐怖袭击使纽约这座城市陷入麻烦。但一开始，美国的警察并未察觉到事态的严重性。那么是谁最先让这个国家级阴谋浮出水面？面对重重危机，美国人是如何稳住阵脚、组织起自己的反恐阵营？世界上最早的国家级恐怖袭击和反恐战争拉开序幕。

间谍网络 PART Ⅱ | THE NETWORK 061

1915 年，在德国政府的指挥下，德国驻美大使迅速地在美国构建起一张秘密的间谍网络。这一间谍网络的指挥中心极其隐秘，策划了一次又一次的恐怖袭击。在德国间谍的黑暗布局下，身在明处的美国警察如何应对？

曼哈顿前线 PART Ⅲ | THE MANHATTAN FRONT 137

一战战场上，德军已疲惫不堪，而协约国成员国却源源不断地从美国购买物资补给。对德国来说，建立第二战线，直接针对美国本土开展攻击与破坏，对其扭转战争的局面至关重要。于是，“曼哈顿前线”应运而生。

天罗地网 PART Ⅳ | SPINNING THE THREADS 211

在与德国间谍缠斗的关键时刻，英国情报员提供了重要线索和证据，德国间谍的卑劣阴谋浮出水面。美国警察们不辞劳苦的跟踪调查也开始收到回报。美国警察布好了天罗地网，将对德国间谍展开全面反攻。

不请自来 PART Ⅴ | THE WALK-IN 243

关键时刻，一位神秘人物出现在德国间谍头子面前，并主动请缨。这位不请自来的“孤胆侠”将目标直指国会大厦以及“世界债主”——小杰克·摩根。疯狂的头脑，冷静的策划，神秘人将掀起怎样的恐怖之潮?

托尼的实验室 PART Ⅵ | TONY’S LAB 293

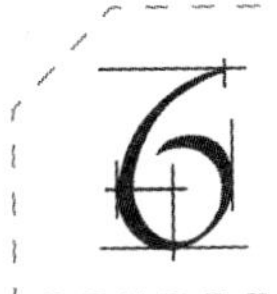

1915 年冬天，纽约某医院接收了一位发热病人，三周后病人死去……这是德国对美国发动细菌战致死的第一人。致死细菌就来自德国间谍在美国设立的“细菌战大本营”——托尼的实验室！这个魔鬼基地，让美国遭受了怎样的灾难？德国的细菌战是激怒美国，促使其加入一战的导火索吗?

后　　记 359

附 录 一：有关引用资料的说明 361

附 录 二：参考书目 371

附 录 三：中英译词对照表 379

前言

这是一段真实的故事，本书的写作受到美国中情局的一份内部刊物《情报研究》上一篇文章的启发，该文作者是中情局一位研究历史的雇员，文章写于“9 · 11”事件发生的一年之后，其标题是“首次保卫美国国土安全”。读完这篇文章，我意识到纽约市警察局的副巡长汤姆 · 塔尼——他本人在 1913 年至 1917 年还担任纽约市警察局拆弹分队的负责人——无论如何都堪称是美国的首任国土安全部部长（这个职位当时并不存在，国土安全部是在“9 · 11”事件之后才设立的——译者）。受到这篇文章的吸引，我开始研究更多有关塔尼的生平资料。

在书中，我主要讲述了一个训练有素的外国情报组织是如何在美国发动一场秘密恐怖袭击战的，针对世纪之交对外界毫无戒心的美国，他们动用了炸弹、细菌武器，甚至开展谋杀行刺活动。而塔尼和他的团队，一开始在人数和装备上都明显处于下风，他们又是如何应对挑战、保卫自己国家的呢？写作本书其实是为了讲述塔尼团队所遇到的各种挑战，以及他们是如何解决这些问题的。这些其实也就是驱使美国介入战争的一些不为人知的因素，它们藏在暗处，很黑暗，也很惊悚。

在写这本书的时候，我得到了很多人的帮助，参考了很多资料，包括一些当事人的回忆录、日记和信件。另外，我也阅读了很多政府文件、法律文书以及当时的新闻报道。所有这些材料，包括对话和直接引用，都在书中呈现了出来。

人物简述

德国间谍

间谍网络负责人:

瓦尔特·尼古莱 德国间谍网络的负责人，王牌间谍，他在柏林遥控指挥。

海因里希·冯·贝恩斯托夫 德国驻美国大使，德国间谍网络在美国的直接负责人。

弗兰茨·冯·帕蓬 德国驻美大使馆的武官，主要负责在美国进行各种破坏活动。

卡尔·博依德 德国驻美大使馆海军武官，协助帕蓬指挥破坏活动。

海因里希·阿尔伯特博士 德国驻美大使馆商务参赞，主要负责间谍网络的资金问题。

间谍网络一线特工：

弗兰茨·冯·林特伦队长 自称为“秘密入侵者”，金融界精英，曾在德国海军服役，一战爆发后重返德国军队，负责构建情报网络和恐怖袭击团队，据点主要在曼哈顿，具体负责各种恐怖袭击和破坏活动。

恩里希·蒙特 哈佛教授，具有犯罪心理学、文学、哲学等多重学术背景，“完美犯罪”实验人，冷峻、分裂，具有典型的犯罪人格，曾经毒杀自己的妻子，策划、执行美国国会大厦爆炸案，枪杀美国银行家小杰克·摩根未遂。

安顿·迪尔格医生 “海德堡伟大的生理学家”，微生物学专家，“托尼的实验室”创始人，负责培育细菌并发动细菌战的特工——摧毁战马和德国的敌人。

瓦尔特·席勒博士 “雪茄炸弹”的发明人，长期潜伏于美国的德国特工。

保罗·希尔肯 巴尔的摩行动分部的负责人，参与细菌战和对美国最大军火库的恐怖袭击案。

查尔斯·冯·克莱斯特 曾经担任过货轮船长，协助发动对轮船的爆炸袭击活动。

保罗·科尼格 负责招募码头工人从事破坏活动的主管。

乔治·福熙 科尼格的表兄，袭击运河的特工。

恩里希·冯·斯泰因梅茨 德国军情处特工，林特伦的帮手。

霍斯特·冯·格尔茨 德国军情处间谍。

罗伯特·费依 协助林特伦的德国士兵，同时也是一名工程师。

汉斯 · 冯 · 维德尔 负责伪造护照的特工。

玛莎 · 赫尔德（女） 曾经当过歌剧演员，在曼哈顿开设了一家妓院，成为间谍们聚会和接头的安全港。

美国方面

主管官员：

富兰克林 · 波尔克 美国总统威尔逊的情报联络官。

亚瑟 · 伍兹 纽约市警察总监。

盖伊 · 斯库尔 纽约市警察副总监。

盖伊 · 葛恩特 英国军情处驻纽约负责人。

反恐小组成员：

汤姆 · 塔尼队长 纽约市警察局拆弹分队队长。

乔治 · 巴尼茨 塔尼的忠实助手，反恐小组核心成员。

阿美迪奥 · 波里纳尼 卧底探员。

帕特里克 · 沃尔什 伪装高手。

瓦伦丁 · 克雷尔 会讲德语的警官。

亨利 · 森夫 会讲德语的警官。

亨利 · 巴斯 反恐小组的点子王、思想家。

序幕：信任魔咒

那是 1906 年 2 月份的一天，天气有些湿冷。如果当时恩里希·蒙特没有为了借书步行穿过哈佛大学校园来到爱莫森大礼堂，那么他就永远也不会看到如下这一幕：一个学生从口袋里拿出一把左轮手枪，瞄准，就在他的手臂被抓住的时候开了枪。看到这一幕之后，事情就永远变得不一样了。

那天整个早上都在下雨，而当蒙特教授从自己教德语的小教室穿过泥泞的哈佛校园，走到对面那栋红砖建造的大礼堂时，突然之间变得大雨如注。他尽力想走快一点，但身体确实不争气，他得了骨结核，医生已经诊断为晚期，康复无望。得了这种毛病，即便是在天气状况很理想的情况下，步行也有点困难，更别提是下大雨了。因此，当他走到爱莫森大礼堂的廊柱旁时，浑身已经湿透了。

在大礼堂入口的上方刻有这样的话：“你到底会留意什么样的人？”这是哈佛大学校长查尔斯·艾略特亲自从赞美诗中挑选

的句子，就在去年大礼堂向学生开放的几个星期前被刻上去的。不过，蒙特教授对于宗教没什么好感，或者说在这个问题上，他对任何质疑他自身地位的哲学都没什么好感，因为他奉行的是一种好斗的自我中心主义，谦卑在他的心中根本就没有任何位置。

蒙特教授为哈佛的本科生开了德语课，他上课时那种自以为是的态度，让选了课的学生总是感到有些害怕和焦虑。而那一天的天气本来就够糟糕的了，再加上自己也淋了雨，因此他更显得有些烦躁不安。不过，走到对面之后，他掩饰了自己心中的愤怒，将湿透的头发梳理一番，然后将衣服弄清爽，把眼镜擦干，尽量让脸上的表情显得更加自信。雨水湿透了衣服，不过他仍然要让别人清楚地知道他就是那样一个人，任何人甚至包括哈佛校长在内，如果够明智的话，就应该留意他。

蒙特教授进入大礼堂之后，沿着弯曲的楼梯走上三层，去往一个新建的心理学实验室，尽管对于他来说，爬楼的确是有点困难。由于生了这种退化性疾病，腿在变细，肌肉也在萎缩，爬楼梯非常费力。不过，蒙特教授还是坚持了下来。这个实验室的主任，雨果·蒙斯特博格教授，是他在一个哈佛校外的德国人社团聚会中认识的。两人很投缘，发现彼此之间有很多共同点。

蒙特只有 35 岁，看起来瘦弱得甚至有点本科生的那种孩子气，而蒙斯特博格教授虽然只有 43 岁，但已经秃顶，因此蒙特很容易被误认为是蒙斯特博格教授的儿子。只是，这一点似乎并不重要。他们都出生在德国，英语发音也都有点口音（只不过年轻的蒙特教授口音要少很多，毕竟他已经在美国生活了半辈子），另外他们两人对于自己的祖国也都感到很自豪，甚至相比于效忠美国，他们更愿意效忠于德国。但这些都不是他们走得近的原因，唯一促使他们走到一起的就是他们对犯罪心理学的共同兴趣。

蒙斯特博格教授是在哲学家威廉·詹姆斯的催促之下才来到哈佛的，而詹姆斯请他过来是要在哈佛建立全美首个研究犯罪心理学的科学实验室。蒙特本人的本科学位是在芝加哥大学获得的，主修德语。在堪萨斯州立大学读研究生的时候，他的研究领域主要是犯罪动机，也就是到底是什么因素促使普通人犯罪。他把自己的研究成果写成了一篇论文《非理性与文学》。如今虽然在哈佛大学攻读德国文学的博士学位，但蒙特仍然对导致犯罪的精神机制非常感兴趣。

当蒙特和蒙斯特博格教授聊起这一切的时候，蒙斯特博格教授立即邀请这位年轻人来访问自己的实验室，并且让他从自己的私人图书馆借任何想要看的书。今天，蒙特不惧风雨，也不怕爬楼，怀着一颗好奇而热情的心，就是为了不浪费蒙斯特博格教授的慷慨。

蒙特进入的是怎样一个地方！爱莫森大礼堂的顶楼被分割成了很多房间，各种电线像蛇一样弯弯曲曲穿过这些房间，将数不清的机器连在一起。对此，蒙斯特博格教授夸耀道："这些机器真的可以揭示人类心灵活动的秘密。"

根据安排，这些设备被分成了几大类，有的用来监测在压力下人的臂膀和手指的肌肉活动是否有变化；有的则是用来监测人在情绪变动的情况下，呼吸会有什么变化；也有的设备主要监测一个人犯罪之后心跳的变化情况。蒙斯特博格教授宣称，这些机器能够将人们对很多东西的认识层层分解，达到像科学一样的准确。蒙斯特博格教授接受《纽约时报》专访的一篇文章广为流传，在访谈中他非常坚定地表示，一个实验心理学家有能力决定如何讲述事实真相，否认这一点，就如同否认一个化学家可以发现一个人的胃中是否包含有毒物质一样，是非常荒唐的。

几个月之后，当被问到蒙特在雨天参观实验室的情况时，蒙斯特博格教授想到了之前他在报纸上发表的评论，以及在评论中所用到的比喻，这些在他的脑海里挥之不去，而且带着一种令人害怕的先见之明。但在那天下午，这位著名的犯罪心理学家并没有任何怀疑，事实上，他还邀请蒙特来到他即将上课的教室，听他讲课。

蒙特站在教室的后面听得津津有味，正听到兴头上时，掌声响了起来。“我想谈谈我对这个问题的看法。” 一位同学站起来打断了教授的讲话。

另外一位同学也立刻站起来挑战第一位同学，并嚷道：“我无法容忍你这么做。”

第一位同学愤怒地回应称：“你侮辱了我。”

“如果你再说一句的话——”第二位同学握紧拳头警告道。

第一位同学从自己的上衣口袋中掏出一把黑色左轮手枪，而第二位同学在愤怒之中扑向了他。这个时候，蒙斯特博格教授赶紧离开讲台，努力让自己站在两个同学中间，并一把抓住了第一个同学握枪的手臂。突然间，枪响了，一个男生捂住自己的胃部，跌倒在地。整个教室陷入了混乱，惊慌失措的同学们都从自己的座位上跳了起来，夺门而逃。不过据目击者称，站在教室后面的蒙特还在那里，显得十分冷静，甚至看得有点着迷。

当那名“受伤”的学生咧着嘴笑，然后一下子站起来时，蒙特也没什么反应。

原来这只是一场实验！在组织学生们回到座位的时候，蒙斯特博格教授要求学生们就刚才发生的一幕写一份准确的目击记录，他还反复强调说：“告诉我你所看到的一切。”在学生们写的时候，蒙斯特博格教授则在解释说刚才发生的这些东西其实是一个实验，为的是表明，在一个案件中即便是亲历者讲述的自己亲眼所见的事物，也可能有问题。对真实的追寻可能会带有某种目的性，而记忆永远是主观的。在法庭上，辩护律师可以利用这种引导问题的话语权，让真相大白变得不可能。相类似的是，教授接着说道，有经验的罪犯也可以操纵民众，让他们去相信他想让他们相信的东西。

当同学们读起他们对刚刚发生的这一切的记录时，很明显蒙斯特博格教授刚才说的命题是完全正确的，没有哪两个同学对刚才发生的所谓枪击事件给出了完全相同的说法。当心理学家试图用他自己的问题去影响学生的回忆时，他们的记录就很可能被扭曲，因此教授得出的结论是：“真相只是在相信的前提下创造出来的。”

这一点对蒙特的触动非常大。那个晚上，蒙特拿着他借来的书——书名早已忘掉——回到自己位于牛津街的家中。他发现自己仍然在不停地想着白天所见到的一切，一次又一次，在自己的脑海中浮现出教室里出现的那一幕幕场景，以及学生们对这个场景相互矛盾的记录。而教授本人也能操纵学生们对这一事情的回忆，这真的是上了一堂很好的教育课。

让蒙特念念不忘的还有另外一个理由，那就是它证实了自己长期以来所坚持的一个理论：完美犯罪是完全可能的。只要别人相信，只要你能去操纵这种信任，那么你就能在做下任何事情之后不留痕迹，哪怕是谋杀。

在接下来的几个月当中，蒙特很忙。他在学校里的日程排得满满的，教学任务繁重，攻读博士学位，还要参加一个哲学研讨班，另外写论文也会占用不少时间。然而只要是能抽出一点时间，他就会溜进蒙斯特博格教授在爱莫森大礼堂上面的私人图书馆，找点心理学方面的书来看。麻省剑桥地区令人压抑的冬天快要结束了，有很多迹象显示，这个春天会很不错。尽管在学术上有很多压力，时间上的要求也很多，不过蒙特的注意力已经逐渐转移到他怀孕的妻子身上。妻子莱安娜病了，而且越来越严重，随着4月预产期的临近，她的身体看来是越来越有问题了。

生他们第一个孩子的时候，妻子就出现了并发症，不过对孩子影响不大，如今第一个孩子海伦已经有3岁了，继承了母亲的笑脸。然而随着第二胎的预产期只剩几个星期，日子变得越来越难过，莱安娜的小肚子痛得厉害，没办法只好叫医生，不过医生们最多只能建议莱安娜躺在床上，蒙特也尽力确保妻子能够执行医生的建议。只是，由于疼痛一直没有减退，蒙特逐渐失去了信心。他赶走了一个医生，然后又赶走了另一个。他决定再聘两个护士取而代之，在她们的帮助下，自己来照看妻子。他做的事情远远超过了护士们建议的范围，因为他自己觉得对妻子的爱更多一些，就能让妻子更好一些，因为爱可以带来任何医学照料所不能带来的东西。

在接下来难熬的十天当中，两位护士，一个是凯斯，另一个是迪特里希，她们说自己从来没有看到过一个丈夫会对妻子这样关心。蒙特教授不分白天黑夜一直守在妻子的床边，甚至坚持自己亲自为妻子做牛肉汤，自从莱安娜不能吃饭之后，这就成了她唯一的营养来源。这两位护士告诉关切的邻居，教授会让她们出去做别的，而他一个人在厨房间准备食物，然后会坐在妻子的枕边，一口一口地喂她吃；如果莱安娜说自己没胃口，教授也不会因此作罢。凯斯护士说到这些充满了羡慕。教授每次都坚持要妻子喝下最后一口汤，为了她自己也是为了孩子。这么好的丈夫，这么照顾自己的妻子，护士们一说起这个总是讲个没完。

蒙特的精心照料终于取得了成效。4 月 6 日，他终于同意离开卧室，让护士们来照顾自己的妻子，莱安娜也顺利产下了一个健康的女婴，孩子的名字和莱安娜最爱的姑母一样，叫玛丽。根据护士们的回忆，接下来的三天里充满了欢乐。不仅刚生下来的孩子健康，莱安娜的身体也在康复，胃口也好起来了。一天晚上，她甚至还吃了一盘凯斯护士做的炖鸡，让护士们吃惊的是，她吃完之后还觉得不够，继续要了一些。

但到了周末，莱安娜的情况又有了新变化，除了丈夫准备的牛肉汤之外，她再也没吃别的东西。更让人担心的是，她又开始痛了起来，情况甚至比第一次还要糟糕。她看起来很痛苦，护士们很同情，蒙特教授也很痛苦。随着莱安娜病情的恶化，蒙特教授的痛苦也是与日俱增，这让两位护士有些心碎。当莱安娜 4 月 16 日早上死亡的时候，蒙特教授整个就崩溃了，邻居们听到他像一只受伤的动物一样在嚎叫："我真的不知道该怎么办？"蒙特教授无助地哭着向迪特里希护士倾诉。当天下午晚些时候，蒙特教授终于强忍住内心的悲痛，拟定了安葬计划。麻省剑桥当地的一位送葬员已经将莱安娜的遗体搬走，但蒙特教授坚持她的妻子应该在芝加哥下葬，并且在那里办一个葬礼，这样她的父母就可以参加。要去芝加哥，必须带上两个孩子，这两位护士愿意陪同他们一起去吗？蒙特问了问她们，他自己打算第二天就启程。他热泪盈眶，请求两位护士看在孩子的分上能够帮他一把，把这件事情处理完。护士们答应了，和他一起哭了起来，她们的眼泪既是为了可怜的莱安娜，也是为这个心碎的教授。当天晚上，蒙特教授就在安排第二天如何将妻子的遗体带上火车，和自己一起出发。但这中间出了一点麻烦，当地的那位送葬员朗先生告诉蒙特教授，除非有一位医生开具验明死因的死亡证明书，否则尸体不能从停尸房运走。这实际上就意味着必须对莱安娜的遗体进行尸检。在这个程序完成之后，尸体才可以运到教授想要运往的任何地方进行安葬。

对于这样的要求，蒙特教授愤怒了。他坚持要带着妻子的遗体回到芝加哥安葬，因为只有这样，莱安娜的父母才能参加葬礼，他嚷嚷着说送葬员根本就没有权力来干涉这件事。

朗先生为此向蒙特教授道歉，但还是坚持自己的原则："规定就是规定。"

蒙特考虑了一下，然后就哭了起来，他请求送葬员网开一面，说自己只是想让妻子入土为安，想让她最终获得安宁。他哭着哭着，身体因为痛苦而开始颤抖，别人再怎么安慰也没有用。朗动了恻隐之心，仿佛对蒙特教授的痛苦感同身受，最后他告诉教授第二天早上可以带着妻子的棺材坐火车上路。

但在蒙特走开之后，朗先生就有了别的想法，他在为莱安娜的遗体入殓时想到一个办法，或许这样做既能满足丧妻的教授的要求，同时也不违反原则。带着一种殡仪人员特有的稳健作风，他决定从遗体中切除一部分内脏器官。第二天早上做的第一件事就是把器官送到剑桥当地的医疗检验机构，找惠特尼·斯万医生检验一下。当斯万医生见到这部分器官的时候，莱安娜的遗体已经装上了运往芝加哥的火车。但这没关系，针对一个哈佛教授妻子的尸检正在按正常程序进行。

莱安娜的葬礼在芝加哥傅乐顿大道莱安娜父母家中的起居室里举行，随后遗体被安葬在当地的玫瑰山公墓。在这整个过程中，蒙特教授都面无表情，精神似乎已经处于休克之中，他看起来甚至都不能说话，眼神也很空洞。从墓地回家之后，蒙特尽量打起精神和岳父亚瑟·柯伦卜谈上几句。他向岳父解释道，自己需要离开一段时间整理心情，好好想想发生的这一切，问岳父母能不能帮忙照看孩子几天。岳父母很自然就答应了，岳父还安慰自己的这位女婿，给自己一点时间，把心情整理好。蒙特答应他们过两天就会回来。

五天之后，两名芝加哥的探员带着一份逮捕令来到柯伦卜的家中，这份逮捕令由剑桥检方签发，指控蒙特教授谋杀自己的妻子，这个时候蒙特仍然没有回到芝加哥。两位探员向柯伦卜解释道："剑桥当地的医疗检测机构在对莱安娜的内脏进行检测之后就怀疑有问题，并将器官送到哈佛医学院教授 W.F. 惠特尼的实验室做进一步的分析。惠特尼教授很快就确认之前的怀疑有道理，这些器官上有很多有毒物质的残留，莱安娜是被慢慢毒死的。"

对此，柯伦卜拒绝相信自己的女婿毒死了女儿。"我敢确信一个彻底的调查报告完成之后，就会证明这一切其实都是没问题的。"他倔强地坚持道。

但随着时间的推移，几个星期过去了，几个月过去了，甚至是过了几年，蒙特教授杳无音讯。柯伦卜夫妇也没有办法，只好将这两个外孙女抚养起来。柯伦卜先生也开始意识到他之前的判断可能真的是错了。他的女婿不仅就是一个杀人犯，而且已经逃之夭夭。蒙特教授消失了。

ARK
NVASION

PART I
A TROUBLED HOUR

第一部分：麻烦时刻

第 1 章

纽约第五大道的圣帕特尼克大教堂内，晨光透过高高的窗户，穿过窗上的有色玻璃，洒在教堂的大厅里，照在一排一排的凳子上。这是 1915 年 3 月一个寒冷的早晨，纽约市警察局副巡长汤姆·塔尼躲在教堂内没有被阳光照到的地方，从旁边一个狭窄黑暗的走廊向前慢慢挪动，眼看离教堂大厅前方的祭坛越来越近。突然间，他一下子躲到一个大石柱后面，稍等片刻让自己的眼睛适应周围这种半明半暗的环境，然后很警觉地侦察周围的情况。

在教堂的前厅，三个清洁女工手拿水桶和拖把，做着保洁工作，其中一位留着红色长发，眼睛一直盯着地面，正在清洗大理石地板。她穿的是一件有点褪色的蓝裙子，裙子一直到脚踝，衬衫是白色的。让人奇怪的是，她还穿了一件黑披肩，像一个斗篷一样把她宽阔的肩膀都给盖上了。她擦得很勤，不过就在她工作的时候，披肩有点往下掉，胸前挂着的一个手枪皮套依稀可见。塔尼偶尔还能看到枪把，但现在已经来不及提醒探员帕特里克·沃尔什把枪藏得更严实一点，这个伪装容易让人看穿。原来这三个女清洁工都是探员乔装的，她们在执行任务。

事情变化得有点快。塔尼转过身去，往走廊上看，眼睛一直扫到前排的凳子。教堂门口看门的是个老头，年纪有点大，胡子花白，还有点驼背。他把早上7点钟来教堂做礼拜的人往里面引导，让他们有序地坐在一排排的凳子上。让塔尼有点犯嘀咕的是，这个老头的打扮挺庄重，他戴着金边眼镜，穿着双排扣大衣，颇像欧洲一个没落小国的贵族。老头慢慢地沿着走廊向前走，弯着腰，看起来很谦卑，但很警觉。如果他雪白的假发掉了下来，塔尼一点也不会感到奇怪。原来，这老头就是塔尼的左膀右臂，乔治·巴尼茨探员，他也在教堂里执行任务。

尽管手下的表现算不上尽善尽美，但随着海耶斯主教开始带头唱起弥撒曲，塔尼的这些担心也在渐渐消退。参加礼拜的人都在祷告，塔尼自己也在祷告。后来，据他自己说，他的这次祷告要比以前任何一次都虔诚得多，他祈祷自己可以阻止这个伟大的教堂以及在里面的所有人被炸成灰。但现在他能做的就是等待，并祈祷仁慈的上帝能够答应他。

塔尼还是纽约警察局拆弹分队的负责人，他在17年前，也就是1898年年初加入这个部门。当时他只有22岁，还是一个小伙子。至于加入的理由，据多年之后他自己回忆，其实挺复杂的，里面有一系列因素。其中有一点不得不提，那就是叔叔树立的榜样。在有关整个家族的各种故事里，叔叔几乎在口口相传中成了圣人，因为他曾经为爱尔兰皇家警察局服务超过20年。塔尼自己也出生在爱尔兰的科克郡，8 岁之后才搬到纽约曼哈顿。不管怎么说，塔尼从小心里就有这样一种想法：塔尼家族中某个人的生活方式，对其他人也适用。

另外还有一个原因，当时的纽约警察总监西奥多·罗斯福曾公开讲过，要让最聪明能干的人进入警察队伍，而不是让那些先到市政府混过的人转身进入警界。因为这些人往往会受到政治的影响，而警察最好是秉持专业，永远保持竞争力。塔尼想证明自己符合警察总监所提出的标准。

当然最重要的原因，就是塔尼觉得这份工作能给一个男人带来荣誉感。虽然当时塔尼对警察的具体职责还不是特别清楚，但荣誉感的驱使让他来到纽约市区，填了申请表。荣誉是至关重要的。“荣誉是别人永远无法从你身上拿走的东西。”这是塔尼的一位爱尔兰移民朋友说的，这位朋友是个苦力，每日劳作不休，直到 48 岁的某一天因劳累晕倒而死。塔尼从内心深处本能地感觉到：还有什么比站在法律和秩序的这一边更让人有荣誉感的呢？这是一种很直率的、无须委曲求全的生活方式，通过一生的服务，可以让自己变得更好。

从当上警察的第一天开始，塔尼就很有团队精神，注意与别人团结协作。他的第一项任务就是到布鲁克林走街巡逻，很快塔尼警官就在当地的社区家喻户晓，只要是他值班，大家就都很放心，已经把他当成了安全的保证。有时候他甚至都不会麻烦同事来帮忙，自己一个人单枪匹马去处理周五晚上酒吧里发生的打斗，亮出警棍晃动几下，并用犀利的眼神盯住犯事的人就能恢复秩序。

有时候碰到有人偷东西，他会突然加快脚步紧追不放，跑了很多个街区之后将小偷摁倒在地，为失主找回钱包。（在他入警第一年举行的警察技能比拼赛上，塔尼一百码，也就是大约 91 米，跑下来只花了 10.5 秒，这说明他抓小偷的成绩可不是临场发挥。）只要是塔尼穿着制服上街，人们总会感到很安全。

在警察总部的办公室里，塔尼的上司很快就注意到这个年轻人，觉得他有领导天赋。他们可以从塔尼的职业生涯结束时得到的奖状中回忆起这一点：虽然他是个大男人，但令他得到瞩目的并不是他的大块头，而是他的能力。纽约市警察副总监盖伊·斯库尔说：“他会在安静的思考中很仔细地去聆听别人的讲话。”这种态度是对人的尊重，也为他赢得别人的尊重。塔尼话不多，但斯库尔表示，只要他一说话，人们都会认真听。

在接下来的十年当中，塔尼的事业蒸蒸日上。对于这段经历，塔尼后来回忆道：“我就在磨炼中，从一个岗位换到另一个岗位。”一开始是巡逻岗，然后被调到便衣组，专门到犯罪率高的城区执行任务，既盯嫌犯，同时也看看其他的警察是否忠于职守。再然后就被调到了比较精英的侦察组，在这里他也很快就确立了自己的地位，赢得了声誉。

在一个很有名的案子中，他乔装成车库修理工，成功解开一起交通事故的谜团。当时布鲁克林一个医生在忙碌了一个晚上为一名孕妇接生之后坐车回家，从有轨电车下车时，被人撞倒身亡，肇事者逃之夭夭。塔尼乔装成汽车修理工，找到了前来修理的肇事车辆，成功破案。塔尼破了这个案子之后，《纽约时报》称赞他是一个聪明的侦探。还有一次，他成功地追踪到了当地一个毒杀主教的恶棍，此人还对一家大学俱乐部的 30 名其他成员投毒。“他的故事读起来像侦探小说。”塔尼很快成了报纸上的英雄，很多媒体都对他赞不绝口。

对塔尼来说，这么多的关注会给自己的生活带来一些困扰，但他也不得不承认自己真的是找到了想做的事情。他喜欢侦探工作，愿意为了找到真相而不遗余力。在描述自己的这份工作时，他曾经这样说道：“一开始毫无线索，或者说只有一点点线索，这充满挑战，也很刺激。然后我根据自己的办法一步步揭开谜团，这个过程真的很美妙。”

1913 年年初，塔尼被警察总监亚瑟 · 伍兹提拔为代理巡长。伍兹毕业于哈佛大学，之前曾在格罗顿学校担任英语老师，他被调来对纽约警察局进行重组。而塔尼的新职位就是负责新成立的拆弹分队。

纽约已经成了很多不法分子的袭击目标。过去十年，纽约整体的治安情况不是很好，甚至可以说有点混乱。无论是无政府主义者还是黑手党，以及来自西西里移民当中的割喉黑帮，这些人绑架完人质之后，喜欢在绑票上摁下黑手印，以此为世人所知。所有这些破坏分子都在纽约胡作非为，扔炸弹，安装爆炸装置。建筑被摧毁，很多人无辜丧命。警察总监伍兹的判断是，这样的暴力行为只会进一步升级。

在整个美国，劳工和资本家之间的差距正在进一步扩大。比如在洛杉矶，工会的一些人将炸弹安在《洛杉矶时报》大楼内，结果炸死了21人。因此，没有理由期待在满是钢筋水泥大楼的华尔街，这样的仇杀行动会很快减少。

另外一个让人担心的原因，就是纽约警察还没有抽出专门的人手监控黑手党。纽约警察局的意大利小分队四年前就已经解散，当时这个分队的队长在意大利帕勒莫街头和一个线人见面时遭枪杀。

尽量阻止爆炸事件的发生已经成了塔尼的职责。他的工作是要在这些犯罪分子将化学物质合成炸弹并进行安装之前抓住他们，如果失败了，或者说太晚了，他就必须从爆炸的废墟中寻找线索，然后再去抓真凶。警察总监严肃地命令道："如果有需要，哪怕是到地球的尽头（也要抓住真凶）。"

从一开始，塔尼就有很大的自主权。他可以招募任何他想要的人加入这个小组。由于这是一个特殊小组，警察总监还提供了之前意大利小分队的办公场所作为办公处。这处办公地点位于纽约市中心街一个沙龙的上面，空间比较狭小，也有点脏乱，因为自从意大利小分队解散之后这里一直空着，有好几年没人打扫过了。尽管如此，塔尼还是立即表示自己接受这个地方。他觉得，能够在一个远离警察总部的各种混乱，以及政治算计的地方工作，而且保密性还不错，远远要比工作环境舒适重要得多。另外一个好处是，伍兹总监曾明确告诉塔尼，他只需要向总监一人汇报，而且也只能向总监汇报。警察局其他人，无论是什么级别，都没有权力来过问塔尼的行动，或者撤销他的命令。

塔尼立即准备开工。像他自己调侃的那样，他的第一步就是要去了解炸弹。他去了监狱，去问那些被抓起来的黑手党成员，让他们介绍自己是怎样制造爆炸装置的。他还花了很多天的时间待在杜邦公司位于纽约的办公室里。在那里，公司的管理人员和技术人员给他上了一堂有关炸药的课程。他还浏览了很多出版物，寻找有关用炸药拆除建筑物的最新消息。他自己有时候也觉得奇怪，甚至发现自己已经成了化学系的学生。

这是一个彻底的转变，付出总有回报。塔尼自己后来都说，到了第二年，他在追寻炸弹踪迹方面已经很有经验，甚至一眼就能看出来，哪些人有无政府主义者或者黑手党的特征。而就在去年的夏天，他展开了一项调查，正是这个调查在8个月之后让他和他的团队看到了这个城市黎明前的黑暗。对于圣帕特尼克教堂而言，前面的一幕恰恰就是黎明前的黑暗。

第 2 章

解除教堂威胁的第一步行动就是派人卧底，而卧底的地方位于纽约 106 街附近一处破落公寓的地下室，离纽约中央车站不远。这里就是布雷西亚团伙周日的聚会地。这个团伙之所以叫这个名字，是为了纪念曾经刺杀过意大利一个邦国国王的无政府主义者布雷西亚。

在美国这个国家，经济的快速发展带来很多问题。不少人的生活中存在太多的不确定性，有人没有工作，有的家庭食不果腹。这个团伙的成员都是一些生活上不太顺的人，在白天的公开聚会中，大家谈论得最多的都是社会上存在的各种不公正，每个发言的人一提到资本家对劳工的剥削就非常愤怒，他们还把矛头对准天主教堂，抨击神父们住在华丽的大教堂里，生活非常滋润，却忽视了自己对普通大众的责任。因此，纽约经常会爆发各种游行和抗议活动，示威者要求工作，要求公平分配。去年春天，布雷西亚团伙率领的一伙暴徒就冲进了位于布鲁克林的圣阿尔方萨斯教堂，要求教堂方面提供食物，否则绝不离开。

塔尼自己出身也不好，小时候的晚餐经常只能喝点汤，因此他对于这个城市正在蓄积的不满和绝望感同身受，能够理解。他自己现在还没有结婚生孩子，工作就是他生活的全部。由于自己曾经有过一段困难时光，他特别能理解那些失业和为生活而挣扎的人的心情。尽管对于那些冲进教堂或者想颠覆政府的人，塔尼没有办法容忍，但他的手下还是经常会听到他这样抱怨："这个国家有些东西确实不对。"当其他一些官员公开谴责激进分子的时候，塔尼则会对他们的言论表示遗憾："不能只去责怪那些想要公平的人。"

不过，布雷西亚团伙的人不仅仅是发言谴责，或者是组织游行。就像塔尼后来总结的那样，他们好像对炸弹特别感兴趣。

就在一年前的7月4日（美国独立日），有个团伙的成员因翻越大亨洛克菲勒在纽约城外一处豪宅的围墙而被捕。同一天，三名布雷西亚团伙的成员在他们位于莱克星顿家中的房间里组装炸弹时被炸飞。对这几个房间进行搜查后，警察找到了可以将这两件事情串在一起的证据。其实，那个在洛克菲勒豪宅附近被捕的人当天是去摸底，然后准备第二天再回来将炸弹安装在豪宅的窗户下。对于独立日发生的事情，塔尼想了很多。很明显，这回真的是靠运气避免了一场可以震动全国的灾难。不过塔尼是个谨慎的人，他一直等到自己的拆弹分队对下一步的行动有充分把握时才向伍兹总监当面汇报。

伍兹建议，他们可以在市中心的哈佛俱乐部会面。伍兹先生也想远离警察总部的喧哗，他也喜欢在结束一天的工作之后喝上一杯威士忌。这是塔尼第一次到位于 44 大街的哈佛俱乐部，两人落座之时，夜幕降临，俱乐部屋顶高高的，灯光有些昏暗。在塔尼看来，两人对面而坐的距离似乎有纽约一个街区那么远。

俱乐部里的人分散在大厅中，稀稀落落，大家坐在皮沙发上，品着鸡尾酒，都是一副很高雅的样子。这里声音也很小，似乎大厅之外整个城市的混乱和喧嚣属于另一个世界。塔尼情不自禁地想象一下：布雷西亚团伙会对这样的氛围有什么样的评价？他觉得这里的高雅和统治阶层文化的特点让人有些不安。从根子上讲，塔尼自己是个卑微的爱尔兰移民后裔，自己在高中毕业之前就已经离开了学校去为家里赚钱。

两人谈了一会儿之后，他已经打消了各种疑虑，向伍兹总监解释之所以要和他会面的原因。“骚动是具有传染性的，”他说，“无政府主义者喜欢动乱，就像自己不喜欢命令一样。”虽然对洛克菲勒豪宅的袭击阴谋最终流产，并且还导致了三名制造炸弹的人被炸死，以及一人被抓，但在布雷西亚团伙及其支持者当中，这件事情已经上了报纸的头条，造成了一定的轰动效应，因此他们可能会认为他们成功了。

说到这里，塔尼开始变得严肃起来，每当有坏消息要分享，塔尼的声音总会变得低沉起来，他说出了困扰自己多日的一项预测：这一切都远没有结束，这些人会发动更多的袭击，更多的炸弹将会被引爆。而在下一次，受害者不可能只是袭击者自己。

“对布雷西亚团伙进行仔细的调查，这是我们的责任。”塔尼说。伍兹总监是一个很有想法的人，加入警察局之前在格罗顿学校工作期间，就以善于问问题，而非仅仅是奉命行事著称，这似乎就是他的本能。他也尊重塔尼的专业知识，毕竟在纽约警察局干了十年，这种经验在哈佛和格罗顿学校的课堂里是学不到的，想都不要想。于是，他问塔尼下一步该怎么做。

塔尼已经成竹在胸，他有一个战略，在来哈佛俱乐部之前，心里已经想清楚了。不过他并没有脱口而出，只是透露了部分内容，因为他相信这么做会得到更多的支持。塔尼心里很清楚自己这项计划涉及面广，也很可能会需要一段时间才能见效，这样需要耐心的行动恐怕将是史无前例的。所以，这项计划需要总监的正式批准，才有可能执行到底。如果塔尼的手伸得太长，伍兹总监可能会觉得计划过于有野心，同时也太过冒险，成本太高而不会接受。鉴于此，塔尼在谈计划的时候还是比较慎重。他本能的第一想法就是在布雷西亚团伙内部发展一个线人，因为这样做比较安全，只需要警察局为此提供一笔资金，而自己团队的任何人也不会因此有危险。

不过此言未出多久，塔尼自己就否定了。“我一直在努力避免使用这样的工具，”他解释道，“这样的线人在一个案子当中是我们的队友，但你根本无法确定这样一个与罪犯有联系的人在出卖自己的同伙时，最后是不是也会把这个案子给出卖了。”总监觉得这很有道理，他问塔尼是不是有替代方案。

塔尼很快就说出了自己的真正想法：“我们可以派一个探员打入布雷西亚团伙的内部。”塔尼向总监详细描述整个计划的内容：让一个探员潜入敌人内部，给他改一个新名字，编一份新的家庭史，甚至给他一个新的居住地，也就是说给这个探员以全新的身份。这样一来，整个行动实施时间可能会比较长，让探员潜入布雷西亚团伙，逐渐赢得他们的信任。那么，当他们要引爆下一个炸弹的时候，这个探员就会提前知道，拆弹分队就能提前阻止。

伍兹总监听到这个方案之后认真考虑了一下，塔尼担心这个计划是不是有点太大胆，纽约市警察局之前还从来没有派警官展开过这样深入的卧底行动。不过，总监最后还是表示："就这么做吧。"

塔尼立即安排了一名探员去参加布雷西亚团伙周日的聚会，此人晚上花了很多时间待在位于106大街的地下室总部，但他从来没有真正融入这个圈子。他不会说意大利语，当团伙的成员在角落里谈话时，他们会迅速从英语转换到意大利语，而他根本就听不懂，也无从偷听。或许，正是因为碰到这些挫折，他更加尽力去讨好团伙的其他成员，然而这样做反倒是弄巧成拙。也不知道是什么原因，这个团伙的其他人已经对他产生了怀疑。有两次，别人就当面指责他从事间谍活动，甚至要在团伙内部对他进行审判，只是每一次他都被判无罪。但当他第三次被单独拎出来的时候，塔尼开始担心他的安全，只好命令行动终止。

第 3 章

就像塔尼的计划一样，德国驻美国大使海因里希·冯·贝恩斯托夫的计划也失败了。这位大使计划着和情妇一起去罗德岛的纽波特度过 1914 年的这个夏天，然而就在 6 月份的最后一周，他接到紧急电报，被召回国有事咨商。7 月 12 号，已经返回德国的贝恩斯托夫戴着黑丝帽，胸前挂满勋章，穿着满是珠宝的燕尾服，一身正装坐在一辆敞篷马车的后座，一路经过令人窒息的柏林街头。大使始终觉得自己这次被召回国是毫无必要的，是对一件小事的过度反应。在他看来，德国外交部部长戈特利布·冯·贾高，这个留着一点小胡子、有点悲观的蠢货可能真的是有点被吓坏了。

当贝恩斯托夫乘坐的马车沿着柏林菩提树大道向着威廉大街 76 号前进时，柏油路上响着清脆的马蹄声。外交部大楼是一座洛可可风格的宫殿，这里曾经是普鲁士腓特烈大帝为他的一位意大利情妇建造的住所，这个意大利女人是一位天真无邪的舞蹈家。

大道两边高树林立，树枝伸展出来像华盖一样遮住了烈日，但这也无法熄灭大使心中的怒火。他经常引用俾斯麦对柏林的那种不屑的评价：“柏林只是一个充满砖块和报纸的沙漠。”在夏日骄阳的炙烤下，柏林显得比平常更加乏味和灰暗。

街道上空空荡荡，没有人，至少没有一个上层阶层的人在城里。他们全都出去消夏了，要么是在基尔的游艇上，要么就像皇帝本人去了自己在波茨坦的行宫一样，都去了乡下的别墅里。贝恩斯托夫希望自己和贾高的会面能够快点结束，走过程序化的工作汇报之后，就可以离开柏林。然后乘坐第一班轮船返回纽约，象征性地履行一下作为丈夫的责任，到长岛北部海边的一处夏季度假别墅里，与美国妻子住上个一两天，然后再找一个合适的借口，赶往纽波特和情妇会面。那里的夏天是个好季节，晚上繁星点点，各种派对也很多，情妇也正好在那里等着，多么惬意。接到外交部让他尽速回国报告的训令，贝恩斯托夫感到很厌恶，来得真不是时候。

什么事情这么急？就在两周前，贝恩斯托夫还和西班牙驻美大使一起吃饭，这位大使是一位博学的贵族。在华盛顿的大都会俱乐部，当时正好有一条消息传遍整个餐厅，奥匈帝国的王储弗兰茨·斐迪南大公在萨拉热窝被塞尔维亚的民族主义者暗杀。获悉消息之后，人们开始把注意力集中到贝恩斯托夫所在的那一桌上，想听听德国大使的看法：这种对一个皇族成员的暗杀行动会有怎样严重的后果。

对此，贝恩斯托夫用他流利的英语进行了解释。他说欧洲的和平是有保证的，各国之间严密编织的外交和军事联盟网成功维持了多年，让和平得以持续。德国和奥匈帝国之间有同盟条约；俄国拥有一支非常庞大的陆军，誓言保卫自己的斯拉夫小兄弟；而如果他国对俄国发动攻击，法国将进行报复。至于英国，虽然受到国内爱尔兰起义的困扰，但也扬言说如果任何国家攻击法国，英国将进行报复。

用自己最喜欢的一个比喻，贝恩斯托夫接着说道："欧洲的统治者们似乎已经将自己锁在了一个巨大的棋局上，其中任何一个棋手只要有所动作，根据这些条约的规定，就必然会引发连锁反应。"因此，他坚持认为没有人会有这样的胆量去冒险，哪怕只是挪动一个小棋子。常识和自身的利益决定了所有局中的棋手必须集中精力思考整个棋局，哪怕是坐下来僵持着，也不会去做任何可能导致整个棋局崩盘的事情。贝恩斯托夫大使也承认斐迪南大公被刺杀的确是一个巨大的悲剧，但他向在场的所有人保证，这件事很快就会淡化，并被人们彻底忘掉。如果以后回忆起这段历史的话，这件事至多只是那个时代人们所关注的大事件的注脚而已。随后，整个聊天从餐厅转移到酒吧，大家抽着雪茄，喝着白兰地，谈话的主题也从欧洲局势转换成了股市行情，以及有关美国总统威尔逊的小道消息，有传言称他妻子的健康状况已经严重受损。当然，大家也少不了会聊聊即将到来的周末会有些什么派对。

就在贝恩斯托夫言之凿凿称欧洲不会有大事时，柏林三天之后就来了一封电报，召他立即回国。对此，贝恩斯托夫既吃惊，也很不开心。但不管怎么说，作为政府工作人员，又从小受到严格的家教，他还是奉命回国。7 月 7 日，他登上了刚刚才投入使用的客轮“瓦特兰号”，这是德国远洋客轮中的一颗明珠，离开纽约回国。

贝恩斯托夫带着坏心情上船，不过整个航程还是挺愉快的。他在担任驻美大使的六年当中，成绩还是相当不错的，这也让他获得了不少好名声，因此在客轮上他成了众多一等舱乘客的座上宾。当然，他也没有让别人失望，一直魅力四射，给别人带去了不少快乐。在谈话的过程中，根据对象的不同情况，贝恩斯托夫在英语（他其实出生于伦敦，当时父亲是德国驻英国大使）、德语和法语之间自由转换。女士们也觉得他很优雅。他身材高大轻盈，胡子有点向上翘，和德国皇帝有点类似，眼睛是深蓝色的，有着贵族优雅的自信，行为也是彬彬有礼。当他在舞池跳华尔兹的时候，动作非常标准，这着实迷倒了不少女士。男人们在船上靠抽雪茄、聊天和打扑克消遣，他们也觉得贝恩斯托夫是个好旅伴。旅途中，贝恩斯托夫也努力着去忘掉夏天假期被打断给自己带来的困扰。

这个夏天的柏林显得格外炎热而压抑。当马车停在威廉大街 76 号外交部大楼门前时，卫兵赶紧帮他开门，这时，他心中的愤怒一下子就涌了上来。他沿着石阶往上跑，情绪变得就像普鲁士军官的剑一样尖锐。他想赶紧见到贾高，然后结束这一切。

但没那么容易。在一名身穿红色制服的士兵陪同下，他上了二楼，这里是贾高的办公室。就在这个时候，一个助手突然从后面的门里出来，问大使是不是可以先坐一下，外长先生马上就到。大使被带到了一个小房间，他在那里安静地等着，背挺得直直的，就像战场上的骑兵，两只手都戴着白手套，交叉放在腿上。然而，自己每等一分钟，不耐烦就增加一分。终于，有位官员走进房间和他打招呼，但不是外长贾高，而是副外长亚瑟·齐默尔曼。大使一下子就发火了。在过去的很多年当中，他一直觉得贾高外长就是一个官僚，心胸狭窄，容易紧张，对小事反应过度。而齐默尔曼则属于更危险的那一类，这位身材发胖、脸上皮肤很红的单身汉总是比较热情，让人感觉比较舒服，但贝恩斯托夫对这样的做派有点不屑，认为这不是德国外交系统的风格，还会损害整个外交系统的办事效果。

在德国有这样一个传统，最高的外交职位都属于容克阶层出身的人，而且还是一代传一代。这个阶层是德国的统治精英，无论是从血统还是本能上讲，他们都很清楚什么才是对这个国家最好的。然而齐默尔曼这种人只不过出身于中产阶级，其外交生涯是从小小的领事馆服务人员开始的。然后一路获得提拔，成为外交系统的二号人物。这是很不恰当的。更糟糕的是，贝恩斯托夫担心，这些粗鲁的人很快就有一天会登堂入室，在时髦的宴会厅出现，这真心让人觉得有些丢脸。

对于自己的迟到，齐默尔曼表示歉意，但根据两人对话的相关记录，贝恩斯托夫对齐默尔曼的歉意置之不理，他坚持要和贾高外长会面，说话的语调平和但很直接，齐默尔曼则回应称这不可能。贝恩斯托夫再一次坚持己见，称自己这么远从美国被召回国，要见的就是外长本人。对此，齐默尔曼则辩解称，训令确实是召他回国，但根本就没说要见的是外长本人。贝恩斯托夫有些恼怒，称自己根本无法理解这样的安排。齐默尔曼没有再解释，他给了大使一个位于柏林市区国王广场的地址，说那里有人在等他。

受到这样的对待，贝恩斯托夫非常不满，对齐默尔曼表示抗议，但显得很无力。齐默尔曼则再次重复，在国王广场那里有人等他，最好是立刻去。说完，齐默尔曼走了，把他一个人留在了房间里。

第 4 章

国王广场上的那栋建筑显得有些暗淡，马车到的时候也没人来帮着开车门，更没有卫兵在门口站岗。进入之后，里面有很多门，贝恩斯托夫不得不穿越一扇又一扇大门。这些大门平常都一直锁着，而且每扇门都有一位武装士兵把守，他们穿的都是战地灰色军装。贝恩斯托夫感觉，这个地方或许是个军事指挥所，应该属于那种最神秘的指挥所之一。

在政府部门工作这么些年，大使知道，柏林藏有很多秘密的政府办公室，皇帝可以和近臣们在非常隐秘的情况下开会。这些秘密办公室就像地下迷宫一样，人们根本就搞不清楚是怎么进来的。但这栋建筑还真有点特别，像个堡垒，里面的工作人员似乎也很忙碌，士兵们在长长的走廊里来回奔跑，然后消失在一扇扇大门之后。看起来，里面的效率非常高，同时也很神秘。

走着走着，大使心里不停地想：在这些紧闭的大门背后到底发生了什么？这个掌权人到底是什么身份？他的权力是如此之大，以至于外交部都要服从他的权威。同时，他也在想为什么这个神秘人这么急着要将他从美国召回。

在他准备要开口说话之前，又有一个士兵上前告诉他跟着自己走。门开之后，有一条长长的走廊，中间有一个窄窄的楼梯，楼梯一直弯曲向下，最后到了地下室。这个时候，贝恩斯托夫突然有种奇怪的感觉，自己是不是被带到了酒窖里。但这一轻松时刻很快就过去了，他知道得太清楚了，自己被领到这个戒备森严的神秘地下室来，绝对不会是来讨论藏酒的。

在这个没有窗户的地下室里只点了一盏灯，但灯光还是照亮了坐在凳子后面的那个人，就像他整个人坐在聚光灯下一样。他身材不高，比较结实紧凑，中等年纪，一头黑发，面容冷峻。他显得很自信，一双眼睛紧盯着贝恩斯托夫，做派就像任何一位审讯员一样，不苟言笑。他穿的只是一个少校的制服，这更增加了贝恩斯托夫的不安。最不正常的是，一个少校级别的人居然掌握这样的权力，或者更准确地说，这样一个级别的人物居然可以对一个帝国的大使发号施令。但当这位神秘的人物自我介绍时，贝恩斯托夫终于明白了。

“我是瓦尔特·尼古莱少校。”他说。贝恩斯托夫听说过尼古莱这个名字，但在这之前他一直都在怀疑这位这么有名的官员到底是一个活生生的人还是一个神话。从很多方面讲，柏林只是一个小城市。贝恩斯托夫这个圈子里的人，尽管和权力的联系比较紧密，但还没有一个人真正见过尼古莱，他在很多人的脑海中只是一个影子，一个神话。

据传，尼古莱曾经直接指挥了德国最高军事部门对俄国进行渗透。情况是这样的，他从哥尼斯堡的一个军事哨所里招募了一批特工，组成一个巨大的特工网络，然后打入了俄国沙皇政府和军队的内部。其实，在从军生涯的早期，尼古莱曾经指挥过一个步兵团，并没有从事过隐秘的间谍工作。有很多这样的故事，再比如有传言称尼古莱和他麾下的特工曾一起在俄国前线工作，尼古莱本人是这些特工们的向导，同时也是保护者和唯一值得信赖的人，他帮助其他特工缓解工作中的恐惧和焦虑。其实，大家都很害怕自己的身份被暴露，沙皇的警察可能会不期而至。如果这些故事具有可信度，那么他们取得的成果也是令人尊敬的。据说，德国参谋部已经获得了俄国军事动员计划的绝密内容，还包括俄国外交电文的密码，而这些都是尼古莱他们搞到的。

由于对俄国的成功渗透，德国最高军事司令部两年前召尼古莱回到柏林，担任总参谋部政治部门负责人。实际上，这个部门的名字有点误导人，因为这个部门的主要工作与政治无关。它实际上是一个情报机构，中心工作就是开展间谍活动，通过任何必要的手段去了解世界上发生的一切，同时，在国外展开各种秘密行动，以打击德国的敌人。

这是一个庞大的组织，特工和后方支持人员超过千人，组织的权力也是巨大的，它直接向德国皇帝负责。而皇帝只看重结果，对采取的手段毫不关心。由于这个组织工作神秘，因此有关其活动的各种故事以及取得的成绩在德国政府的最高层和柏林社会都广为流传，而它的名字本身就能引来很多关注和尊敬，甚至是猜疑和恐惧。这个组织对外的名字是军事秘密情报机构，它实际上就是德国皇帝本人的秘密军情组织。瓦尔特 · 尼古莱是这个机构的最高首领。

现在，尼古莱就坐在贝恩斯托夫的面前，他提醒大使注意，自己要宣布两条重要消息，第一个消息让大使非常震惊，第二个则彻底让他不知所措。尼古莱平静地说："战争马上就要到来，在夏天结束之前就会爆发。"就在大使消化完这条悲观的消息后，尼古莱接着宣布了第二条：德国军情处需要贝恩斯托夫的帮助，他本人已经被挑选出来为皇帝和德国政府执行一项重要任务——负责指挥军情处在美国展开的秘密行动。

正是俾斯麦本人，这位富有远见、同时稳健而务实的德国首相第一个意识到需要建立一个集权的机构，专门负责搜集德国敌人的情报。1861 年，他任命威廉 · 斯蒂伯来领导新组建的中央情报部门，此人之前是一位刑事调查员，在柏林街头巡逻。他曾经建立起了一个线人网，这个网络中的各色人等都会向警察部门传递信息，至于提供消息的动机，可能是为了钱，也可能是有别的需求。但不管怎样，这个网络对于破案很有价值。斯蒂伯将这一工作经验带到了新的任务中。多年的执法经验让他相信，知识和信息才是权力的关键。作为德国的第一个情报头子，他从警察局和军事院校中招募了一大批特工，并将他们派到欧洲各地去培养线人。半个世纪之后，当尼古莱接管这个机构时，工作手法已经变得更老练，不过整个机构的指导原则没有任何变化：了解你的敌人。

在柏林郊外的一所培训学校里，新招来的特工要经过两年的严格培训才能执行任务。除了如何使用武器、如何搞破坏以及如何写密码之外，他们还要学习地形地貌学、三角学、制图术，以便在看到任何一个要塞、港口或者兵工厂之后，能将其各种关键的数据准确地记录下来。经过培训，这些特工都成了欧洲军队和海军装备方面的专家，只要看一眼就能判断出库存的炮弹到底是75毫米的加农炮弹，还是105毫米的榴弹炮，或者仅仅是斯托克斯迫击炮。一艘军舰出港之后，他们马上就能判断出这到底是驱逐舰还是轻型巡洋舰。

培训结束之后，军情处的特工——他们当中有相当一部分是女性——就会马上被派到海外去，首要任务就是在当地先找一份工作。这是一个掩护身份的好办法，尼古莱觉得一份工作，再加上之前学到的各种知识，对于在敌国生存下来而不会引起怀疑是非常必要的。

在外国一些驻扎军队的小镇里，在海军基地附近的水岸社区上，甚至是在一些首都城市的繁华大街，这些特工们开着烟酒商店或杂货店，以此为幌子开展工作。也有的人会开酒店公寓，甚至还有人开妓院，反正这些都是掩盖身份的手段。特工们有的可能是服务员，有的可能当老师、家庭女教师甚至是妓女。无论他们看到或者听到什么，无论是各种事实甚至是流言，都会记录下来。他们也搜集了很多记者、士兵以及当地政客的名字，他们做的错事可能会被利用起来，从而损害他们对自己国家的忠诚。特工们还会列出血缘上与德国有关系的移民名单，以便将来从这些人当中招募特工。

所有这些搜集来的信息都会存入档案，最终汇总到国王广场下面的地下室里，这是一个充满各种秘闻的宝藏。1914年夏天，尼古莱控制着当时全世界最大的，同时也是最有效的情报组织。当战争爆发时，他手下的特工已经就位，时刻准备着对敌人采取行动。

在情报方面，尼古莱通常是一个非常谨慎的人，但他有一个误判。这是一个很危险的错误，事实上他已经开始意识到，这个错误可能会让德国输掉战争。德国已经将所有这些特工布置到了欧洲各国，在英国、法国和俄国，特工们潜伏得很深。这些特工主要关注德国的传统敌人，但忽略了美国。

1914年7月，德国部署在美国的特工只有一个人，而且还是一个兼职特工。此人名叫瓦尔特·席勒，是一位住在新泽西州的化学家，比较胆小，而且已经年迈。他甚至都没有精力去刺探自己所工作的工厂的情报，更不用说去完成监控整个美国兵工厂和军工行业的重任。然而就在斐迪南大公被暗杀之后，欧洲局势日益紧张。随着德国最高司令部把尘封已久的作战计划从保险箱里取出，子弹已经上膛，发布开火命令的时刻越来越近。尼古莱突然意识到，他的工作中有一个巨大的失误。作为德国的情报头子，他最有资格去评估德国获胜的机会有多少，但现在他心里紧张了一下，感觉自己对这个世界的了解有些狭隘。虽然欧洲和美国隔着一个大洋，但一个正在走向成熟，并且已经工业化的美国有足够的能力可以改变战争的走向。让美国不参战非常关键，因为美国有着庞大的自然资源，军队的潜力也很大，美国有能力让德国的敌人赢得战争。

尽管在宣战之后，美国官方可能保持中立，但英国将不可避免地封锁大西洋航线，强大的海军足以阻止德国和美国之间的贸易往来。同样至关重要的是，必须阻止德国的敌人从美国那里获得军火等重要物资。敌人的军队不能得到美国的补给！

德国有两种办法可以使大西洋航线瘫痪，阻止美国向德国的敌人出口物资，一是在美国本土搞破坏，二是发动潜艇战，破坏商船。尼古莱心里很清楚，德国海军还没有足够多的潜艇，可以有效地巡逻所有的航线。因此，在美国本土搞破坏是唯一的替代方案。

要派遣众多训练有素的特工渗透美国，现在看来时间已经不够了，因为让特工们就位，构筑可以信赖的掩护网络，这需要时间和精心安排。而且战争爆发之后，旅行会受到限制，哪怕是偷偷摸摸派一个军情处的特工到一个国家去都并非易事，不仅要靠运气，还要靠谍报手段。

尼古莱能够在这行生存下来,有一个重要的特质就是不冲动，他做事情都很有度，同时养成了反思的习惯，在采取行动之前会考虑到问题的方方面面。然而战争的临近让他不得不一反常态，迅速做出决策。他的结论很明显，没有其他现实的选择，只好把贝恩斯托夫大使召回，驻美大使必须来做这件事情。

尼古莱现在就在自己的这间地下办公室里，对面坐着贝恩斯托夫大使。他并没有和大使分享做出这一决定的心路历程，他也不是这样一个给别人打气的人，他只是给大使发布指令。贝恩斯托夫，作为大使在履行公开的、正常的职责的同时，必须在保密的情况下领导并发展出一个植根于美国的情报网络。他们有双重使命：一是尽力让美国不要卷入战争，二是阻止美国的弹药和其他商品被运往德国在欧洲的敌国。贝恩斯托夫必须尽快返回美国，履行自己的责任。

尼古莱在会面结束之前还交代了另一件事，他想让大使先生能够充分理解这一秘密使命的重要性：贝恩斯托夫大使和他领导的特工必须不惜使用任何手段，不惜任何代价来完成他们的目标任务。

第 5 章

派探员打入布雷西亚团伙当卧底不成功，塔尼开始考虑别的办法，不能就这样让整个调查无疾而终。就在这个时候，各种爆炸袭击事件时有发生。纽约王后教堂成为袭击目标，教堂的走廊上安上了一个爆炸装置，结果就在人们做礼拜的时候发生了爆炸，信徒惊慌失措，四处逃散，幸好伤亡情况并不是很严重。第二天，在一位神父位于布鲁克林的房子外面，一枚炸弹在半夜的时候发生爆炸，震碎了房子所有窗户上的玻璃，隔壁的房子也受到影响，只是没有人受伤。

塔尼现在很清楚，针对这个城市的袭击正在增多，危险正在累积，无人伤亡这样的好运不可能一直都有，迟早会有人在袭击中丧生。因此，他别无选择，必须找到解决方案，而想来想去，只好再试一把——向布雷西亚团伙派一个新卧底。对于上一次的失败，塔尼在向警察总监伍兹检讨的时候说得很坦白，错误全由自己承担，原因是自己选错了人。

选一个探员去做卧底，这样的工作对塔尼来说还真是件新鲜事，他没什么经验，这也是他职业生涯中唯一一个经验不足的地方。像伍兹总监一样，他也需要边学边干，必须从自己之前犯下的错误中吸取教训。塔尼这次搞了一回公开招聘，他在纽约警察系统内部发出招聘通告，称警察局的拆弹分队需要一些会说意大利语的志愿者，执行的将是一次特别行动，工作比较危险，申请者必须甘愿并勇于冒这样的风险。通告发出之后，塔尼一共收到了 18 名候选人的申请。在对他们的工作经历进行评估之后，塔尼主动联系了其中的 6 个人，发出面试通知。面试的地点就在警察总部对面拆弹分队的办公室里。面试的程序是一对一，塔尼每次只面试一个人。他提的问题天马行空，与具体要做什么不太相关，因为他只是想根据自己的直觉来判断谁适合这份工作。

最终，塔尼选中了阿美迪奥 · 波里纳尼，这个探员长得很帅，只有 27 岁，一头黑发，梳着大背头，有着举重运动员的强健体格，总之是一个很阳光、很爱笑的帅小伙。塔尼最喜欢这个小伙子的一点是他所表现出来的气质：安静，自信但并不咄咄逼人。他是那种脾气比较好的年轻人，人们很容易与他相处，塔尼相信即便是那些对社会充满愤怒，想把这个城市炸平的人也不会讨厌他。

对于波里纳尼具体要干点什么，塔尼讲得非常简洁，他就像一个魔术师一样挥动了一下自己的手臂：“你现在的名字是弗兰克 · 巴尔多，忘掉你自己是个探员，你可以在长岛找份工作。你就是个无政府主义者，加入布雷西亚团伙，或者是任何与其相关联的组织，每天向我报告情况。”

塔尼是波里纳尼唯一的接头人，不会有任何中间环节，他可以和塔尼直接联络。在塔尼的办公室里安装了一部专线电话，波里纳尼在特殊时段可以呼叫这个号码。现在应该叫巴尔多了，塔尼想。塔尼还提醒巴尔多，必须通过付费电话来打，选一个只有一个电话亭的地方，因为如果旁边还有一个电话亭的话，别人可能会听见他的谈话。另外，布雷西亚团伙中比较年老有经验的成员可能会对他产生怀疑，然后跟踪他，因此确定没被跟踪，周围没有别人，才可以打电话。

塔尼最后还有一个简短的建议："睁开眼睛，竖起耳朵，闭上嘴巴。"塔尼自己在这方面也是一个新手，他像念《圣经》一样又说了一遍："睁眼，闭嘴。"然后就是时间的问题了。说实话，塔尼自己也面临着巨大的压力，内心很焦虑，但他尽量让自己和巴尔多一样，用平常心来处理这一切，不要觉得这有什么特别的，那样反而给自己增加压力。他也清楚，在执行任务的过程中肯定会出现一些意想不到的紧急情况，这些都是他们没法计划的，也不可能一起讨论。所有他能做的就是信任这个他自己挑选的人，他应该有足够的智慧和能力来处理。

塔尼握了握巴尔多的手，巴尔多敬了一个标准礼，笑容灿烂。现在就是弗兰克·巴尔多了，他的新生活开始了。

第 6 章

在欧洲，各国剑拔弩张，战争的阴云笼罩在整片大陆，越压越低。在这样的背景下，贝恩斯托夫大使急匆匆地离开了柏林，去准备自己的战争。

7 月 27 日，德国皇帝威廉二世取消休假，从波茨坦行宫返回炎热的柏林，召集自己的将军和部长们一起开会。每次开会，他都身着戎装，腰间配着刀，就像随时都可能发出战斗指令一样。一想到将带领这个国家进入一场战争，彻底击垮那些环绕在祖国四周的敌人时，皇帝本人就不由得心潮澎湃，血脉喷张：得到德国的支持，即便是挑衅俄国熊也没问题。奥匈帝国向塞尔维亚宣战。奥匈帝国的军队开进贝尔格莱德，一顿狂轰滥炸，毫不留情。为了回应奥匈帝国的行动，欧洲各国的军队开始动员。德国驻伦敦、巴黎和圣彼得堡的大使向这些国家发出通牒，要求他们撤销动员令，但显然这些要求克制的通牒都被无情地忽视了。德皇只好命令两百万德国军队为战争做准备。“让你们的心为上帝而跳动，让你们的拳头挥向敌人。”德皇向士兵们发表了激情演讲。而在柏林，民众也走上街，爱国的狂热高涨，大家高唱“德意志高于一切”。

在欧洲的地图上，我们看到多米诺骨牌的第一张已经倒下，而任何一张牌倒下就会导致其他所有牌一个接一个倒下。8月1日，德国一个步兵师已经越过边境进入中立国卢森堡，占领了阿登的一个小镇特鲁瓦维耶日。对于欧洲各国而言，德国占领这个地方是一个含蓄的警告，因为占领了这里之后，德国军队下两个目标将会是比利时和法国。多米诺骨牌已经彻底倒下，不可逆转，战争成为必然。

贝恩斯托夫的内心世界也陷入了混乱。完成自己的使命的确是有些难度，虽然欺骗行为并不陌生，但自己毕竟是个外交官，以前真没干过这样的事。他无法想象，这个新的神秘角色赋予自己的使命近乎是对过去的一种背叛，这一点让他自己感到很难堪。以前，自己是个绅士，不是间谍，因此不会去挖掘并搜集朋友的秘密信息，然后悄悄溜走，也不会去背叛朋友。在驻美的六年当中，贝恩斯托夫大使交了很多美国朋友。然而他现在要做的，却是去践踏自己的原则，那个容克阶层有关荣誉的原则。但他也理解，这是战争，祖国需要他的帮助。在他痛苦的内心当中，阶层和国家都在争取他的忠诚，到底要忠诚哪一个？他自己一时都不能确定。

8月2日，德国军队已经占领卢森堡全境，贝恩斯托夫这个时候已登上荷兰客轮“诺尔丹号”前往美国。这次行程和一个月之前返回德国的行程很不相同。“诺尔丹号”是一艘老古董型的客轮，设施破旧，很快就会退役，但大使这个时候已经没有心情来关注这些。他的整个行程都显得很神秘，名字也换了，乘客名单上甚至都找不到他的新名字，吃饭也总是在自己的舱室，即便有时候去甲板透透气，也刻意避免和别人说话。不管走到哪里，不管白天和黑夜，他的手里总是拎着一个黑色的手提箱，右手把它抓得紧紧的，好像整个生命都在这个箱子里一样。箱子里装的到底是什么？其实是一笔巨额财富——1.5 亿马克的德国财政部汇票。这是他在美国开展秘密行动的首批经费。就在大使离开柏林的前一天，尼古莱将装有这笔钱的箱子交给他，没有举行什么仪式，很快就完成了交接。

交完钱之后，尼古莱有一段很简短的训话，虽然不长，但很重要。尼古莱说：“无论出现什么情况，这个箱子都决不能离开大使先生的视线。如果船在抵达纽约之前战争已经开始的话，英国海军很可能会上船搜查，在这种情况下，大使先生宁可将这个箱子扔进大西洋，也不要让英国人有机会接触到这个箱子，并盘问为什么一个德国大使要向美国转移 1.5 亿马克的巨额资金。”登上“诺尔丹号”之后，大使一直非常警觉，箱子一直都不离手，似乎时刻都在提醒他肩负的重要使命，谨慎的习惯也逐渐形成。而且，大使的脑子里总是会回想起尼古莱的话，有一个影子在背后提醒他。随着这段航程逐渐过去，他也渐渐学会了如何过一种秘密的生活。

8 月 4 日，70 万德国士兵挺进比利时，他们高耸的头盔在阳光下闪闪发亮，士气高涨，行军整齐划一。而在当天早上，德国皇帝紧握佩剑，站在宝座之前向大臣们发表讲话，那姿态就好像已经获得了战争的胜利：“我们拔剑向前，我们良心无愧，我们双手干净。”皇帝的讲话大义凛然，似乎正义全在自己这一方，但事实可能恰恰相反。

几个小时之后，德国首相霍尔维格向议会发表讲话，这时的议员早已经是群情激奋，斗志高昂。霍尔维格的讲话更加坦率，积极为德国开第一枪辩护：“我们进入比利时虽然有违国际法，但我们的目标是好的，我们是要做好的事情，一旦我们达成了自己的军事目标，它就会变成好事，我可以公开地这么讲。”

欧洲已经全面开战。

在华盛顿，威尔逊总统已经得到欧洲开战的通报，但他的心思显然不在这里，妻子已经病得奄奄一息，自己必须守在病床边，他甚至已经开始哀悼，情绪非常低落，感情上很受伤。不过总统是学者出身，思维深邃，带有和平主义理想，同时还有作为一名政治家的乐观视野，他听到这个消息之后，很快就表示可以向欧洲国家提供帮助。而且，他还向欧洲各参战国的领导人发出了这样一条信息：“我希望有这样的机会，能够为欧洲的和平而努力，不管是现在还是将来的任何时候，只要时机合适，我都愿意为你们所有人服务，这将让我心怀感恩并且感到幸福。”

两天之后，威尔逊的妻子去世，他本人也几乎崩溃了。“我还能做什么？我还能做什么？”在妻子冰冷的遗体旁，他开始哀号，这一幕让人想起了另外一个人，也就是前面的那位蒙特教授，他堪称表演大师。

妻子下葬一周后，威尔逊总统的情绪才慢慢稳定下来。他准备就国际局势向美国民众发表讲话。总统觉得，让国民认同欧洲现在进行的战争对美国而言是一个机会，这一点很重要。如果美国能够处理得很巧妙，那么将会为国家赢得永久而伟大的荣耀。当然，首先是不能让美国卷入战争。他一身黑色正装来到讲台前，向国民祈求中立。他所说的中立，并不是彻底远离战争的孤立主义，而是一种更积极的做法，他深信这么做也更有道义。这似乎也是一种传教的战略，美国必须作为一个仲裁者，在舞台中央承担起自己应有的责任，美国有能力促使欧洲国家回归正义和人道的原则。恐怕现在也只有美国有这个能力，因为这些欧洲国家因贪婪和野心早已迷失了方向。中立是通向更美好目标的必由之路，这个美好的目标就是美国仲裁下的世界和平。“每一个真正爱美国的人，”他呼吁道，“将会本着中立的精神而发表看法，或者采取行动。这种中立的精神是一种应对各方都友好而公平的精神。”他请求自己的美国同胞们，在实际生活中，同时在名义上都要保持中立，既要在思想上也要在行动上不偏不倚。他还警告，未来的日子将会考验人们的灵魂，不过一个中立的美国将会把和平的礼物带给人类。

第 7 章

弗兰克·巴尔多加入布雷西亚团伙已经有几个月了，他参加了这个团伙举行的各种会议，认真听了很多狂热的演讲，这些演讲要么是号召推翻政府，要么是谴责天主教会的贪婪。在长岛的一个工厂里，他找到了一份体力活。巴尔多在第三大道租了一间房子，房子很破旧，里面的漆都在往下掉，走廊上能闻到猫尿的味道。他也只好假装这里就是家，妻子和尚幼的儿子一起住在纽约布朗克斯，已经好久没见过他们了，他们不在身边让巴尔多很是思念。每天生活在这样一个陌生的世界里对巴尔多来说是一种挣扎，一种煎熬。

更让人灰心丧气的是，他每天跟塔尼打电话汇报时，真是乏善可陈。尽管自己这么痛苦，这么努力，但真的没有什么进展。布雷西亚团伙内部只有为数不多的几个人和他有互动，也只是跟他打招呼，说上两句而已。团伙的领导根本就把他当成空气，他们经常几个人聚在一个小角落里低声说话，而巴尔多所能做的只能是保持一定距离，不能凑太近，脸上还要故意装出一副无所谓的样子。

对此，塔尼的建议是继续保持耐心，语调也比较平和，为的是不给巴尔多增加更多的压力，为他打气。其实，塔尼心里对这件事情非常关注，他开始担心这次的行动是不是也会失败，仿佛能听到一个时钟在自己的脑海里不停地滴答滴答："时间已经晚了，快没时间了。"

11 月份的一天，一枚炸弹在布朗克斯县法院门口爆炸，是布雷西亚团伙成员干的吗？塔尼不知道，巴尔多也不知道。脑海中的那个时钟似乎滴答得更响了。

终于，功夫不负有心人，巴尔多找到了机会。一个周日的晚上，团伙内部最重要的成员秘密聚在一起，其中有一位情绪高涨，但觉得有点烦，于是他提议现场举行摔跤比赛。大家都表示同意，也纯粹是为了好玩。巴尔多体格相当健壮，有点像是古希腊神话中的大力神赫拉克勒斯，摔起跤来肯定是一把好手，一看就是冠军。不出所料，他把对手一个一个摔倒在地，轻松得就像是在街上撒传单，号召大家上街游行一样。巴尔多非常享受这样的机会，能够将自己过去几个月的挫败感一把宣泄出来。这时，他突然感觉到背后有人用什么东西敲了他一下，就把头发往后捋了一下，回过头来一看，原来是卡尔明·查理·卡蓬，一个身材矮小、一副冷脸的鞋匠。几个月之前他第一次见到卡蓬的时候，就已经知道他是这个团伙的领导成员之一。

"不错，你是个很强健的家伙，"卡蓬说，脸上写满了对这个新人的赞许，“我很高兴你能成为布雷西亚这个圈子中的一员。”巴尔多笑了笑，尽力掩藏胜利的喜悦。如果真的是用尽全力来摔跤的话，巴尔多很可能会弄断对手的手臂，并且可能会以更快的速度将对手放倒。但在这里，他还是留了一手。比完之后，巴尔多和卡蓬一起边走边谈，离开了地下室，一直走到纽约第三大道。

“这些家伙的问题是他们谈得太多，而行动太少，”卡蓬说，“他们没有完成任何事情。”

“确实是这样。”巴尔多表示同意，说话时有所克制，但还是继续顺着他的话说。

“他们应该做的是多扔几颗炸弹，给警察们一点颜色瞧瞧，”卡蓬接着说，“让他们赶紧醒悟过来。”

卡蓬在巴尔多面前挥了一下右手，他的手指受过伤，有的甚至已经断了一截。“我用这只手来制造炸弹，将来有机会向你展示一下怎样做炸弹。”卡蓬自豪地说。

两个人的友谊从此开始。他们肩并肩一起参加游行示威活动，开会的时候也坐在一起，周五晚上通常一起出去喝啤酒。卡蓬还把巴尔多介绍给自己的死党弗兰克·阿尔巴诺，三个人于是成为铁三角。巴尔多在讨好这两个人的时候都非常小心，他总是很仔细地听他们的讲话，笑容满面，但谈得比较少，而且从来不问问题。没过多长时间，卡蓬就兑现了自己的承诺，向巴尔多展示如何做炸弹。那是在第二年1月份的一个周日，天气寒冷，地下室里的会议室几乎成了一个冰窖，卡蓬耐着性子，等到演讲活动结束之后拉上巴尔多。“过来，咱们一起去第125街的车站，”他悄悄地说，“那里要暖和不少，也比较清静，到那里我告诉你怎么做炸弹。”

他们一起去坐地铁，地铁站有暖气，很舒服。由于地铁站里车来车往，声音比较嘈杂，其他乘客根本就不会太注意去听卡蓬和巴尔多之间的谈话，因此卡蓬说起来也显得有些肆无忌惮。他夸耀自己可以搞到想要的任何炸药，自己的叔叔就是一个承包商，可以完全供货。自己仅仅需要搞到一点引线就可以了，至于引线，每根大约是两英寸长。“我们将会搞出一些炸弹，然后我们三人就可以一起去炸教堂，明白吗？”

“当然，”巴尔多平静地回答道，“哪个教堂？”

“圣帕特尼克大教堂是最好的了，它是一个很好的袭击目标。我打算弄出一颗威力很大的炸弹，一次把整个教堂夷为平地。”卡蓬说。

在接下来的几天时间里，他们一起工作，准备弄出两颗炸弹，这样可能更保险。阿尔巴诺和卡蓬很细心地将不同比例的硫黄、糖、氯酸盐和锑混合在一起，放在两个小罐子里，上面插一个小铁棒子，用铁丝连上引线，再在整个装置外面缠铜线。看这两个人制造炸弹，巴尔多的心跳加速，因为他知道有三个布雷西亚团伙的成员在独立日那天正是在制造炸弹的时候突然被炸飞，这个记忆在脑海里挥之不去。当卡蓬拿起一个锤子，用力将引线砸进爆炸装置的时候，巴尔多完全吓傻了，他本能地躲到了房间对面的床后面，然后完全趴倒在地上。“没用的，巴尔多，”卡蓬打趣道，“如果真的爆炸了，整个房子会被炸塌。”

房子没有被炸塌，两颗致命的炸弹做成了。卡蓬将这两颗炸弹放在一个箱子的底部，由于炸弹外面缠着铜线，因此是橘色的，看起来像个小南瓜。卡蓬从口袋里掏出一把锁，将箱子锁好。之后，阿尔巴诺和他们一起讨论起了炸教堂的计划。“两天之后我们将在这里会面，具体时间是早上6点钟，我们估计在6点20分到达教堂，然后就点炸弹，烧完整个引线大概需要20分钟的时间。有了这个时间，我们完全可以离开教堂走到麦迪逊大街，然后再做自己的事。我们就这样离开现场，晚上再出去找个地方好好庆祝庆祝。”

三个人做完炸弹之后，很兴奋，情绪也不错。他们离开了制造炸弹的地方，走到第三大道。巴尔多陪着卡蓬又走了一段，然后对卡蓬说自己已经很累了，想早点回去休息。而且，这一天下来，到现在巴尔多还是有点心惊胆战。卡蓬笑了笑同意了，祝巴尔多能睡个好觉。不过，他也提醒巴尔多，必须为两天后的行动做好准备。巴尔多一个人走开，他走得有点慢，当已经很确定自己没有被跟踪的时候，就趁着夜色找到了一个电话亭，必须第一时间向塔尼汇报情况。

回到篇首教堂里的那一幕。塔尼在想：这几个想放炸弹的家伙到底在哪里？他站在教堂里，在半明半暗处紧靠着一个石柱，继续祈祷。当天早上的弥撒开始了，但还没有任何炸弹袭击的迹象，难道他们已经将教堂的大门打开，然后沿着走廊往上看，一眼就看出了伪装的探员吗？还是他们已经跑掉了？

这个时候最让人紧张，塔尼脑子里突然蹦出了另一个想法：

他们是不是已经识破了巴尔多的身份？如果这个勇敢的年轻人出了什么问题，塔尼永远都不会原谅自己。是不是应该把守在第五大道上的队员调一个过来？是不是应该派个人赶紧到中心街的警察总部，万一巴尔多正在努力和自己联系呢？这种痛苦的努力已经持续六个月了，但塔尼一着不慎很可能就会让这几个月的努力付诸东流，并且陷入危险中。他欠巴尔多，欠他的妻子和小孩，因此一定不能让巴尔多出事。

尽管焦虑越来越重，但他还是决心再等一等看，不要造次，哪怕再多等一分钟。最后，他终于看到了他们：两个可疑的人，阿尔巴诺和巴尔多。他们一直沿着教堂北边的走廊往前走。卡蓬呢？塔尼没有时间去想。在当时那个时刻，塔尼的注意力完全集中在了阿尔巴诺身上，他特别注意到他上身口袋里伸出来的奇怪的东西。阿尔巴诺在前面走，两个人手上的雪茄都点着了，就好像是武器一样。祭坛上钟声响起，主教开始准备唱弥撒。走到了大厅的第十排位子上，阿尔巴诺示意巴尔多停下来，他遵从了这一指令，停下来祈祷。阿尔巴诺继续向前，他走了四排，然后找了个位子，头和身体都向前躬，好像也在祈祷。教堂里的“清洁工”这个时候已经放下了拖把，沿着走廊向前走，手上拿着破布。他们急匆匆地向前走，已经来不及做什么掩饰了。阿尔巴诺突然站了起来，他走到了祭坛北端的一个柱子旁，主教这时已经开始吟唱：“圣主，圣灵。”阿尔巴诺这个时候藏在柱子后面，很快就把炸弹从口袋里掏了出来，然后放在柱子的基座上，同时用另一只手把雪茄上的火星抖落下来，点燃炸弹的引线。引线很快就燃烧起来，他本人则迅速沿着走廊往外逃。

但没走几步，一名“女清洁工”就紧紧地抓住了他。同时，之前还在门口招呼信徒的老“门卫”赶紧向前跑，他健步冲到柱子旁边，找出炸弹，一把将正在燃烧的炸弹引线拔掉。塔尼这个时候也赶紧从暗处跑出来一把抓住了巴尔多。这个时候还不能让巴尔多的身份曝光，只有等到所有的破坏分子，包括卡蓬和布雷西亚团伙的其他成员被抓之后才行，所以戏还是要演下去。除了说出那句简单的“你被逮捕了”，塔尼尽量克制自己不要和巴尔多说其他的话。同时他也尽量抑制自己内心的喜悦，因为他派去的特工已经从危险的环境中平安归来。不过，当塔尼将手铐铐在巴尔多手上，并将他带到停在第五大道的警车上时，还是抑制不住感到兴奋，在之前的职业生涯中，他还从来没有因为逮捕一个人而如此开心。

第 8 章

当“诺尔丹号”靠近英国多佛时，英国海军士兵开始登船检查。欧洲已经进入战争状态，而英国人控制着海洋。当接到命令要求在甲板上排队接受检查时，贝恩斯托夫别无选择，只好和其他乘客一起登上甲板。他排在了队伍的后面，装有 1.5 亿马克汇票的手提箱自然没有落下。在甲板上，他慢慢地向队伍靠近，装出一副无所谓的样子，有时候还伸伸腿放松放松。让自己都有点吃惊的是，这个时候他反倒很冷静，甚至是很平和。自从和尼古莱会面之后，他一直都在考虑自己该怎么做，在压力下应该怎样行动，现在他已经知道了。

甲板上的空气,满满的都是海水那种有点腥又有点咸的味道。如果遭到盘问，贝恩斯托夫早就想好了，他肯定会在英国海军士兵发现疑点动手之前将手提箱扔到海里，1.5 亿马克的汇票就像一个砖头一样沉，如果丢到海里肯定会立即下沉。他自己已经准备好了。

贝恩斯托夫大使还在等，在甲板的另一边，一个英国水兵盯了一下他，大使并没有微笑，本能告诉他如果这个时候表现出一种急切要讨好士兵的样子，不会有好结果，甚至可能引来麻烦。也就在这个时候，他紧紧抓住手提箱，只要水兵向他靠近，手提箱就可能被扔进大西洋。这个水兵没有走过来，也没有人跟贝恩斯托夫说话，他似乎被所有人忽视了。一个小时之后，“诺尔丹号”汽笛响起，准备起航。

整个过程没有戏剧化，也没有什么危机。只有一点值得一提，那就是贝恩斯托夫发现自己不仅可以扮演这种秘密的角色，而且也很享受这种在危险边缘徘徊的刺激感。从那一刻开始，他对自己的双面人生不再有任何疑问，也不会有任何顾忌，他将成为德国在美国的情报头子，他也将领导自己的国家在他国进行的一场秘密战争。

当塔尼想要静下来思考问题，或者是缓解一下工作的压力时，就喜欢一个人长跑，边跑边思考。其实，塔尼在刚刚进入警察局的时候就喜欢跑步，参加了警察技能大赛的各种活动。20岁时跑百码冲刺，几乎没有人可以赢他。随着年龄的增大，他开始在长跑领域发力，得了一些奖。这些天，他跑步的目的仅仅是为了让自己的脑子更清醒。

最近，塔尼还用自己当上副巡长之后的工资买了一栋两层砖房，这套新房子位于布鲁克林，地理位置不错，能够看到海湾的景色，同时还可以欣赏附近一座公园的美景。就在布雷西亚团伙图谋袭击教堂的案子结案后不久，他就开始到附近的公园里跑步。

塔尼的腿很长，跑步很轻松，看起来也似乎不知疲惫。一天下午在跑步的时候，他想起刚刚结束的这个漫长而紧张的行动，对于取得的成绩，他感到些许的自豪。阿尔巴诺和卡蓬都被判了刑，在未来至少六年的时间里都不会再出现在纽约街头。布雷西亚团伙也慢慢解散了，因为内部的成员开始互相怀疑对方是警察的卧底。其他的激进组织也受到很大冲击，一些头目偷偷溜走，因为他们也在想警察是不是已经盯上了自己。最让人兴奋的是，随着这些头目的开溜，爆炸袭击活动也停了下来，好几个月之内都没有再发生一起事故。

塔尼开始觉得，纽约市面临的恐怖威胁已经被解除。他也告诉自己,和这个威胁一起消失的是自己作为一名卧底探员的导师、保护者和朋友的角色，他甚至觉得自己就是这些派出去执行危险任务的探员的父亲。好在这些都结束了，他的拆弹小分队也该好好休息了，整个城市现在也更安全了。

第9章

蒙特教授还在逃亡。在芝加哥把妻子安葬之后，这位哈佛教授，同时也是亲手毒死妻子的杀人犯登上了前往加州的火车。他已经把两个孩子留下，留下的还有那两个被他骗着一起过来照顾孩子的护士，深陷悲伤之中但仍支持他的岳父母以及他自己的罪孽。

就这个事件，《纽约时报》进行了一系列报道，很多还上了头条，标题包括“哈佛教授仍然在逃”，“蒙特还没找到”，等等。不过，蒙特在一路向西逃亡的时候，就像一个了无牵挂也无可指摘的人一样。至于毒死自己妻子的动机，在一封写给一位麻省剑桥朋友的信中，他进行了解释，这封信是在前往洛杉矶的路上写的。蒙特坚持认为这是一种复仇，有其根源，他还坚持认为自己的行为是合法的。但背后的逻辑，则完全是他自己的发明。他要对什么复仇？在信中，蒙特表述得很模糊，让人费解。他甚至暗示，自己对妻子不满是因为性生活上得不到满足，他们在一起的亲密时光既不和谐，也不够愉悦。但他并没有提供任何证据和细节。在信中有很多的段落充满着对妻子的责骂，他觉得娶老婆生孩子是个巨大的负担，这对他并不公平。怀孕是妻子行为幼稚的结果，或许这就是为什么蒙特觉得自己有权诅咒她缓慢而痛苦地死去的原因。总之，这封信写出来就是想以自己的方式表明，对于这个案子，蒙特本人不需要提供特别的理由。在蒙特的眼中，莱安娜是被处决的，原因是她犯下了罪行。她就应该去死。而蒙特本人，了解整个宇宙运行的规律，有权利，不是，应该说是义务，去结束她的性命。

到了阳光充沛的洛杉矶后，遵从一名老特工般的纪律，蒙特开始改头换面。带着一点小小的遗憾，他把胡子剃掉，把过去精心弄出来的各种伪装也一并去掉，看上去年轻了很多。穿衣方面，以前在哈佛穿的衣服也不再穿了，包起来放在箱子里。再到一家专卖二手男装的商店买了一条卡其裤，外加蓝衬衫和一件灰锈色夹克，口袋很深。帽子也换了，由原来的绅士式圆帽换成了中下阶层民众常戴的灰色帽子。只是，他现在还改不掉走路的步态，因为患骨结核后，走路一拐一拐的，这个问题让他很担心。麻省剑桥警方在对他的通缉文书中，就有这样的描述：“这位嫌犯关节松弛，步履蹒跚。”因此为了稳妥起见，蒙特教授决定离开美国。

蒙特一路向南走，沿着流浪者经常走的线路前往墨西哥。这是一个没有具体目的地的旅行，持续时间超过一年，但正是这么长的时间让他可以仔细思考如何为自己的过去编造一段可信的故事。他首先将自己的名字改为弗兰克 · 霍尔特，出生在威斯康星州，父母早已去世，没有任何兄弟姐妹。任何人如果要问起来，他就说自己的那点德语知识、那点外国范，都是因为过去有好几年在一个富裕的美国中西部家庭担任家庭教师，和他们一起去欧洲旅行过。

经过自己的一番努力之后，蒙特甚至能够将自己英语中德国口音的痕迹完全抹掉。现在，当开口说话时，他会故意装作有一点口齿不清，以此来掩盖口音。当然，在他新编造的自传中，还是有一些矛盾和模糊不清的地方，但这些都很细微，在认识新朋友时，没有人会去把这些东西弄得太清楚。如果他自己刻意弄得很清楚，那反倒有可能引起别人的怀疑。

蒙特已经彻底改头换面，决心在墨西哥安顿下来。1907 年年初，他去了墨西哥奥鲁罗省一个尘土飞扬的小镇，这个地方位于墨西哥城西北约 100 英里。蒙特走进一家当地的矿业公司，想找一份工作。在简历上，他说自己会读写，还能流利地说好几门外语，这些资历确实没有一丁点的造假。他被录取了，这家公司要雇他当一名速记员。詹姆斯·迪安，蒙特新公司的同事，两人在一间办公室里工作，据他后来回忆，蒙特是一个非常优秀的速记员，不过和公司里的每个人都保持一定的距离。迪安说：“他总是愁容满面，还经常长时间看着天空。”

尽管他的行为举止有些奇怪，但也没有引起过多的关注和评论。绝大多数往南越过边境到墨西哥奥鲁罗省的美国人，都是为了逃离国内的一些东西。他们在墨西哥形成了一个外国人的社区，都知道不要去问别人太多的问题，而他们的经验也抑制了他们想去判断别人背景和经历的冲动。

在接下来的两年当中，蒙特就像一个僧人一样清心寡欲，看起来就像是在全身心地享受自己安静的生活。然而，所有这些都是为了等待，等待属于他的时间到来。

PART II
THE NETWORK

第二部分：间谍网络

第 10 章

有很多人可能永远都无法适应秘密的生活，但贝恩斯托夫大使很自然地就适应了，这让人印象深刻。从一开始他就明白，“永远否认”是这个秘密世界的主要原则，而且他作为一位初入行者，也带有很大的幸运，因为他的本职工作给了他自己一个很好的掩护。

回到华盛顿之后，作为一名外国大使，贝恩斯托夫全身心投入自己的公职生活中。他拜访了美国联邦政府的很多实权部门，敦促美国保持中立。他还不停地与美国媒体的记者和编辑们会面，向他们表达自己对一些时事的观点，他还敦促美国的媒体去鼓励威尔逊总统出面，撮合一个和平方案。重回美国的贝恩斯托夫大使这次精力更充沛，用于交际的时间甚至比之前还要多。他频繁出现在各个社交场合，比如鸡尾酒会、宴会以及周末舞会，永远是那么优雅而有魅力，双眼略显淘气迷人，就是一副典型的贵族做派。德国军情处的特工对大使的这种做法也很认同，他们充满崇敬地说，大使的公开活动完全掩盖了他自己的真实角色。

与此同时,大使先生以同样值得别人尊敬的普鲁士式的高效,逐渐搭建起了间谍网络。他建立的这个组织和军事部门一样结构严密,可以招募和指挥特工随时奔赴前线作战。这个网络的指挥中心就在大使位于华盛顿的德国大使馆办公室内,他会在那里发号施令,批准各种作战计划。当攻击行动开始之后,也就是说有些桥梁和工厂遭到神秘的爆炸破坏时,大使先生会在公开场合表现出很震惊的样子,其实他内心深处早就知道一切的真相。

为了把自己以及位于华盛顿的大使馆伪装得更好,他决定将具体行动的指挥中心放到纽约。对德国人来说,纽约一直是一个比较友好的地方,而且随着战争的爆发,这个地方对德国间谍而言就更有利了。在纽约市约克维尔的上东社区,间谍们可以轻轻松松就消失得无影无踪。而在中央公园附近,有不少私人协会,比如德国俱乐部,里面很多房间经常是烟雾缭绕,传递信息非常方便,根本不用去担心会被别人听到。在14大街,也有一些拥挤的德国餐厅,大家喝着啤酒,吃着酸菜炖肉,就可以策划出各种各样的阴谋计划。在纽约工作,其实就如同是在一片对德国人友好的领土上活动,而且在下曼哈顿高楼林立的地方很方便就能找到一些离华尔街和纽约港都很近的办公室。贝恩斯托夫大使把自己的高级助手派到这里工作,表面上是经营实业,实际上这些办公室都是间谍活动的据点。

海因里希·阿尔伯特,大使馆的商务参赞,将成为秘密行动的资金大总管。他作为德国驻美大使馆的首席财务官已经有三年之久,在这些年当中他结交了很多华尔街的银行家,和他们一起吃饭喝酒，发展出了互利合作的工作关系。在金融界，竞争非常激烈，人们对阿尔伯特博士这么年轻印象深刻。他才 30 多岁，外表还有点孩子气，因此看起来要比实际年龄还要年轻十岁。另一点让人印象深刻的是他对很多东西都有所保留，甚至是显得有点不自信。他每次出去参加活动都会穿着正装，和别人握手问候时会深鞠躬，听别人讲话也会很认真，通常只是在别人直接问他问题时才会回答，而且回答很简短。他表面上谦逊至极，其实内心深处很强势，甚至有点咄咄逼人，这种反差唯一的线索就是他脸颊上的一个伤疤，这是决斗时留下的疤，直接划过脸颊，就像闪电的线条一样。

就阿尔伯特而言，他很快就找到了为一支秘密军队提供资金的办法，既精确又安全。他在全国的各家银行都新开了账户，通过不停地存款来洗钱。一般来说，他也会通过德裔美国人开设的合法公司来洗钱。从他在百老汇街上的高层办公室，可以看到自由女神像，也是从这里他把钱很有效地分发出去，没有留下任何可以被追踪的痕迹。根据后来的估计，在这一场秘密战争的第一年，他一共为德国的秘密特工提供了 3000 万美元的资金，支持他们展开各种破坏行动。

从阿尔伯特位于汉堡美国大厦的办公室再往中心城区走上一段不远的路，在百老汇 11 号的大楼里，卡尔 · 博依德也租了一间办公室，这里可以俯瞰纽约海关大楼。卡尔是德国驻美大使馆的海军武官，根据贝恩斯托夫大使的指示，他也到纽约来办公。卡尔的母亲是德国人，父亲是土耳其人，尽管是混血儿，但他本人是一个非常标准的普鲁士海军军官：身材高大，肩膀宽阔，声音洪亮，动作规范，举止有礼。卡尔是那种一上来就会引起别人关注的人，而且他通常会穿蓝色制服，胸前挂满各种勋章，让人感到威严。在大使馆工作期间，卡尔对美国海军的情况进行了深入研究，非常熟悉美国军舰的作战能力，以及人员组成、海军战略和沿海防卫等。根据自己秘密角色所承担的责任，卡尔必须让这些研究派上用场。其实，这其中的很多信息都是他的美国同事们自愿提供的。

弗兰茨·冯·帕蓬是情报网络的第三位一线高级指挥官。如果说冷漠无情和勇敢无畏在战时是一种优点，那么帕蓬本人则可能是这三位当中最危险的一位。1913 年，帕蓬被任命为德国驻美大使馆武官，当时他对这一任命非常失望。因为在很多人看来，美国是一个偏远的国家，这个职位也无关紧要，德国参谋本部甚至将他的职能范围扩大到了墨西哥。

在帕蓬的心里，自己应该是一个拥有辉煌前程的军官。帕蓬的妻子是一位阿尔萨斯瓷器厂老板的女儿，家境殷实，因此他有钱。他的父母有着贵族血统，祖上是威斯特伐利亚贵族。因此他也有着足够高的社会地位，可以往军队的高层爬。当然，他的形象也相当不错，看起来很自信。鹰钩鼻，留着整齐的小胡子，个性强硬傲慢，即便是自己不占理，也会显示出一副自大的样子，就好像他自己永远是对的，对这一点他一点都不会怀疑。这可能也是他被发配到美国去的原因。当大使要他去招募并带领一支间谍部队，通过秘密行动在美国和加拿大搞破坏时，他觉得自己看到了通往辉煌之路。帕蓬自己组建了一个名为战争情报中心的机构，建立了属于自己的办公室，地址位于华尔街60号一座大楼的25层，办公室一设立，他就开始积极筹划行动。

无论对于上述的哪一位指挥官而言，第一项行动都是招募人员，然后再把他们派往一线。而从一开始，这三个人都信心满满，觉得招人这项任务应该很容易。他们非常狂热地相信，德国人正在做的事业是正义的，而且在他们的周围，到处都是潜在的招募对象，这些人都可能会效忠德国皇帝。美国有800万人要么出生于德国，要么是父母出生于德国，这已经占到美国总人口的一成，更让人有信心的是，他们对于祖国的忠诚度还很强。帕蓬就经常得意地指出，德-美全国联盟协会，一个民间组织，对德国很有亲近感，其会员就超过300万人。在美国的众多城市，像纽约、芝加哥、圣路易斯、密尔沃基以及辛辛那提都有很多德国人的社区，被称为小德国。美国一共有超过500种德语报纸，总发行量超过175万份。仅仅是在纽约，德语报纸《国家报》日发行量就超过7万份。这份报纸品质优良，但立场上支持德国，对于德国在欧洲战场上的胜利，都毫不掩饰地表示欢迎。

除了这些在美国的德国人之外，德国一些预备役士兵在战争爆发时就陷在了美国，没办法回去。他们都想早点回到欧洲参加战斗，只是他们是分散的士兵，没有办法正式组成一支军队。在沮丧之中，他们能做的就是去参加游行，以高亢的热情挥舞着德国的旗帜，唱着“德意志至上”的歌曲。德国外长贾高在柏林曾经以这样的口吻挑衅美国驻德国大使詹姆斯·杰拉德：“你将会发现在美国有超过50万的德国预备役士兵，他们随时准备拿起武器为祖国战斗，到时候美国可能就会陷入内战之中。”

杰拉德大使是一个富有的纽约人，天生好斗，不善外交辞令，他反唇相讥道：“在我的国家有50万个路灯柱，如果每个住在美国的德国人拿起武器反对美国的话，我们正好可以把他们一个一个吊死在灯柱上，他们还会不停摇晃。”

另外一个特工的来源就是在美国的爱尔兰人。这一点出自一个无论是在生活当中还是在战争中都成立的真理：敌人的敌人就是朋友。德国正急于利用爱尔兰人对英国的反感。在美国，一共有450万爱尔兰裔美国人，他们的民族主义情绪颇深，德国人深信他们与爱尔兰人有着共同的敌人，这必然促使很多爱尔兰人自愿去完成他们共同的事业。而且，正是因为威尔逊的中立政策，不管是有意还是无意，极其偶然地创造出了一个最为有效的秘密特工招募来源。根据总统的解释，所谓的中立政策，意思是任何在战争爆发时已经在美国港口靠岸的船只，不允许参加任何敌对行动。作为这一政策的结果，美国东海岸的港口里有很多德国船只，包括商船、豪华游轮和蒸汽船，这些船只在整个战争期间只能停靠在美国港口。

此外，还有很多船只陆陆续续来到美国港口靠岸。由于英国海军力量十分强大，一些在大西洋航行的德国船只都在紧急开往美国港口，以逃避英国军舰的追捕。就在战争爆发后的几周内，有超过80艘德国船只在哈德逊河港口上排队，所有这些船只都用粗绳连在一起，在美国海军的监视下进港停泊。很快，随着船只的增多，港口出现了拥挤的状况，晚到的船只只好沿着哈德逊河到新泽西停靠。在这些停靠的船舶里，有不少德国海军士兵，他们就这样陷在了美国。美国政府并没有对这些水兵进行实质性的限制，他们可以很自由地到纽约市街头游逛，享受远离战争的时光。不过，他们这些人都对祖国忠心耿耿，正在寻找机会返回战场为祖国而战。

随着夏天的过去和秋天的到来，整个间谍网络以令人吃惊的速度逐步成形，可以投入战斗。德国在美国的那些一线指挥官们正在敲定最后的作战战略，一些有才华、善于发现人才的指挥官也开始尝试着到第一线招募特工。对美国的秘密战争已经差不多准备就绪，但就在这个时候，贝恩斯托夫大使犹豫了，可能是出于谨慎，也可能是不太情愿，因为他过去六年一直在这个国家生活，这个国家对自己也比较友好。

但到了 1914 年 9 月中旬，一起事件严重动摇了德国的信心，而且这起事件大大出乎德国领导层的意料，以至于冲淡了贝恩斯托夫大使所有的担心和害怕。没有必要再保持谨慎了。这个事件就是德国在欧洲战场遭遇重大挫折，战争发生了转向。在整个 8 月，人们看到的是德国军队节节胜利，深入法国，甚至都打到了巴黎的近郊。然而就在 9 月，他们遭遇了血腥一周，德国在法国马恩河发起的进攻行动遭遇巨大挫折，伤亡惨重，一天的死亡人数甚至超过 3 万人，七天的战斗德国一方损兵 22 万。战争已经变得完全不同了。

不仅是德国军队遭遇挫折，而且局势已经变得越来越明显：

那就是这场战争短期内不会结束，战斗将会持续下去。德国皇帝在派出军队的第一周是这样向士兵们保证的：“你们将会在树叶飘落的季节回家。”然而在9月12日第一次马恩河战役失利之后，军队里不可避免地出现了对皇帝保证的议论，有人甚至觉得皇帝所说的“掉下的树叶”指的是德国松树的树叶。

冲突时间的拉长已经难以避免，德国最高司令部有关短时间内结束战争的计划除了一厢情愿之外，已经没有了多大意义。在这种背景下，美国的战略意义就显得更加重要了。在消耗战当中，美国握住了战争胜利的钥匙，任何一方如果能够从美国市场上获得物资，那么就会有明显的优势。但是英国强大的海军使得德国根本不可能从美国那里获得食物、弹药和其他关键物资的补给。贝恩斯托夫大使领导的间谍网络必须保证德国的敌人也不能从美国那里获得物资支持。

德国外交部向德国驻美大使馆发来了很多密码电报，这些电报的内容都得到了尼古莱的亲自批准。“招募特工炸掉那些驶往敌国的船只已经变得非常急迫，不管是让他们延迟装货，还是阻止他们离开港口，不惜代价炸掉它们。”

紧接着又是一条电报：“在美国进行的破坏活动可以针对所有工厂，所有可能提供战争物资的工厂，在不损害大使馆的前提下都可以实施。”

还有一条：“请你们注意，可以在劳工组织的无政府主义者当中招募特工。”

另一条：“保密。总参谋部希望积极采取行动破坏加拿大太平洋铁路线，可以在多处地点实施破坏，让这条线路的运行瘫痪，至少令运输时间大大延长。”

有这么多电报，这么多命令催促着贝恩斯托夫，他别无选择，只好展开行动。

第11章

帕蓬决心干一票大买卖，一战成名，从而引起德国最高司令部的注意。但由于一时缺少合适的人才，这让他多少有点失去信心。只是这一点不久就有所改观，这名武官在墨西哥找到了这样一个合适的人选，此人刚刚从墨西哥奇瓦瓦监狱越狱出来，正在逃避墨西哥联邦部队的追捕。他就是霍斯特·冯·格尔茨。格尔茨是专业间谍出身，在尼古莱那里接受过一系列培训。他进入这场战争的大戏当中，真是充满了戏剧性。格尔茨曾经执行过很多任务，比如到一个俄国王子家里偷一份条约文本，地点是在马德里的后街上。之后的一个任务是去巴黎，他必须要挟一位法国参谋部的军官，此人有赌博问题。这些任务都完成得不错。新的任务是到墨西哥，但不怎么成功。墨西哥官方一开始就盯上了他，经过刑讯逼供之后，他被关进奇瓦瓦的监狱里。在那里待了两个月，真的是非常考验人的意志。当他最终准备逃跑时，心里充满了对德国秘密情报机构的仇恨，他觉得在自己被关押期间，没有人想过任何办法来营救他。越狱成功之后，一抵达墨西哥城，他就向情报机构在国王广场的地下总部发去一份电报，宣布辞职。

辞职之后的格尔茨成了一名自由战士，有点类似于雇佣军，为钱而战。不管是哪个地方的军阀，只要给钱多，他就为他们服务。有一天，在一个小酒吧里，有一个人来到他坐的桌子旁，此人头发蓬松，穿着一件脏兮兮的白色外套，自称是受到德国驻得克萨斯州埃尔帕索领事馆的派遣。“领事先生想问你一个问题，你只需要回答是还是不是，”此人的口吻比较官腔，这让格尔茨感到有点害怕，“如果你的政府再次需要你的服务，她能得到你的帮助吗？”

格尔茨虽然仍有点痛苦，但还是毫不犹豫地回答说：“在战争的情况下，当然可以。”

两个星期之后，从埃尔帕索领事馆发来了一封电报，电报里只有一个词：“来吧。”在埃尔帕索，格尔茨被告知：“直接去纽约，然后接受帕蓬先生的安排。”

他和帕蓬在纽约的办公室里见了面。两人相对而坐，座位很舒服，是皮质沙发，但整个房间显得空荡荡的，这让格尔茨觉得帕蓬也是刚刚搬入。帕蓬没有客套，而是直入主题，这也是他的习惯性做法。

“华盛顿的所谓中立政策其实是个骗局，”帕蓬说，“美国仍在允许各种装有武器和补给物资的轮船驶往协约国，而我们德国的商船仍然被困在港口，成为英国海军封锁的受害者。小杰克·摩根和其他的华尔街银行家向英国、法国和俄国提供了数以百万计的借贷资金，美国人的心是和英国在一起的，因此他们的战士最终会和英国人并肩作战，这只是时间问题。”说完这些之后，帕蓬接着说他有一个很大胆的计划，据他自己曾经当兵的经验来判断，这个计划如果成功实现，可能会影响到整个战争的走向。计划的具体内容是这样的：格尔茨可以率领一支队伍针对维兰德运河展开袭击活动。因为这条运河连接着加拿大和纽约州的布法罗，将安大略湖和伊利湖也串了起来，是加拿大船运的一个主要通道。“这个相对简单，”帕蓬说，作为一名新任的间谍指挥官，他说话时难以抑制内心的自信，“如果我们把运河炸掉，再炸掉加拿大的主要铁路运输线，那么这个国家的粮食运输动脉就会瘫痪，也就会摧毁英国的一个主要食品供给地，同时战争物资运输的交通线也会受到严重打击。”

“这个可以做到。”格尔茨表示同意。

一开始，格尔茨对这个新使命充满热情，很急切地想要再次为国家服务。间谍这个职业，靠编织谎言而秘密生活，这些对他来说都很熟悉。这次他用了另外一个名字布里奇曼·泰勒，根据帕蓬的指示，他去了巴尔的摩，从停靠在帕塔普思科河上的德国船舶那里招募特工。他找到了三名志愿者，不过很快就发现这些水手既没有作为一名秘密行动破坏者所要具备的定力，也没有足够的决心。他们确实有勇气，特别是经过一晚上的畅饮之后。不过，根据自己在尼古莱间谍培训学校所学到的知识，格尔茨意识到这些人在生命有危险时肯定是不可靠的。但他别无选择，一名特工即便资源有限，也应该展开行动。于是，他带着这三个人回到纽约。帕蓬自己也招了三个人，也都是因船只被困在纽约港而无事可做的水手。格尔茨将这些人统统纳入自己的队伍，尽管没有跟帕蓬明言，但他内心深处感觉到结果会很明确：这将是一次自杀之旅。

他们首先用一个摩托艇从一家杜邦工厂运来 100 磅炸药，这批炸药分成两箱，每箱 50 磅。摩托艇开过哈德逊河，停在 146 街的码头上。从那里，一辆汽车将这些炸药运到城区西 15 大街 123 号的一栋三层小楼里，这里是德国间谍网络的一个据点，由阿尔伯特提供资金，一个名叫玛莎·赫尔德的丰满女人经营。这个女人四五十岁，早前曾经和一位欧洲的贵族结婚，并且在欧洲很多的歌剧院都演出过。玛莎这里提供丰盛的德国美食和啤酒，德国的外交官、特工以及预备役士兵、被困的海员甚至是流氓无赖，都经常在这里聚会，通宵达旦。玛莎可以给这些德国男人提供女人，说白了这个地方实际上是个妓院。德国军情处喜欢以妓院为幌子来开展行动，间谍和妓女，是天生的一对。因为，他们都是靠谎言生活。在这样一个世界里，任何行为稳健的间谍一举一动都非常谨慎，一旦行为过于放浪，就很容易落入敌人的监控视野。

一整个晚上，格尔茨这些人都待在玛莎那里，他们参加了晚上的舞会，好像是在庆祝已经取得成功一样。但格尔茨没有这份心思，他内心深处其实非常不安，自己两个可能的命运，每一个都很恐怖：由于炸药就藏在这个屋子里，如果有人在狂欢中不小心点了一支烟，掉到地下室里，炸药很可能就会被引爆，大家难逃一死；要么就是他们在向运河行进、执行任务时被加拿大军队射杀，这支队伍太过业余了。

早上太阳刚刚升起，晨曦中，格尔茨和他的团队开始将炸药和枪械装在一起，然后乘火车北上，他们在布法罗下车，在附近的德拉维尔街租房住下。在接下来的几天里，格尔茨对自己带领的这支队伍的担心越来越重，虽然离袭击目标已经越来越近，但这些人却越来越谨慎，束缚住了手脚。他们在谈论这次任务时，都抱着一种逃避的心态，能逃最好。只有格尔茨在努力推进这件事情，他把租的房子退掉之后，领着他们来到纽约尼亚加拉，在一家酒店住下，这个酒店成了他们的临时行动指挥中心。第二天，他们一起去运河上侦察情况。运河的岸堤和闸门处都有重兵把守，每一个关键部位都有很多士兵。侦察之后，他们陷入恐慌之中，开始抱怨这几乎是不可能完成的任务。

格尔茨也表示，这个任务的确艰难，但他坚持认为并非不能完成。作为一名间谍，自己即使在说谎话，也要无时无刻坚信这些话就是真的。为了找到合适的袭击点，格尔茨租了一架飞机，他自己要驾驶飞机查看整个运河，找一个防卫比较松懈的地方下手，其他人则留在酒店等他回来。这一去可能是一天，也可能需要更长时间，格尔茨要求他们在他回来之前保持低调。

他去了两天，回来之后发现这些人全逃了。这样一个危险的任务，针对如此重兵把守的地方搞袭击，超出了他们的想象。格尔茨自己也没有办法，只身回到了纽约。见到帕蓬之后，帕蓬愤怒无比。格尔茨觉得，帕蓬的怒火甚至比那 100 磅炸药引爆之后的威力还要大。

对于帕蓬来说，第一个任务执行成这个样子是完全不可接受的。这根本就不是什么士兵们如何赢得勋章、开创辉煌职业生涯的美好故事，恰恰相反，这是一种耻辱。他冲到屋外，直接起草了一份电报，要求总部把这个无能的格尔茨赶紧召回去。

第12章

间谍网络的第一项行动以彻底的失败告终。尽管如此，尼古莱还是命令贝恩斯托夫大使赶紧开展第二波行动。他别无选择，德国军队需要更多的士兵。战争开始时还是漫长而炎热的夏天，随着时间的推移，欧洲现在已经进入了多雨的秋天，而战争带来的伤亡没有减少。在战争开始的六个月里，德国的伤亡人数超过80万，几乎是首批投入战场的士兵总数的一半。勇敢的普鲁士士兵艰难前行，他们经历了一场又一场战斗，不过他们的勇敢却是用鲜血来证明的，16%的死亡士兵尸骨全无。

最高指挥部很清楚，这还只是刚开始的进攻阶段，无情的战争机器将会继续吞噬更多的生命。如果祖国需要继续战斗才能获得胜利，那么就需要更多的士兵，特别是训练有素的指挥官，意识到这一点其实是很残酷的。当将军们在计算这些令人沮丧的数字时，外交部门的消息多少还给人带来了一点解决问题的曙光。德国在美洲各国的领事馆报告说有数以千计的预备役士兵正在向领馆报告，希望能回到欧洲参战。由于报名的人实在太多，一个很务实的解决办法就是优先处理军官的申请。1000 多名预备役军官得到资助从各地汇集到纽约，然后返回欧洲参战。

但德国的外交官也遇到了一点麻烦，由于英国和法国对美国提出强烈抗议，美国政府改变了签证要求。在战争开始之前，申请一个美国护照其实非常简单，几乎没什么要求，只要申请就会有。战争爆发之后，要求就多了，比如要有美国的出生证明、出国目的以及会访问哪些国家，当然还需要照片。这些材料在提交之后都会严格审核，然后才会提交美国国务院，经过国务卿签名之后生效。正是因为这样的规定，纽约虽然看起来离欧洲前线已经很近了，但就是去不了，这让很多滞留在美国的德国军官万分沮丧。

重重困难在前，德国最高司令部还是希望能将这些军官送回欧洲战场，他们把尼古莱召过来，给他下的命令就像是下给魔术师的一样：必须让这些人出现在战场上。这个情报头子在之前的很多秘密行动中都取得了不小的成就，但这一次没那么容易，而且维兰德运河的行动失败之后，尼古莱对贝恩斯托夫大使的信心有所下降。但他也没办法，因为没有别的替代人选，所以只好再次给大使发电报。

这封发往华盛顿大使馆的电报花了不少篇幅谈问题，而有关行动的只有一句话：“必须找到解决办法。”接到电报的当天，大使立即离开华盛顿前往纽约，他和帕蓬以及卡尔会面，地点位于中央公园南部的德国俱乐部，这里很隐秘，也很舒适。有关他们到底谈了什么没有任何记录。他们谈完之后，一起去了玛莎那里放松娱乐。其实一整天，他们想出的计划只有一个，那就是大规模伪造美国护照，规模之大在美国历史上前所未有。

他们在下曼哈顿一条弯弯扭扭的街上开了一家商店，这个地方离布鲁克林大桥很近，商店里有个小房间，角落处放着一张大桌子，桌子上堆着很多文件，其实就是一些完全相同的表格——375 表格，这就是申请美国护照所需要填写的表格，只有一页而已。

每天，店门前会挤满人，似乎成为曼哈顿地区最繁忙的护照申请点。不过，排长队是意料之中的事情，因为这些排队填表的人都获得了报酬。汉斯·冯·维德尔是负责这项工作的特工。他是由帕蓬直接挑选过来的，也得到了大使先生的认可。维德尔出身贵族家庭，身材高大，衣着讲究，他的叔父曾经在德国外交部门担任要职。他谈吐优雅，即便是最简单的谈话也会时不时冒出点小智慧，表现出学者一般的渊博，当他试图要去说服别人的时候，总是能够获得成功，让人不由得佩服他的口才和能力。

所有这些只是表象，维德尔从过往的经历和本能上讲就是个骗子，但这并不是说他没有资格和能力来当一个间谍。只是他真正的失败之处在于，他还不是一个非常成功的骗子。在这之前，他曾经尝试过很多别的职业。比如，他当过记者，当过律师，有一段很短的时间还当过贼。但这些都没做好，最后以失败告终。于是他进入所谓的金融领域，这个领域在他看来其实就是去骗那些寡妇的钱。通过约出来一起喝茶，一起吃饭，维德尔引诱受害者投资一些公司，而这些公司都是由他本人控制的皮包公司，他自己当然是最终的受益人。当帕蓬找到维德尔的时候，他的诈骗行为实际上已经败露，监管当局快要抓到他了。在帕蓬的帮助下，维德尔很高兴就接受了这份差事，开始转做护照生意。一开始，生意很兴旺。他向那些低收入群体比较集中的社区以及小酒店发布广告信息：轻轻松松填一张表，就能赚20美元，所要做的就是拍一张照片，然后在一份文件上签名。帕蓬提供了所需的全部资金，很快队伍就排到了街道的拐角处。

这些人拍照签名之后，剩下的工作由维德尔来完成，一开始进行得很顺利。他会把这些申请材料送到美国国务院，然后等上个三四天，这些护照就会办好并以邮寄的方式送回来，美国国务院的那个大印章就会印在护照的照片上。其实，解决照片上印章的问题并不是一件难事，他的一位共犯后来是这样解释的："首先用一块湿布将护照上的照片弄湿，然后把这张照片取下来，换上需要用的照片，新照片也先弄湿，但粘上之后的新照片上没有印章。这个问题不难，把护照反过来放在软和的东西上，比如说放在一张手帕上，然后再用比较钝一点的裁纸刀，来描这个钢印上的字迹，新照片干了之后，就像是打上了印章一样，一般人根本看不出来。"

成百上千的德国军官用这种伪造的护照成功登上了从纽约开往欧洲各地，比如意大利、荷兰和北欧的客轮。他们一旦到了欧洲，穿越国界就不是什么问题，特别是在战时的欧洲，回到德国不会花很长时间。

就本质而言，这是一项比较简单的行动，完全可以持续较长时间，如果维德尔真心想为他的祖国服务，这个活儿可以长久干下去。但问题是，维德尔缺乏作为一个间谍的节操和忠诚，哪怕这只是临时的。他仅仅忠于自己。在这很久之前，他就是因为太贪婪而出了问题，而这个护照行动最终也败在这里。

因一次迅速的复仇行动，这个伪造护照行动戛然而止。在36大街附近的米尔斯宾馆，顾客们都非常清楚，填一张375表格，拍张照片，就可以获得20美元现金。对于那些口袋空空的人，这还算得上是一笔小财富。许多宾馆的新客人一时还无法相信自己有这么好的运气，填个表就能拿钱。但几个月之后，当越来越多的申请者来到维德尔的商店时，维德尔宣布从现在开始填表只有5美元的报酬。人们的期待落空了，很多人都在怀疑剩下的15美元到底去了哪里。一些人拿了5美元花完之后，怒火开始燃烧，想要找人报复，谣言也出现了，很多人说剩下的那本来属于他们的15美元被维德尔独吞了。谣言其实也是事实，维德尔自己从帕蓬那里还是收到20美元一人的资金，但他慢慢就决定把15美元截留下来。这些人愤怒了，但维德尔自己觉得，给他们更多的钱，他们也只会买更多的威士忌挥霍掉。截留资金的危害是什么呢？他很快就知道了。这些人从米尔斯宾馆出来，去当地有关部门举报维德尔的护照造假行为，即便是维德尔想拦下他们，估计他们也不可能回头。而一旦他们将这种造假行为报告给有关方面，这整个行动就完了。

维德尔逃到了古巴。贝恩斯托夫听到这个消息之后，迅速向柏林方面发了一份电报。其实在过去的很多年当中，他和柏林威廉大街上的高官公子哥们打过不少交道，教训很多，他只能自求多福，主动寻找保全自己的办法。他在电报中向上司保证，虽然伪造护照行动已经完全曝光，但也没有理由惊慌失措，“没有理由去担心整个大使馆会受到影响”。

第 13 章

开局不利，两次行动都不怎么成功，但也没有时间去耐心等待下一次的行动机会。1914 年 11 月 28 日，柏林方面传来了新指示。这份秘密电文的内容是："很有必要通过第三方来招募一些特工，这些人和德国的官方代表没有关系，安排他们去炸毁那些从美国驶往欧洲敌国的船只。"贝恩斯托夫大使将这份电报直接转给了帕蓬，没有增加任何自己的批示，其实什么也不用说，大使的意思很清楚：以自己觉得最合适的办法去处理，但这一次一定不能再搞砸了。

得到任务之后，帕蓬有点兴奋。前面的两项任务不成功，他本人一直有点闷闷不乐。这次行动将是自己的翻身仗，最高指挥部将会对他的才能有更高的评价，他必须以自己的业绩赢得勋章。就像之前找到格尔茨一样，他必须找一个经验丰富的人来完成这项任务。不过这一次，他找的具体执行人和格尔茨完全是两种人。

通往曼哈顿哈德逊河河滨的那些狭窄的街道就像迷宫一样，这里的治安很糟糕。对很多人来说，这里只是一个临时的居住地，里面暗藏风险。各色人等聚集，比如牛气冲天的码头装卸工人、海员，还有绝望的妓女，当然更不乏码头小偷，他们早就丢掉了那一点点的良心。在这些潮湿的街区有很多旅馆，这些旅馆提供钟点房，当然也有一些酒吧，在酒吧里不仅可以喝到啤酒和威士忌，也可以买到海洛因和鸦片。这里常有暴力事件发生，有人在背后捅刀，有人在手上套上指节套环朝别人的嘴上打去，更狠的是直接用锋利的剃刀割破颈动脉，喋血大街。白天，码头上一片繁忙，很多船只停靠岸边装货卸货，这种繁忙制造出了一种安全上的幻觉。随着夜幕的降临，这里将完全转变成野蛮之地。

保罗·科尼格，就像黑暗世界的王子一样统治着这个地下世界。他担任阿特拉斯船运公司的保安主管多年，这家船运公司是德国皇帝拥有的汉堡美国船运公司的一个子公司。由于与德国政府之间的关系密切，科尼格在当地很有名。他的手下有十几个人，个个都很结实健壮，他本人也实行铁腕政策，当他们每天整齐列队在河滨地区巡逻时，就像是德国的军队在殖民地的港口执勤。一旦科尼格发现可疑的人，他的审讯方法将会很直接——拷打。这些人通常都会招供，而且很少会说谎。不管怎么说，科尼格还是很喜欢这份工作的，在河滨地区大家背地里都称他为 PK（他英文名字的首字母缩写），对他很尊敬，尽管这种尊敬是出于害怕。他本人身体非常结实，虎背熊腰，手臂长，拳头硬，似乎天生就是做这份工作的料。他永远都不会笑，因为在他看来笑似乎是一种软弱。他总是有点睡眼惺忪，还留着小胡子。当看到他走近的时候，很多人不管自己是不是犯了事，第一本能就是逃跑。

帕蓬将科尼格直接召到自己的办公室，经过最简短的谈话之后，决定让他来执行这个任务。如果科尼格接受这个活儿，那么他表面上还是可以为阿特拉斯船运公司工作，只是他真正的职业就变成了德国军情处的特工，负责执行秘密的袭击活动。科尼格考虑了一下，这将是另外一个世界，虽然自己也比较熟悉。他也意识到，这件事情关系重大，影响深广，投入进去战斗，如果成功的话会让自己更有成就感。“没问题，”科尼格答应了，“我觉得这件事情非常适合我的口味。”

科尼格是一个使命感很强的人，他迅速投入工作之中。在汉堡美国船运公司位于纽约市区的办公室里，他从自己的保安队中找出几个最能干的，成立了一个秘密小分队。这个小分队是个全能的组合，他们还要为大使和其他官员提供保镖服务，同时在码头、酒店和华尔街的银行进行监视，不过他们的首要任务是进行秘密破坏。

秋天已经结束，进入1914年至1915年这个寒冷的冬季时，在美国一些地方发生了莫名其妙的爆炸事件。这些都是原始的爆炸装置，科尼格找了码头工人将炸弹放在船上，也找了工厂的工人将炸弹放在工厂内部，这些工人一个星期的收入只有25美元，但给他们25美元，他们就非常愿意效劳，而且不会问任何问题。这些爆炸袭击活动虽然很松散，也是零星的，但效果相当不错。日子一周一周地过，爆炸此起彼伏，坏兆头越来越近了。

在新泽西州，杜邦公司在庞普顿湖边的一家工厂突然在半夜里发生爆炸。五天之后，怀特化学工厂发生剧烈爆炸，厂房的地基都动摇了，3 名工人丧生。接下来，佩恩烟花公司发生火灾，数名工人死亡。再接下来，泽西城的一家炸药工厂发生事故，4 人死亡。

这些事故引发了人们的担忧。消防部门严厉要求，工厂的安全管理条例必须得到严格执行。工厂的爆炸事故还没消停，船只在海上又开始出事。一艘开往英国的货船“纳特福德号”满载食品离开纽约港时，突然在甲板下面发生了火灾。“山姆兰德号”也是在离开纽约港前往英国利物浦时，在大西洋上发生了火灾。之前，另一艘轮船“德文城市号”在加拿大的新斯科舍省沿岸发生火灾。这些事故的原因都很神秘，一时根本没有头绪，加深了人们的担忧和疑虑。

难道是劳资纠纷？是郁闷的海员干的？或者是某位码头工人为了报复社会？还有一种可能就是保险骗局。社会上对事故原因有各种各样的猜测，但在玛莎那里，大家都在为胜利干杯。

第14章

刺耳的电话铃声将塔尼从深夜的睡梦中惊醒。其实，就在铃声响了一声之后，他就接起了电话，很快就警觉起来。他在想是不是巴尼茨打来的，或者很可能是一位在社区巡逻的警员打来的，报告最新的一次爆炸事件。但他错了，电话是警察总监伍兹亲自打来的。如果这一点本身还不够让人吃惊的话，那么伍兹总监的指示就足够了。

塔尼拿起电话，躺着接听。他还在想是什么重要的事情，让总监而不是助手在半夜里给自己打电话。电话的内容是召集他明天一早就去开会。另外，为什么总监一定要让他确保在进他的办公室时不要被别人看到？想到这些塔尼睡意全无，躺着一直思考，无法抑制内心的一丝害怕。他知道有些东西可能要被揭穿，而他的直觉告诉自己，他过去的很多判断一直都是对的。

一大早起来之后，塔尼根据总监的指示去他的办公室。通常来说，去总监位于中心街240号的办公室只要沿着大厅的楼梯走到第二层即可。新的警察局总部外表看上去有些富丽堂皇，有个大穹顶，像是一座宫殿。沿着二层的办公区一直往前，可以看到很多穿制服的警察，以及普通的文职人员忙碌着，然后就会走到一扇大门前，门前有一位警官把守，只有他知道打开这扇门的指令。门开之后，总监的私人办公室就在眼前。不过，塔尼这一天要走的不是这条路线，而是一条不寻常的路。总部大楼下面有一个很窄的车道，只够一辆车通行。这个车道通向了整个大楼的后面，根据总监的指示，塔尼步行经过这条车道来到一扇很厚的木门前，看起来经过这个木门可能会通往地下室。门旁边有一个石头台阶，这个台阶是有意设计在那里的，目的是挡住入口。门是锁着的，塔尼在接到通知的时候也被告知这一点，他敲了敲门，然后等了一会儿，在等待的时候他似乎听到了地下射击场传来的枪声。在塔尼准备再次敲门之前，一位身穿制服的警官过来开了门，这个警官他认识，是总监的司机。

警官向他敬礼，然后带着他来到一架木门电梯里，这架电梯空间比较小，就像一口棺材一样。警官从口袋里掏出一把钥匙，插进锁里面，转动一下，电梯开始爬升。电梯门打开之后，直接就到了总监的办公室。一进屋，塔尼就感觉到办公室里有很浓的香烟味道。这是一间很大、很正式的办公室，墙边摆设着很多桃木家具，地板上铺的是东方风情的深蓝地毯，窗户上挂着厚厚的窗帘，壁炉上的火并没有点起来，只有一些壁灯亮着，整个房间似乎显得有些灰暗，这样的布局或许是为了显示办公室主人的地位和权力。伍兹总监坐在办公桌后面，俨然就是国王的做派。塔尼心里其实很清楚，这个位子 17 年前是西奥多 · 罗斯福的，他那时候担任纽约警察总监，但很快就当选了美国总统。而在伍兹旁边的皮制大椅子上，还坐着两个穿文职制服的男人。塔尼认识其中的一人，他也很高兴能见到这个人——盖伊 · 斯库尔，和警察总监一样，他们都毕业于格罗顿学校和哈佛。另外，塔尼第一眼就能看出，此人的血统不一般。他属于老波士顿的有钱人，身材苗条而结实，脸上的轮廓像雕刻过一般，非常清晰，行为举止谨慎而有礼貌。这种形象让办公室里的同事觉得他是那种高高在上、根本无法靠近的人。“我的上帝啊，”其中一位同事听说斯库尔将会成为副总监后感叹道，“他的形象看起来像博物馆里的画像，而不是个警察。”

不过，塔尼曾经和斯库尔共事过，他很欣赏这个人，而且这个文质彬彬、轻言慢语的人天生就是当探员的料。据塔尼的观察，他还是一个工作狂，这其实也不是什么贬义词。当塔尼还只是在布鲁克林的一个社区当巡警时，两人曾经在调查一个凶杀案的过程中一起在夜里喝酒，相处过很长一段时间，塔尼对此人了解颇深，他身上有很多东西完全超乎想象，甚至现在要完全接受都有点困难。这个外表平静的新教贵族，内心狂野着呢！他就是一个狂热的冒险家，曾经和警察局的骑警一起骑马越过圣胡安山脉，在南非的布尔战争期间，他作为报社记者对战争进行过报道，他还报道过中国发生的义和团运动。在美国和墨西哥的边境，他曾经和得克萨斯州的巡逻兵一起打击越境偷盗抢劫的墨西哥人。另外，斯库尔还在加勒比海寻过宝。一个多世纪以前，一艘西班牙商船“好信心号”在加勒比海沉没，据说船上满载财宝。

塔尼不知道在哪里曾经得到斯库尔已经于去年成婚的消息，他心里在想是不是因为结了婚，所以斯库尔在行为上会有些收敛。塔尼知道，这也是他自己为什么一直不结婚的理由。他到现在为止还没发现有哪个女人比工作还要重要。

另外那个人，塔尼不认识，他留着棕色的胡子，胡子的形状有点像是一只展翅欲飞的鸟。他一直坐在椅子上，表情僵硬严肃。总监示意塔尼坐在自己正对面的皮椅上，而就在塔尼坐下之前，总监首先道歉。“你是对的。”总监对塔尼说。

在警官培训学院，教官经常教学员们不要随便猜测，而是要保持耐心，卷起袖管，对线索穷追不舍，直到最终找到解决办法。在侦破犯罪案件中，归纳法是一种需要时间来检验的办法，它需要厘清各种相关的证据，然后紧追这些证据，就像跟着信号灯一样，直到通往终点，而这个终点可能就是唯一的。各种主观感觉、推断意义都不大，只能表明办案人员有些懒惰，不去抓证据。更糟糕的是，这些东西在法庭上不可能被当成证据。

在从警 20 多年的职业生涯中，塔尼一直很谨慎，归纳法也用得不错。但这一次他不想太过谨慎，因为他担忧等到搜集好各种证据，时间早就不够了。

“每个人都看到很多悲剧在发生，没有任何征兆，这些暴力事件之前闻所未闻，而且规模不小。”塔尼用这些事实来解释自己的急迫感。一些商船刚刚离开纽约港不久就发生爆炸，从新泽西到加州，一些化学和炸药工厂先后发生致命的爆炸，这个时候人们的心中只有困惑，各种神秘阴谋论只会更多。

每一次新的爆炸事故发生之后，都会有各种各样的说法，是工会扮演了主要角色？是无政府主义者干的吗，还是反战人士？到目前为止，没有任何证据将任何组织、任何个人与这些袭击事件联系起来。事实上，也没有任何证据可以表明，这些事件都是蓄意的。或许，一些工厂发生的火灾和爆炸事件只是普通的事故，只是人们对安全生产没有太在意下的一种巧合，毕竟这个时候贪婪的美国商人正急着想发欧洲战争财。

尽管如此，作为一名拆弹小分队的老兵，塔尼预感到在这些事情后面必然会有一个疯狂的现实，“根本不需要通过超人的推理就能知道，这些发生在纽约的不正常破坏活动肯定和德国人有关”。但这只是他的一种预感，并没有任何证据，甚至一丁点的线索也没有，这么说或许有违过去的习惯性思维。“这些相关的报道放在一起说明不了什么。”塔尼也只好承认。然而，在考虑了各种选择之后他还是去见了总监。那实际上已经是几个月之前的事情，他们一边散步，一边分享自己的看法，塔尼直接说出了观点。他首先承认并没有足够的事实证据来证明自己的推论，而只是根据20多年工作经验的一种直观判断。他自己相信，正如布雷西亚团伙搞破坏活动有政治动机一样，这一系列的爆炸肯定有政治目的。他怀疑德国特工，或者是美国国内对德国的同情者，甚至有可能是德国皇帝手下的秘密情报机构发动了这一系列袭击。他希望伍兹同意对此展开调查。

伍兹总监拒绝了。原因之一是他怀疑塔尼这么做有自己的个人打算。或许，他不可告人的目的就是将这个丑闻挖出来公之于世，然后把美国拖入战争中去。这不是纽约警察局要做的事情，纽约警方不能去操纵外交，特别是警察部门的这种活动可能与美国政府在战争中严守中立的政策相悖。即便是塔尼的推断有值得相信的地方，伍兹也认为这应该是联邦政府层面做的事情，比如美国的战争部应该去追查，他的人应该是去追查罪犯，而不是间谍。

但伍兹并没有把所有这些想法告诉塔尼，他只是命令塔尼将这件事情放在一边，禁止他和他的手下展开任何调查。塔尼遵从了总监的命令。然而，这种神秘的袭击活动仍在继续，更多的工厂被炸，更多的人丧命，到 1915 年春天，一共发生了超过 70 起火灾和爆炸事件，导致 38 人死亡和超过 2200 万美元的损失。危害这么大，纽约警方对此的政策仍然是漠不关心，“保持头脑冷静，睁开双眼密切关注”仍然是要严格遵循的法则，但爆炸事件不断让塔尼感到很焦虑。他知道危险非常大，将来会有更多的爆炸袭击事件。他有自己的推论，但只是没有证据，无法证明谁将对此负责。然而根据他的职业判断，他知道怎么做，知道是谁干的。只是，他无权采取行动。

所有这些在这次和总监会面之后很快就要结束了。早上坐在斯库尔副总监旁边的那位男士对总监态度的转变起了很大作用，他就是英国秘密情报机构驻纽约站的负责人。怪不得总监一上来就说：“你是对的。”

第15章

就在一战爆发后的几个小时，一艘英国拖网船开到了北海一个荷属岛屿的周边海域，在晨雾中，几名英国船员开始了工作。他们向水中撒下铁钩，很快就钩起了他们需要的东西：德国跨大西洋海底电缆。这些电缆被弄到甲板上，船员们用工业级的锯齿刀将电缆切断，然后再把它们扔回大海，这些电缆已经毫无保留价值。

一天工作下来，德国一共有5条跨大西洋海底电缆被切断，德国与欧洲之外的领事馆以及海上的船只之间因此就失去了直接的通讯联系。不过，德国人仍然在运行一个无线电发射站，这个发射站就位于柏林几英里之外的瑙恩。这里发射的信号非常强，在欧洲之外的很多地方都能接收得到。德国人其实也意识到敌人肯定会拦截这些发给海外领事馆的广播信号，但瑙恩的信号发射站仍然继续运转，因为这里发射的信号都是加密的，德国人并不担心。如果没有密码本，拦截了也没用，敌人根本就不会知道内容。而且，德国人在加密的时候还会加一层伪装，根据之前已经安排好的模式，这些密码字母或者数字即便被破解出来，它们代表的东西与实际要传达的内容之间还是有较大的差异。

德国人对他们的这个发明信心百倍，毕竟，条顿民族的数学家，即便不按天生的资质，就从训练的角度上讲，也是世界上最优秀的。密码这种东西就是条顿民族的发明。

为了破解德国发出的信号，英国刚刚成立了一个解密服务机构，这个机构由密码学家、数学家和语言学家组成，他们的代号是 40O.B.，意思是他们的工作地点是在 40 房间，而这个 40 房间则位于老海军司令部大楼（O.B. 就是这个大楼英文首字母的缩写）。40 房间很快就变得拥挤不堪，里面有很多从大学图书馆和大英博物馆借来的密码学专著，不过最有价值的是截获的德国无线电信号目录，该目录带有普鲁士人典型的缜密思维，很多信号看多了之后就会发现有规律可循，比如有的信息内容是一样的，只是加密的密码不一样，因此其格式和排放规律是一致的。

破解密码是一个漫长而痛苦的过程，有时候会有很多天毫无成果，但有时候则会突然灵光一现。经过一段时间的努力，他们已经取得了很大的进展，已经能够成功破解一部分电文。另外，英国在比利时和中东的特工也设法搞到了德国外交部的密码本，其中就包括一个代号为 13040 的密码本。德国外交部用这套密码本向德国驻华盛顿大使馆发送秘密外交电文，而驻美大使馆还担负着向西半球的德国外交机构发送信息的功能。如今 40 房间的人已经掌握了打开之前截获的德国外交电文的钥匙。这些电文该如何处理还得费点思量。秘密一旦被破解并公开，其绝大部分价值也就消失了。实际上，秘密就像资本一样，应该储存起来，而不是花掉，这样秘密就会增值。如果敌人已经知道你破解了密码，那么他就会停止发送。获得更多秘密的大门就被关闭了。

然而，40 房间搜集到的信息太重要，没办法完全忽略不用。这关系到很多人的性命，甚至可以说会影响到战争的进程。因此，必须做一些事情。而这对于英国政府内部广为人知的 C 先生而言是一个两难。C 是英国秘密情报机构，也就是军情六处的负责人曼斯菲尔德 · 史密斯 - 康明斯的代号。这个军情处当时属于战时办公室管辖。40 房间所破解的密码披露了德国军情处在美国开展的一些活动。如果将这些情报和美国总统威尔逊分享，将会引发美国对德国的愤怒，有助于拉美国参战。不过，披露之后也会促使德国政府立即停止相关的信号发射，从而终结英国继续破解德国秘密通讯文件的可能。C 在考虑可以替代的方案，最终他手写了一个措辞非常慎重的电文，用绿墨水签名 C，这是他的习惯，然后迅速发给了军情处纽约情报站的负责人。

第16章

盖伊·葛恩特就是纽约情报站的负责人，他也是那一天坐在警察总监办公室的那位制服男子，只是当时塔尼并不认识他。

葛恩特出生于澳大利亚，家族比较显赫。他有一个兄弟在军中任职，位居舰队将军这个级别，一个妹妹是小有名气的作家。葛恩特自己的生活也充满传奇色彩，他曾经带领萨摩亚当地的一支土著部队在丛林中战斗，后来这支军队成为当地赫赫有名的“葛恩特旅”。在这之后，他还在英国皇家海军指挥过战列舰和巡洋舰，随着欧洲大陆战争阴云密布，葛恩特被派到了美国。他的官方正式职务是英国驻美大使馆武官，在华盛顿他有一套办公室，非常不错。不过，这个头衔以及办公室都是掩盖他实际工作的幌子，他的实际办公地点在纽约白厅街44号曼哈顿城区英国驻纽约领事馆内，在那里他掌管着英国在美国的间谍网络。

正是葛恩特收到了C先生的那份备忘录，在备忘录中并没有任何文字揭示甚至是暗示德国的外交密码已经被破译，而只是以惊人的细节表明德国特工正在美国开展破坏活动。遵照C先生的指示，葛恩特迅速将这个信息与威尔逊政府的情报联络官富兰克林·波尔克进行了分享。

波尔克本人是美国第十一任总统詹姆斯·波尔克的后代，他也毕业于格罗顿学校（不同于他的两个警察校友的是，他后来上的是耶鲁大学，而非哈佛大学），后来曾在华尔街当过律师，离开华尔街之后去了美国国务院，当顾问。威尔逊总统还给他派了另外一个活儿：协调美国的安全部门，这个时候美国的安全机构都还比较年轻，总统的任命也是非正式的。而且，美国国会对间谍的看法还比较陈旧，带有偏见，认为间谍活动只是一些腐化的欧洲国家喜欢搞的阴谋而已，他们有这样的历史。

如何处理葛恩特提供的情报信息，这需要波尔克自己决定。对于这份情报，波尔克态度非常慎重，这是他担任律师所保留的工作习惯。他觉得情报的真实性还需要进一步确认，原因很简单，英国方面既没有提供相关人员的信息，也没有提供作案细节。只是，得到这样的信息之后，德国在美国本土针对美国发动秘密战，已不再是那么令人难以置信的事情了。波尔克觉得，对这种袭击活动不能再视而不见了。然而，谁值得他信任？准确说是值得整个国家的信任，去开展这样一个重要，但政治上又十分微妙的调查呢？谁能够有效地找到袭击背后的元凶，但又不至于在捣毁敌人的间谍网络时，在媒体上出现一些煽动性、要求美国参战的头条报道呢？

美国本来设有秘密情报机构，但国会出于谨慎考虑，限制了这个机构的权力。1908 年，由于一批官员集体卷入一起有争议的土地欺诈案，国会很快就通过法律限制秘密机构特工的活动范围，他们只能做一些与财政部职责有关的事情。比如特工们可以追查造假者，在获得授权的时候也可以保护总统，但国会的那些自我保护意识很强的议员一定要确保这些就是特工们所能做的全部。

由于国会这样限制秘密情报机构的活动范围，当时的总统西奥多 · 罗斯福觉得有必要另起炉灶，再设立一个调查局（联邦调查局的前身，调查局成立 30 年之后才正式更名为联邦调查局），这实际上是一场报复性的赌博。调查局成为司法部下面的一个部门。国会对总统的这一小伎俩非常清楚，它不会允许再设立一个新的机构，因为新机构很快就可能会把调查的矛头对准自己，因此拒绝批准。总统对此也是非常愤怒，他的办法是等到国会休会时，通过行政命令来建立调查局。在总统和国会的博弈当中，调查局的诞生不可避免地会成为一股空洞的力量。布鲁斯 · 别拉斯基，这位只有夜校法学学位的公务员，成为这个低调机构的首任负责人。调查局的工作人员不能佩带武器，而且也无权逮捕任何人。徽章确实很耀眼，但屈辱的是他们拥有的执法权甚至和普通公民差不多。

除此之外，美国还有一些军事情报机构。比如设立于 1882 年的海军情报办公室，主要工作就是跟踪欧洲大国在战舰制造上取得的进步。一群好学的低级军官整天研究国外的各种技术杂志，而在美国战舰上服役的情报官员，每当这些战舰到国外的码头停靠时，都要去仔细观察对手，搜集情报。相关的信息越积越多，只是海军情报办公室的特工都是一些水手，他们没有兴趣也没有能力去调查更专业的事务，对于与海军无关的情报信息更是没兴趣。

陆军情报分部是在海军情报办公室设立三年之后设立的，这个机构更加不靠谱。它的运转，如果真的还在运转的话，就像是一个非常无效率的官僚机构。当德国军队已经开进比利时的时候，该机构的负责人才去提醒总参谋长战争已经爆发，他自己都感觉到手上的信息已经太旧，毫无价值可言。

由于这两个机构的工作成绩非常差，估计将来也不会出什么成绩，因此在过去的两年中其预算也是被一砍再砍。而且，现任总统威尔逊是一位和平主义者，在这种背景下这两家机构的活动看起来就显得更没有必要了。总统致力于中立，这一立场很大程度上来自于他本人精神上根深蒂固的和平主义梦想。威尔逊曾经承诺："我们将不会让我们的年轻人以当兵的方式来度过自己一生中最美好的时光。"与此同时，波尔克也知道，总统的中立政策是一项很有远见的、务实的政治战略。威尔逊深信置身于自我毁灭的战争之外、努力工作去斡旋和平的美国，将会在战争结束之时成为世界舞台上的一个强国，甚至可能会成为世界强权。至少，威尔逊的中立政策在经济上获得了巨大回报。美国国内的工商业一片繁荣，欧洲的战争让经济上有些疲态的美国焕发出了生机与活力，美国的失业率几乎降到零。欧洲的协约国政府向美国下了巨额订单，采购的商品涉及各种原材料和工业制成品。钢铁工业赢得大发展的机会，农场主们也很兴奋，他们种植的所有产品都被一买而空，棉花价格直线上涨。美国不再是负债国，而是成为债权国。美国的国民城市银行和摩根银行还向协约国政府放出了巨额的贷款，总额高达数亿美元。国际贸易也开始不成比例地向美国有利的方向倾斜。战争开始之前，美国对欧洲贸易的顺差大约有 5 亿美元，而在未来两年这个数字将上升到 35 亿美元。中立政策让美国富裕起来。

这项调查所发现的事实可能让美国卷入战争，也很可能让这些繁荣的好日子走到尽头。波尔克意识到，调查必须非常谨慎。不过，威尔逊中立政策的核心点中其实有一个模糊的地方，这一点作为华盛顿内部人士的波尔克非常清楚。那就是，威尔逊总统作为一个自豪而富有道德理想的人，如果他自己觉得没有其他令人信服的替代方案的话，必要的时候也可以将美国带入战争。当然，威尔逊现在正在寻找各种各样的理由与合理性，避免美国面临这样的现实。总统其实也很乐于生活在否定现实的自我世界之中。

比如说，当德国伪造签证的行动曝光之后，总统的做法就是将这个问题大事化小。整个签证造假行动追查起来，很快就能够牵扯出德国驻美大使馆，但总统还不想去面对追查德国大使馆这一挑衅行动的严重后果。“我希望你们能仔细调查这件事，”他在写给司法部部长的信中这样说道，“但在同时，你们要准备好预警措施，不要把这些东西公开，除非我们已经没有了别的选择。”

正如总统在给一位老朋友的信中所极力解释的那样：“整个

国家的舆论似乎在要求两个相互矛盾的结果，他们一方面要求对一些事情果断采取行动，但同时又想极力避免战争，我觉得这两件事情未必一定是相互矛盾的，对一些问题的坚定态度可能会带来和平。”

波尔克正在考虑所有的这些因素。他评估不同调查机构的能力，也仔细去思考总统的立场，既要和平，同时也要保密，直到必须采取行动之时才行动。最后，他决定去找那些他很熟悉并且信得过的人来执行这项任务，也就是他在格罗顿学校的校友。

波尔克在纽约有过任职经历，曾经担任过一些公司的法律顾问，也当过纽约市政府的首席律师，因此与伍兹总监以及斯库尔副总监有过交往，更重要的是他们都是格罗顿学校的校友。他们属于同一个圈子里的人，在参加聚会的时候会坐在同一张桌子上，他们也是同一种文化传统的继承人，对于公职服务有奉献精神和责任意识。所以说，他们是同路人。

波尔克安排葛恩特与自己的老朋友斯库尔会面，斯库尔意识到问题的严重性之后，把总监伍兹也叫到一起。这位英国特工所披露的东西就像是午夜的枪声，清脆震撼，总监听着听着，脸上出现了愤怒的表情，也有一丝不安，因为当他设想到下一步的行动时，担心会把事情搞大。于是半夜里他给塔尼打了电话，要求塔尼第二天来参加这个秘密会议。

互相介绍一番之后，伍兹总监将注意力集中到了塔尼身上。就像C先生没有告诉葛恩特他所知道的一切那样，葛恩特也没有向纽约的这些警察披露他所知道的一切。而且伍兹总监同样没有告诉塔尼他们所掌握和讨论的全部内容，有些信息仍处于保密状态。伍兹也希望自己信任的人能够没有负担地查案，而不是受到英国特工所提供的信息的限制，毕竟英国特工也有自己的想法和目的，和美国人的利益并不完全一致。

伍兹深信，这份工作只有纽约的警察可以完成。“虽然一个城市的警察通常不会去做联邦政府层面需要做的事情，但我们觉得这次很有必要，因为纽约的地位不一样，她是美国最大的城市，最大的港口，纽约有数以千计的来自世界各国的公民。”伍兹后来解释道。对纽约的威胁已经得到确认，而伍兹将其看成是对他个人的进攻，他不会依赖任何其他的机构来保护他自己的城市。而且，他手上就有这样的人选，此人对于秘密行动经验丰富，前不久还成功地打入一个恐怖集团内部。他还知道，这个人无论是判断能力还是专注度都是值得信任的。这个人就是塔尼。他要求塔尼迅速组织一队人马，开始调查工作。这队人马的正式名称就是炸弹与中立行动小组。与此同时，塔尼和他手下的人必须秘密行动，不露声色。这一点非常关键，公开采取行动不符合美国的国家利益。

最后，伍兹很坦率地提醒与会人员，比这间屋子里在座的各位更加聪明、更有权力的人将会做出决定，一些秘密将会被永远保持下去，不会被揭开。而现在，塔尼应该马上挑选他认为合适的人选，开展行动，他可以去线索指向的任何地方。

当伍兹结束讲话之后，塔尼敬了一个礼。其他人还坐在办公室里，塔尼则迅速离开。他乘坐总监专用的私人电梯来到一层，当他通过那条窄窄的走廊来到那扇巨大的木门前时，只能听到自己踩在大理石地板上的孤独的脚步声。他离开这里的黑暗，走入这座城市，在他心里城市已经成了战区，他必须去追寻新的线索。

第 17 章

“我们教会他们如何战斗，”伍兹总监夸耀道，精神很好，“无论这个城市遇到什么麻烦，他们都知道如何去处理。”在警察培训学校的毕业典礼上，伍兹正在发表讲话。在警察总部的顶层有一个体育馆，体育馆的一头为了这个典礼搭建了一个临时的平台，伍兹总监站在台上发表毕业讲话。他当时的讲话非常有力，也是为了给在座的纽约市市长约翰·米切尔以及其他官员以信心。他想让他们知道，这些新毕业的警官随时准备好了接受新挑战来保卫纽约。

不过，塔尼自己不是那么自信。坐在观众席当中，他甚至想着跳起来挑战一下伍兹总监，当然任何的不逊或者是戏剧性的行为都不是塔尼的风格。这会儿，塔尼的情绪有点摇摆不定。这是在伍兹总监和斯库尔副总监让他去打一场秘密战之后不久，什么线索都没有，开局并不是很顺利，这让他的信心多少有些受到伤害。你怎么敢声称已经教会了这些新警官处理任何麻烦的能力呢？因为你对于将来会遇到什么麻烦一点概念都没有。他真的想喊出来，如果他们连跟谁战斗都不知道，教他们去战斗又有什么用呢？

后来回想起这段调查时光，塔尼都还有点战战兢兢："我每天都是一副很忙的样子。"所有的行动一点成果都没有，甚至根本找不到一丁点的线索，人也越来越疲惫，无精打采。他的日日夜夜似乎都生活在秘密之中，甚至开始怀疑自己能否赢得这场战斗的胜利。

尽管沮丧，但他根本就没打算投降。这么多年的工作经验让他知道一个真理：警察永远都不知道下一个角落是什么在等着自己。机会永远是存在的，尽管很小，如果死死盯着，总会找到线索，并最终找到这一系列爆炸袭击案的真凶。

在刚开始的那几个星期，塔尼的首要工作是选人，面对新的任务他需要新的团队。这个团队包括原来拆弹小组的几个老兵，如巴尼茨、波里纳尼以及沃尔什，这几个人在针对布雷西亚团伙的行动中证明了自己的能力。不过，那次调查中出现的一些出人意料的曲折故事，正如塔尼自己所描述的那样，充满刀光剑影，也带来了一些操作上的实际经验。

他需要一些能够展开潜伏工作的警官，和嫌疑目标在一起工作而不被发现。这次需要的是能够说德语的特工，而且非常必要的一项技能就是能够在黑暗的秘密世界里找到自己的生存之道，这一点正是塔尼从波里纳尼上次的精彩表现中总结出来的。另外，这些警官还应该能够独立工作几个星期甚至是几个月，不需要外界提供保护，通过他们的智慧、勇气和技巧来实现自己的目标。除了这些，塔尼还在寻找一些别的特质。警察总监曾经说过，警察学院教学员们如何去战斗，但这还不够。他需要的是这些人有去战斗的冲动和愿望，需要他们不会屈服，无所顾虑，需要动拳甚至开火时毫不犹豫。他需要的是这些警官有勇气直接面对德国皇帝手下的间谍。正是要寻找这样的人，塔尼才参加了警察学院的毕业典礼。他很清楚，辖区之内有数以百计甚至千计的警官会说德语，但他相信这些人当中的绝大多数，特别是那些工龄比较长的警官，可能都是在德国出生然后移民到美国的。塔尼不想去怀疑他自己的队伍，但他想知道的是，一旦这些警官面临艰难选择时，他们的忠诚到底会放在哪一边。塔尼谨慎的本能告诉他，最好是从新一代中寻找合适的人选，也就是在德语社区成长，但出生在美国的新一代德裔美国人。

塔尼针对布雷西亚团伙的工作经历虽然比较短暂，但也从中学到了不少知识。有一点特别重要，那就是尽力保护手下的安全。将手下派去执行危险任务，这份责任让他感到有些不安。出于一种职业的考虑，塔尼到现在还一直没有结婚。那么为什么他要去担心别的男人呢？特别是要去担心他们的妻子和孩子。他不想再去承受当初派波里纳尼执行任务时的那份煎熬。波里纳尼已经成家生子，要是有个三长两短，拿什么向他的家人交代？因此，这一次他决心派一些单身警官去执行任务，也就是说在这些新警官中找一些年轻有活力的单身汉。

一周之前，塔尼和警察学院的教官们聊过，他列出了自己的要求，但对于具体要执行什么样的任务，他含糊其辞。这些教官都从警多年，对塔尼的要求心领神会，并没有去问太多的细节。最后，他有了 17 名潜在的人选。每位候选人接到通知，在宣誓仪式结束之后立即到警察总部二层紧邻斯库尔副总监办公室的一间办公室报到，塔尼想迅速采取行动，在人们谈论这个行动小组之前就开始。他开始面试候选人，地点并不在办公室，他也不会主动去测试这些人的德语水平，实际上他自己也不太懂德语。在约克维尔的酒吧里，点上一杯啤酒，面试就开始了。他只是问了一些比较简单的问题，让他们自由发挥，随便聊。他们聊起了自己的童年，自己的理想，以及为什么会加入警队。塔尼边听边观察，就像当时他选择波里纳尼打入布雷西亚团伙一样，他很确信合适的人选就是那些能够根据自己的本能而工作的人。他明确地告诉这些新警官，在遇到困难的时候不要想着还能依靠自己的伙伴，当暴徒将你包围，当你势单力薄的时候，只能靠自己。塔尼自己曾经亲身经历过这样的情况，因此他能判断出什么样的人在这种情况发生时是可以信赖的。一天的面试快要结束了，塔尼挑选出了三个人，其中瓦伦丁 · 克雷尔和亨利 · 森夫比较好挑，克雷尔在布朗克斯长大，一看就知道小时候肯定是孩子王，同时也有着罗密欧式的笑容。塔尼可以想象得出来，他完全可以凭借自己的个人魅力混进间谍圈子。森夫身材高大，差不多有两米高，而且还非常结实。另外，在警察学院的射击比赛中，森夫的成绩很不错。

塔尼选中的第三个人，亨利·巴斯，看起来似乎有点不靠谱。此人大圆脸，显得苍白无力，别人讲话时都会很认真地倾听。从他身上，塔尼发现了一种勤恳和幽默的气质。塔尼觉得，能够有这么一个人，可以让大伙笑一笑，这不是什么坏事。

塔尼选好的团队已经准备好了。

第18章

塔尼的脑海里有很多相互冲突的理论。在不同的时候，不同的场合，每一种理论似乎都能用得上。出于常识，塔尼觉得，要调查轮船神秘爆炸案，突破的中心点必定在纽约港上。他命令自己的手下去排查纽约港附近的滨江地区，同时提醒他们务必谨慎小心。至于具体要排查什么，塔尼自己也不是特别清楚。

滨江地区有很多值得观察的东西。欧洲的战争已经改变了纽约港，港口一片繁荣，充满了能量。火车从全国各地拉来的货物涌入纽约港，协约国的采购代表口袋里装的都是钱，在这里和美国的供货方进行买卖交易。“任何人只要有一些东西，就可以和停靠码头的货轮做生意，说上话，突然间会发现自己一下子富有了起来。”塔尼说到这点的时候，似乎也有点小嫉妒。纽约港的商船从来没有如此繁忙过。

“港口同样变得很拥挤了。”塔尼自嘲道，“或许是因为这里有数以千计的德国兵，而他们中的每一个人都可能是嫌疑人。”

这么多德国人被困在这里，原因就是英国对大西洋航线的控制和封锁，使得很多船只无法出海。船上挂的旗帜五花八门，有的升红旗，有的则是白色或黑色旗帜。船上的水手无所事事，在纽约的街道上闲逛。

随着夜幕降临，和战前一样，这里变成了罪恶之区。白天码头上商贸的繁荣让位于夜生活的糜烂，妓女、赌徒、小偷和流氓都开始活动起来，各种阴谋成为夜生活的特色。塔尼的人进入了一个封闭的秘密世界，这对于他们来说是个新世界。他们打探消息时非常谨慎，但取得突破的压力也在与日俱增，因为各种爆炸活动还在继续。

塔尼的文件夹里塞满了各种新的报道。“1月3日，”塔尼抱怨道，“在蒸汽船‘奥尔顿号’上发生了爆炸，爆炸地点位于伊利湖，原因不明。一个月之后，货轮‘亨宁顿宫廷号’上发现了炸弹，但不知道炸弹是从哪里而来。2月末的时候，蒸汽船‘卡尔顿号’在海上神秘失火，之后在‘厄尔尼号’轮船上发现了两枚炸弹。如果不是发现的时候已经被迅速扔到了海里，我们必须仔细看看。4月29日‘克雷星墩宫廷号’在海上失火，没有找出任何合理的解释。”对于这些事故，塔尼的资料很齐全，但关于事故的原因知之甚少。“每艘船在离开港口的时候，除了有些老鼠，废油之类的东西之外，其他东西都在掌控之中。”他愤愤地说。

突然间似乎出现了一点希望。其实这也算不上是什么线索，因为根本就不是什么实质性的东西，或许是方法上的突破，是一个切入点，能够带来更大、更有价值的发现。在还没有其他办法的情况下，尽管这个切入点只是出于一位特工的直觉，但塔尼仍然决定试一下。

这个切入点看起来离成功还很远,但如果说有什么功劳的话，那也应该归功于亨利·巴斯。就是这位新招来的、有点书生气的新警官在一次针对已经陷入僵局的计划进行讨论时，顺口引用了莎士比亚的一句话："世界上有陆地的老鼠，也有水上的老鼠。"他建议，作为一个警察，应该追查所有的流氓恶棍。当时，塔尼只是简单点头表示同意。不过，那天晚上，当他回家躺在床上的时候，莎士比亚的那句话一直萦绕在心头，令他无法入睡，直到最终找到一个切入点。第二天早上，他就命令手下的人紧盯"水上的老鼠"。

在他的脑子里出现了一个人。

第 19 章

其实，保罗 · 科尼格并没有做任何可以引起塔尼好奇的事。或者说，至少没有刻意去做这样的事情。当塔尼命令手下盯住汉堡美国船运公司的保安主管时，他根本就不清楚科尼格在之前的罪行中扮演何种角色，但他已经开始有所怀疑。

英国的封锁实际上已经关闭了德国的跨大西洋航线，然而科尼格每天看起来仍然很忙。在手下团队提交的有关监视和背景调查的报告中，经常能看到这个名字。塔尼想知道这背后的原因到底是什么。他也想知道科尼格到底在做什么，到底是不是真的有一只“水上老鼠”。

塔尼派了十几个人去观察、监视、跟踪科尼格，四人一组，24 小时不间断。他的命令很简单，就是要知道科尼格的方方面面，他每天都去过哪里，和什么样的人会面。

塔尼现在还没有证据可以确认科尼格就是犯罪集团的负责人，也无法确定是他的手下在轮船上安装了炸弹。在调查刚开始的时候，塔尼甚至都觉得科尼格不是那种德国掌权的容克贵族所钟情的人选，不太可能让他来参与掌控德国在美国的间谍行动网络。更可能的情况是，科尼格在这个网络中只是居于中层位置，由于他一副硬汉的形象，估计上头只是靠他来镇住下面的人。

从纯粹的直觉来看，塔尼觉得科尼格在这整个计划中或许只是扮演一个小角色，但调查他可以将整个调查引上正确的方向。紧紧跟着他，就可能进入一个金矿。

然而，还没等到调查完全步入正轨、全速运转时，这个计划差点夭折。在刚刚发出指令之后，塔尼就来到警察总部办公室，向总监汇报自己的行动计划。伍兹总监认真听着，只是礼貌性地感谢塔尼让他及时知道情况。但到了第二天，塔尼就被召到斯库尔的办公室。副总监直接告诉塔尼，伍兹已经向他通报过相关情况。他要说的是，联邦政府调查局已经对科尼格进行了跟踪调查，斯库尔给了塔尼一份材料，文件显示调查局的调查没有任何结果，结论就是科尼格这个人没有调查的价值。

斯库尔副总监由此建议塔尼重新考虑他的监控计划，或者将计划的规模缩小一点。更准确地说，塔尼应该将更多的资源分配到别的地方。对于斯库尔的建议，塔尼甚至连假装考虑一下都没有，而是直接给予否定回答。他那种好斗的性格在发挥作用，这反而让他更有动力去集中力量调查科尼格。这或许也是一种职业虚荣心，他要向联邦政府官员展示纽约的警察是如何破案的。

他直接告诉斯库尔：“在这件事上请信任我。”

面对塔尼的坚持，副总监只好点头同意，像是一种无声的投降。他只是要求塔尼在取得任何进展时，必须向他和总监通报情况。来不及回答，塔尼已经差不多快走出了门，他急着要重返工作岗位。

监控是一门艺术，一个好的盯梢人，就像艺术家一样，不是人为塑造的，而是天生的。20 多年的工作经验让塔尼将这种看法当成了一种信念，而在跟踪科尼格的这几个星期里，他的这种看法得到了进一步强化。科尼格在和塔尼的人玩猫鼠游戏，日子一天接一天地过，情况并不是很乐观，有的探员跟着跟着，不知不觉就跟丢了。不知道是不是因为调查局曾经的跟踪让科尼格产生了警觉，或是说他仅仅是出于一种动物的本能，对尾随跟踪保持戒心，这一点塔尼只好猜了。不过，科尼格从一开始就知道有人在对付他。经过这些日子，塔尼对于自己的这个对手还有一丝尊敬："他已经证明自己就是一个滑头。"

根据警察学院相关的培训课程，四个盯梢的人当中会有两人跟着科尼格比较近一些，另外两个人离得远一些，一旦出现什么情况，后面的人可以随时上前。但科尼格在这方面是老手，他会把这些盯梢者带到一个人多的地方，然后就突然消失，像人间蒸发一样。有时候，他也会乘坐地铁，但只等到地铁要开前一秒钟才会跑进去，车门关上，他会在车内看着盯梢者被甩在车外，干瞪眼愤怒也没用，只能看着列车开走。

或者，他只是用一种变换路线的小伎俩，就能把盯梢者甩掉。比如，科尼格会装着走进贝尔蒙特或曼哈顿酒店，然后穿过大堂跑到后面，乘电梯到地下室。从地下室，通过一条弯弯扭扭的走廊直接进入地铁站，迅速登上列车逃之夭夭。

科尼格最拿手的戏法就是故意露馅儿，让盯梢的人觉得他已经陷入圈套，逃不掉了。有一次，科尼格什么都不做，塔尼手下的人盯了好几个小时，但除了跟踪之外毫无收获。然而就在这个过程中，科尼格突然躲进一个角落，引蛇出洞，盯梢的人会迅速跟上，但这时科尼格会出来，对盯梢的人报之一笑，然后堂而皇之地离开。

塔尼意识到，他有必要改变策略，派人堂而皇之地盯梢效果不会好，必须采取一个更加谨慎的策略，这样效果或许会更好。这么做实际上也是对斯库尔要求他缩小规模的一种无声认可，塔尼撤回了一些人。他只派了两个人，一个人盯梢，另一个人则要走到科尼格的前面。新的计划是让这两个人不停变换位置，当盯梢的人走到前面的时候，那么之前走在前面的人就要到后面。在整个过程中，两人要不停地换位置。为了给这个计划加保险，他还雇用了一大批没有标识的汽车，这些车也会不停地变换位置，在车流中根本就不会引起别人的注意。只是，任何时候这些车的行进路线和科尼格的步行路线都是重合的。而最有效的改变是塔尼在人选上的变化，这极大提升了整个行动的质量。

塔尼承认，并不是所有他挑选的警官都有去盯梢的天赋。一个好探员，未必就适合当盯梢。盯梢需要有很强的观察能力，但不需要主动做什么，是一种朴实态度与良好技能的罕见组合，一个成功的盯梢就需要这样的能力。塔尼确信，所有他派去执行任务的人可能会对职责之外的事情无动于衷，这恰恰就是一种技巧。

现在，科尼格走到哪里，塔尼的人就会跟到哪里，跟踪也更隐秘。科尼格经常去的地方其实都是一些德国人的据点，比如中央公园南边的德国俱乐部，14 大街的卢克德国餐厅，而在每天结束时，科尼格都会回到同一个地点: 位于百老汇 45 号的办公室。

尽管盯梢团队已经摸清楚了科尼格的行动路线，但除此之外其实没什么发现。科尼格的极端谨慎显然表明他的确藏着一些东西，但塔尼现在还不知道那到底是什么。

科尼格每天在城里的会面看起来很平常，没什么东西。“这些似乎是任何一个德国人自然而然会做的事情。”塔尼说。更加令人沮丧的是这些盯梢的警员甚至都不敢靠科尼格近一点，因此根本就听不到他和别人的谈话内容。即便是他们在商量什么密谋，塔尼也不能获得任何信息。

塔尼意识到这将是一场持久战，目前还不知道什么时候会结束。他的情绪有些低落，又是毫无成果的一天。一位探员打电话进来报告说，科尼格回到了他的办公室，正常来看，他将在里面待上几个钟头，估计在桌子旁边办公。“太糟糕了，我们无法派一个人潜入百老汇 45 号。”这位探员说道。这样的说法其实没什么意义，因为这完全不可能。“我们应该做的是打入柏林。”塔尼假装附和。他在说这话的时候，一个想法涌上心头，这其实是一个很简单的解决办法，他之前曾经考虑过。我们可以窃听他的电话，塔尼想。

19 世纪 80 年代后期，当美国堪萨斯城的一名送葬员阿尔蒙·斯特洛格发明了一种后来被称为斯特洛格转换器的设备之后，窃听别人的电话就变得容易多了。这是一项电磁新发明，工作起来噪音有点大。这个机器可以自动连接到中央电信局的线路上，将线路闭合就能实现互相通话，转换别的按键，新搭一条线，就能听到别人的通话，但不会被察觉。

每一项发明都是一把双刃剑，既可能用于好的地方，也可能被用在不正当的地方，这种窃听装备也是如此。华尔街的投机者很快就意识到可以通过窃听获取内幕信息，然后获得财富。如果你提前知道一个金融家或是大亨正在密谋做的事情，然后跟着他进行投资，赚钱的机会就很大。为此，纽约大都会电话电报公司位于下曼哈顿地区科特兰德街的中央办公室挤满了想要打听信息的人，他们给技术员一点佣金，希望在大亨的电话线上再搭一条线路。1892 年，大亨们对于这样的窃听行为已经感到非常愤怒，忍无可忍，在他们的压力下，纽约州议会通过立法规定任何形式的窃听都属于重罪，没有例外情况。这种做法不合法并没有让塔尼感到困扰，他深信法律是用来束缚罪犯的，而非束缚警察。而且，无论是否宣布，现在都处于战争状态，必须采取非常规手段。另外，科尼格本人的挑战对塔尼来说也是一种刺激。因此，某种意义上讲这也是塔尼和科尼格两个人之间的斗争。

安装窃听线路只用了一天工夫。科尼格无论什么时候拿起电话，塔尼办公室里的一位探员都会听到他的讲话，而且会把讲话内容记录下来。每天的电话记录累积起来，很快就像一座小山一样堆在塔尼的办公桌上。塔尼仔细研究这些资料，读了一遍又一遍，希望找到一些线索。夜间苦读几乎是白费，读完后得出的结论非常让人失望：什么线索都没找到。甚至没有一句话，一点暗示是值得进一步调查的。要么科尼格本人在打电话时和平时在街上走路一样，一直是非常警觉，要么就是之前调查局的结论是正确的：科尼格不值得调查。他真的属于那种最稀有的人类？没有什么东西需要隐藏？

接手这个案子到现在已经过去了好几个月，对于这一系列的失败，塔尼的心情有些沉重，但对于放在办公桌上的资料，他还是硬着头皮一页一页读下去。突然有个东西引起了他的注意，这是一个打给科尼格的电话，非常短。但很明显能感觉到打电话的人非常愤怒，他把科尼格狠狠骂了一顿，指责他对自己不公平。“你就是个顽固的威斯特伐利亚混蛋。”打电话的人最后骂道。或许是担心自己的电话可能被窃听，科尼格在电话中并没有说出多少替自己辩护的话，就挂掉了电话。

对于这样的对话，塔尼感到有些困惑。他再次读了一遍通话记录，读得很慢。印象中没有几个人能对科尼格这样说话，他在想这背后到底是什么原因。两天之后，这个人再次给科尼格打电话，同样骂了科尼格，指责他根本就配不上最近发生的那些事情，还骂他在利用自己。这一次，科尼格仍然很谨慎，很快就挂了电话。

现在塔尼下决心一定要找到这个打电话的人。他想知道科尼格到底做了什么，得罪了这个打电话的人。把这个问题搞清楚，估计对于破案十分有价值。

第20章

估计塔尼自己都不知道，除了这个给科尼格打电话的神秘人士之外，还有不少人对科尼格的行为相当愤怒。在塔尼抓紧时间破案的同时，柏林有很多人已经公开对科尼格甚至是贝恩斯托夫大使搭建的间谍网络表示不满。尽管爆炸袭击行动在一开始取得了一些成绩，但是这些人早就感到不耐烦了。德国的将军们觉得针对美国的破坏行动必须加速，必须扩大范围，否则德国很可能输掉战争。“我们正在竭尽所能和采用美国军火装备的敌人战斗。”德国最高司令部从其在法国沙勒维尔的前线战地总部向柏林发电报称，在法国战场的德国军队正在遭受猛烈的炮火袭击。

1915年上半年，当战场上已经出现意外转折之后，德国将军们的日子很难熬，他们觉得很受辱，对无论是东线还是西线的战事前景都感到有些绝望，甚至失去了信心，感觉战争可能会打很多年。而糟糕的是，军队的弹药开始逐渐耗尽。

士兵们被迫躲在战壕里，很多主动进攻的任务都被取消，原因很简单，就是要保存一定的弹药。战地的炮兵部队甚至都无法发射信号弹以确定敌人的位置，炮台在开火之前都要得到批准，甚至还有严格的命令限制每天炮击的时间。英国、法国和俄国的军队同样面临弹药短缺的问题，他们国内的工厂也无法补给这场残酷而漫长的战争所需要的全部弹药。不过他们还有子弹，因为子弹的库存能够得到及时补充，这都得益于从美国的采购。

当德国外交部门对美国的这项政策进行抱怨时，美国人会说："你们也可以下订单，我们也会供货。"美国国务院甚至为此发表了一份正式的声明，以澄清政府的立场，或者可以说是为政府的立场辩护。美国国务院解释道："美国公民有宪法保障的权利，可以向任何他接受的顾客出售任何东西，国会和总统都无权干预。"

对于美国这种自以为公正的惺惺作态，德国的将军们嗤之以鼻，认为这和美国奉行的所谓中立政策没什么区别，纯属虚伪。美国也很清楚，协约国的海军已经完全控制大西洋，不可能让任何一艘商船满载武器从纽约驶往德国。伍德罗·威尔逊仍在高谈阔论和平，但已经陷入困境的德国很清楚，美国制造的子弹要比美国总统的空话厉害得多。美国就像英国、法国和俄国一样，已经将目标锁定在了德国的士兵身上。

更糟糕的是，不光是子弹，美国的炮弹也逐渐进入欧洲战场，这是对欧洲战争的残忍干涉。美国制造的炮弹是用更坚硬的钢材制成的，而欧洲生产的炮弹是用生铁，可靠度远不如美国制造，爆炸威力也不可相提并论。这些炸弹呼啸着飞向德军阵地，爆炸之后，数以百计的弹片就像锋利的剃刀一样，向德国士兵扑过来，杀伤力非常强。愤怒的德国司令部永远都不会忘掉，这些杀人恶魔产自“中立”的美国。

美国产的军火被源源不断送往欧洲，协约国派到美国的采购人员已经签下了足够多的合同，完全可以确保他们买下美国工厂生产的所有弹药。钱不是问题。

战争刚开始的时候，英国每天的开支高达550万英镑，现金和信贷储备迅速消耗，看起来资金很快会被耗尽。法国的情况要好一些，因为很早就向纽约的摩根银行，也就是当时的世界第一大银行借款一亿美元。没有资本的注入，协约国被打败估计就只是个时间问题。然而，对协约国进行全面的金融救助看起来似乎是不可能的。美国国务卿威廉·詹宁斯·布莱恩不允许发放贷款，因为他认为这样做根本不符合中立精神。他曾经对总统威尔逊说:“钱是最坏的走私品，它可以控制一切，我不知道还有什么比所有中立国都停止向参战国放贷更好的办法，这可以阻止参战国厮杀下去。”

只有小杰克·摩根对这个问题有不同看法，当时世界各国的国王、首相、总统以及华尔街的大佬们都习惯于称他为“杰克”，他不想去阻止战争。他希望协约国赢得战争，并下定决心必须找到向协约国提供资金的办法，他也确信没有人能够阻止他，即便是总统和国务卿。

小杰克·摩根1913年4月成为摩根银行的高级合伙人，他不仅继承了父亲的巨额财富和崇高威望，同时也是整个家族贵族气质的继承人，同时还继承了对英格兰贵族风格的喜爱，以及这个圈子的处事方法。在伦敦的莱恩公园附近，他有自己的房子。在英国赫特福德郡，他有一个很大的庄园，300英亩的农场和自己的板球队。对板球比赛，他也很有热情。在苏格兰，摩根有自己的狩猎场，他在那里骑马打猎，在树林里散步，有时候也会冥想，吟诵诗歌。在摩根的心里，他觉得自己也是一个英国人，就像自己是个美国人一样。对他来说，像一个英国人那样过着舒服、上流社会的生活，就如同自己是一个美国人那样自然。如果自己不做任何事情来帮助英国，帮助协约国赢得这场战争，摩根都觉得这是对于自己价值观和传统的背叛，这种信念在摩根的心中不可动摇。

为此，摩根想出了一个大胆的计划，可以绕开政府对放贷的限制。在和英国首相赫伯特·阿斯奎斯以及军火部部长戴维·劳合·乔治会面之后，他和英国签下了一份重要协议，使自己的公司成为英国在美国的采购代表，这样就可以帮助英国购买所需的战争物资。而且，类似的协议很快就会和法国签署。协约国在美国的巨额支出都以黄金储备作为抵押，同时也包括海外投资者所持有的美国公司股票。其实这样的抵押有风险，不过摩根在抵押品方面并不太拘于小节，而对于美国的工厂来说，一旦他们的老板知道自己是在和摩根做生意，他们就不会担心收不到货款。他的保证和黄金一样有价值，甚至在这个不安定的时代，价值更高。不仅如此，摩根还通过自己的努力，动员美国整个银行界对协约国放贷。另外，自从摩根银行新设的对外出口部开始为英国、法国和俄国采购商品之后，他也在继续努力做美国政府的工作，促使其改变态度。他喜欢使用恐吓策略，而不是发动魅力攻势。在这方面，他把目标锁定在罗伯特·蓝辛身上，此人当时是美国国务院的顾问（六个月之后接替布莱恩成为国务卿）。

蓝辛认为这场战争不是简单的两大军事集团之间的厮杀，而是一场民主的正义势力与邪恶的专制主义之间的对决，因此他对摩根的立场比较赞同。一些持相同观点的人，在蓝辛的办公室里抽着雪茄，开始密谋。很快，蓝辛就前往白宫向总统表达立场，他声称，如果美国不解除放贷的限制，那么加拿大、墨西哥、澳大利亚甚至是阿根廷将会获得来自欧洲的订单，从战争中获益，而这些订单本来应该属于美国的工厂。总统听进去了，表示将仔细考虑这个问题。

几天之后，摩根在华盛顿主持美联储顾问委员会会议，正好有 15 分钟的时间和威尔逊总统交谈。在摩根离开白宫之前，总统同意摩根银行可以向俄国追加 1200 万美元的商业授信。

威尔逊自己很清楚，所谓的商业授信实际上就是贷款。不过，根据他为自己找到的辩解逻辑，授信不同于直接放贷，属于另一种类型的交易，美国的中立政策并没有因此被打破。而且即便外界认为它已经被打破，总统只要拒绝承认就可以了，毕竟文字上确实不同。但无论如何，就这样建立了一个先例。之后，数百万美元的信贷从摩根银行领导的手中授给了协约国。这些信贷协议到位之后，根本没有进行多少讨论，美国政府甚至一点不同意的暗示都没有，授信直接就变成了贷款，3000 万美元的贷款放给了法国，英国也很快获得了 5000 万美元。“这些只需要口头上传达，对于我们这些人来说，不需要有书面的东西。”总统坚持道，再一次努力不让人抓住把柄。

尽管摩根在想办法为协约国筹钱，但发放的这些贷款还远远不够。欧洲高速运转的杀人机器非常耗钱，资本消耗的速度和士兵死亡的速度不相上下，所有之前的授信和贷款只能算是起步资金，英国和法国向纽约派来了一个金融代表团，他们希望获得 10 亿美元的贷款。

代表团并不愿意提供抵押品，他们甚至自豪地声称，两个伟大国家的信誉度应该足够作为抵押品了。不过，美国的银行家们要更实际一些，他们有自己的评估，这两个国家已经濒临金融崩溃的边缘。如果协约国输掉了这场战争，事情将会变得更加糟糕，甚至令人绝望。10 亿美元的确是一笔巨款，但没有什么东西是比友谊和良好的祝愿更具实质性的抵押品了。摩根再一次发挥了自己的强大影响力，动员他的华尔街同僚，让美国全国的银行网络为英法两国提供 5 亿美元无担保贷款，为期五年，如果协约国最终赢得这场战争，有 5% 的年利息收入，这笔投资还是挺吸引人的。

有了美国银行向协约国提供的 5 亿美元贷款，再加上利息，中立政策对美国而言已经成为一项抽象的哲学。然而这笔钱还是不够，需求是永恒的，战时的开支是无穷的。在未来三年之内，对协约国的总信贷将会超过 30 亿美元，而其中的 21 亿美元都来自摩根银行。

在英国和法国，摩根被人们称为是救星。但在德国，他就是一个恶魔。“必须对这个人采取一些行动。”尼古莱焦急地表示。

随着巨额的财富涌向协约国，帕蓬也接到命令，要求他评估针对美国军火工业采取的破坏行动。在和阿尔伯特商量之后，他把自己的报告发给了上头。报告认为科尼格的破坏行动缺乏组织性和纪律性，显得很业余，很随意。而且，使用的炸弹也太原始了，招募来的人极不可靠。因此，美国的军工厂仍在满负荷运转，协约国的商船也停满了码头，等着装上美国制造的炮弹。在报告的最后，他写道：“必须采取断然措施。”

德国总参谋长恩里希 · 冯 · 法尔肯海恩将军读到帕蓬的报告之后，在上面批示道：“如同这位武官所说的那样，不仅是要采取措施，而且是要采取真正实质性的措施。”

第 21 章

弗兰茨 · 古斯塔夫 · 冯 · 万德尔将军做了初步的评估之后，想接手这个任务。作为战争部部长，他的主要职责是让德国军队高效运转，对于新任务他有着足够的权威，自己的职位也足够高。只是尼古莱对于自己选人的能力非常自信，并不想让万德尔插手。而且，他对万德尔本人的出身也颇有微词。德国军队的高层基本都是容克贵族出身，而万德尔将军是从基层步兵一步步升上来的，是一个例外。他其实是一个很大方、对别人很友善的人，甚至堪称是一位慈爱的指挥官，他手下的士兵都很爱戴他。不过，这些优点上层未必在意。

如果只是找一个级别比较低的军官来接手这个任务，还比较容易，但由于是要去美国执行任务，挑战美国执法当局，就像一个囚犯要对付行刑的刽子手一样，挑战可谓不小。尼古莱过往的经验告诉他，只是能够顺从上级的指示远不足以保证成功，贝恩斯托夫这些人在美国遭遇的一系列失败，以及这些人的无能都足以说明问题。

到底选谁去呢？尼古莱和万德尔将军之间就人选有争议。由于尼古莱在美国的行动出了一些问题，万德尔将军一开始就获得了青睐，他的热情征服了不少人。他直接对尼古莱表示，自己不是作为一位将军，而是作为一个爱国者在对另一个爱国者说话，这让尼古莱无可反驳。接下来他还宣称，皇帝本人命令他去执行这项任务，言语中带着一份真诚，让人很难去怀疑这是假的。

万德尔力荐的人选是弗兰茨·冯·林特伦。他给林特伦的指示是："你已经被选中，将被派到美国去执行任务，一定要将纪律性以及灵活的行动手法带到美国去，给这场秘密战争带去新活力。"林特伦将和贝恩斯托夫大使组建的间谍网络一起协同作战，但林特伦自己也可以独立行动，他将获得足够的资金和授权来发动他认为必要的任何袭击，也可以招募任何他觉得需要的特工。万德尔将军最后说道："你将是一只编织自己秘密网络的蜘蛛，但是你不能对我们说'不'。"

表面上看，林特伦是执行这次任务的完美人选。他 1878 年出生在法兰克福，家境不错，在银行业有投资，虽然规模并没有他自己所暗示的那样大。从体校毕业之后，他在海军服役过一段时间，然后跟着父亲一起进入金融行业。他的首个职位是德意志银行驻英国伦敦的代表，在伦敦他有机会练英语，现在已经说得很流利。他还在那里学会了如何成为一名绅士，同时由于离家在外的自由，他给自己的姓名加了一个"冯"，这个字在德国是贵族的象征。

1905 年，林特伦来到美国，职务是德国第二大银行法理社会银行驻美代表，住在纽约游艇俱乐部，这个俱乐部为数不多的另外两名德国会员就是德国皇帝和他的弟弟海因里希亲王。林特伦的办公室设在拉登堡塔尔曼公司里，由于自己的血统、风度以及考究的衣着，他被当时纽约金融圈子里的人看成是一位绅士。确实如此，林特伦风度翩翩，身高体瘦，头发虽然有点少，但梳得很清爽，蓝色的眼睛很明亮，似乎也带着一丝真诚，有着运动员的优雅，因此他成了各大舞会的热门邀请对象，经常出席从纽波特到南安普顿的各种晚会。在当银行家的那三年时间里，他几乎每天晚上都会出去应酬，这让他在纽约商界和社会上交了很多朋友。

1909 年他离开纽约前往墨西哥，然后再到南美洲为这家银行开拓业务。一年之后，他回到德国，和一位家境非常殷实的女子结婚，育有一女。战争爆发后，林特伦重新加入海军，在司令部担任一名上尉。虽然在军中，但他的工作职责还是跟金融相关，主要负责做工资以及协助将资金从司令部转移到停靠在外国港口的德国军舰。但他的上司很快就发现林特伦上尉头脑灵活，于是让他参与情报方面的工作。

由于德军曾经用齐柏林飞艇轰炸安特卫普，而且取得了巨大的成功。林特伦上尉被召去参加一个团队，制订计划对伦敦和利物浦实施类似的轰炸。为了制订这个计划，他所在的团队夜以继日地待在海军司令部特制的超大地图前。由于林特伦曾经在英国一些城市待过，根据经验，他在地图上一些有价值的目标上面画出红线，这些目标是在空袭面前最脆弱的地方。只有一个地方被单独画出来作为例外，那就是英国王室居住的白金汉宫，这是皇帝本人的要求（德国皇帝和英国王室存在姻亲关系——译者注）。

制订完计划之后，林特伦的下一个任务是一项秘密行动。德国海军获悉有300挺新型机关枪藏在哥本哈根，这批军火等着装船运到俄国，林特伦得到的指令是一定要确保这批武器不是被运到俄国，而是运到德国。他用上威廉·约翰斯顿这个化名，同时身份也改成了英国商人。他先是入住哥本哈根的英国酒店，然后通过好几次在酒店内设的酒吧里买酒喝酒的机会，成功和俄国的采购代表交上了朋友。在一天晚上晚会快要结束时，他对这些酒友坦诚自己根本不是什么商人，而是英国秘密情报机构的一员。他已经得到指令帮助他们把这些机关枪运到俄国。在整个计划的执行过程当中，遇到了一些挫折和麻烦，但最终这些俄国人还是听信了这位所谓的英国特工的鼓动，将机关枪装进一艘挂有法国三色旗的蒸汽船，这面旗本身也是一个谎言，蒸汽船离开港口之后在波罗的海改变航向，最终停靠在了德国汉堡。

这些只是整个故事的梗概，具体细节都完整地记录在了林特伦自己的秘密日记中。不过，尼古莱已经观察了林特伦一段时间，他也知道这些表面上的东西只是故事的一部分。更多、更精彩的是那些没有被记录下来的，甚至是那些触摸不到的细节，而恰恰是这些细节让这位情报头子对林特伦刮目相看。

尼古莱觉得万德尔将军找到的这个人的确不错，此人既狡猾，又有个人魅力，估计在美国能够纵横自如，他会打进工厂内部，渗入美国劳工组织，甚至一些公司的董事会会议室他都能进去。只要有需要，这些都可以做得到。他也会去积极观察周围的人，了解舆论。尼古莱确信林特伦能够成为整个团队的灯塔，他会招募特工以及各种帮忙做事的人，以他的魅力和能力，这些人肯定会对他效忠。

在前往美国执行任务前，林特伦还去了一趟柏林国王广场的情报机构总部，和尼古莱见个面。尼古莱交给他一个新任务，在纽约港下船之后，可以先和一个叫马尔文 · 赖斯的人接头。赖斯是一位同情德国的美国人，他声称自己是杜邦公司董事会的成员，能够帮德国买到大量炸药。当然，要把这些炸药运回德国估计没多大希望，但至少有一点，那就是这些炸药也不会被运往协约国。为开展这项行动，林特伦获得了 50 万美元的资金，作为下单的初步资金。林特伦觉得这件事有点不靠谱，但没有直接跟尼古莱叫板，领命接受，并且还向尼古莱保证，如果赖斯没有撒谎的话，这项任务可以完成。

在和尼古莱会面之后的第二天，林特伦又去了威廉大街，他和德国副首相卡尔 · 赫尔费里希以及副外长亚瑟 · 齐默尔曼碰面，他向这两位高官发誓：“我将买下我能买到的东西，然后炸掉我买不到的东西。”这两个政客听到林特伦的慷慨陈词之后，抑制不住心中的喜悦，笑了起来。而尼古莱在读完他们的会面记录之后，内心也禁不住感到兴奋。

在威廉大街，林特伦收到一本特殊的护照——国王护照，由外交部部长亲自签署，这种护照通常只会发给那些执行特殊任务的人。护照上的文字很有讲究，是普鲁士腓特烈大帝时期使用的文字，正式而又有些古老。护照要求所有德国驻外机构，包括大使馆以及一些军用和民用机构，都要提供护照持有人所要求的全部协助。

在结束和高官会面后的当晚，林特伦把这份护照缝进自己的衣服里，第二天一早，他就赶往火车站，乘火车前往挪威，然后再乘船前往美国。

林特伦随身携带的还有一份绝密的密码文件。他把密码文件装在两个小胶囊里，必要时会把胶囊含在嘴里，如果英国巡洋舰上的水兵来查船，他随时可以将它们吞进肚子里。1915 年 4 月 3 日，林特伦乘坐的轮船“克里斯蒂安尼亚号”已经离纽约港不远，而英国巡洋舰“埃塞克斯号”就停在美国领海之外三英里处，当轮船靠近的时候，他把胶囊放进嘴里，胶囊里的外交密码是他和驻美大使馆联络的信号，如果英国的水兵登船检查，这些胶囊立马会被吞进去。但就像之前贝恩斯托夫大使乘船去美国一样，这样的情况并没有发生。

林特伦从欧洲到美国的旅行途中，使用的是一本瑞士护照，由尼古莱的手下伪造而成，但和真的护照非常像。护照的持有人叫艾米尔·加歇，这个名字其实和林特伦还有点渊源。他在德国海军中的一位军官同事娶了一位瑞士女人，林特伦于是借来了这个女人兄长的身份。而且，林特伦也了解他们的经历，一旦被问起来，不至于说漏嘴。

当船靠近纽约港的时候，林特伦从远处眺望这座城市，感到行动的舞台已经在自己面前展开。他拥有实现这一切所需要的任何东西：一个正当的理由，一个邪恶的敌人，还有渴求成功的强烈愿望。他来纽约要建立的就是他自己引以为豪的“曼哈顿前线”，他将会去接管整个情报网络，在这之前这一网络因纪律松散、成果寥寥而广受诟病，他需要重建整个团队，重新发动进攻。他将自己看成一个“黑暗中的秘密入侵者”，潜入敌人的领地。一股强烈的信心在他的心头涌起，他将会让这个城市成为战场。

第 22 章

在墨西哥，弗兰克·霍尔特已经认定自己的过去彻底成为过去，那个哈佛教授所犯下的罪行已经彻底被遗忘。只是，霍尔特觉得过去作为蒙特教授的生活有一些还是可以恢复的，比如说教书这个职业。

在墨西哥的那些孤独而漫长的日日夜夜，霍尔特制订了一个让自己脱胎换骨的计划。以这个新的身份，霍尔特重新回美国得州上学读书，从学生做起，为了避免碰到以前在哈佛的同事，他选择的是一所很小的学院。他觉得凭借自己的才华和能力，可以在学术的阶梯上继续前进。1908 年，他搬到了达拉斯，就读于得州农业和机械学院。这里离常春藤名校非常遥远，霍尔特本人也隐匿在众多学生之中，没人知道他的过去。他学习的是德国文学，很快就成了这个系的明星学生。让教授们感到吃惊的是他对知识的掌握和熟练程度。毕业时，这些教授们都认为霍尔特的学术前途不可限量。

在自己行李箱的底部，霍尔特还保留着三年前的芝加哥报纸剪报，有一份报纸的标题是“阴谋杀人教授仍在逃”。再看到这张剪报时，霍尔特觉得这种措辞已经属于过去，属于另外一个人。弗兰克·霍尔特已经不是这个人了。

也许是命运的安排，他又遇到一位新的莱安娜。

莱安娜·森沙堡和他之前毒死的妻子有着相同的名字，但她们两个人的共同点也仅此一点。这个莱安娜还只是一名金发大学生，说话有点得州口音，身上散发着西部牛仔的味道。她的父亲是达拉斯卫理公会的牧师，但就像父亲一样，女儿也有着非常叛逆的性格。她梦想着过上一种世外桃源、充满异国风情的生活。而霍尔特则完全不同，行为举止比较细腻，有着大城市居民的见多识广，同时也很博学。她在霍尔特身上看到的是这样一个人，他可以将她带入大都市生活，甚至有一天可能会带她去外国。

“亲爱的”，她总会用法语来称呼霍尔特，两人都喜欢用法语来表达爱意，这其实也表达了他们想离开得州到外面的世界去生活的一种向往。霍尔特本人，急于赢得莱安娜的芳心，还为她写诗。然而即便是有关爱情的诗，他还是用了一些不太吉利的字眼，比如“死”：

当我死了

那些长久以来和我一起负重前行的人

经过这些艰苦的岁月和不眠不休的日日夜夜

终于站在山丘上

用赞美的口吻来说出自己的心里话

这是一种旋风式的热烈追求，信心来自于自己的前景，他觉得自己会有个不错的未来。他们很快就结婚了。霍尔特1909年毕业的时候，莱安娜给他买了一枚刻有“09”字样的金质大头针，纪念丈夫所取得的成绩。霍尔特将这枚针别在自己的夹克上，每天都穿着，这也是他逃离过去的生活、开始新生活的一个象征。

霍尔特又成为一名大学讲师。对于任何不了解他过去的人来说，比如说他的现任岳父，霍尔特实际上已经走上了学术之路，只要有合适的位置出现，就可以从一所学校调到另一所学校。但霍尔特自己心里很清楚，他有自己的目标。当他在美国各地旅行的时候，他在塑造自己的新身份，构筑一个新的自我。

霍尔特曾经在俄克拉荷马大学当过德语副教授，为此他还受到当地一家报纸的关注。“除了德语之外，他还能够非常流利地说法语和西班牙语，曾经在柏林大学留过学，也在巴黎和罗马学习过，并且游遍欧洲。”当地的一份报纸这么形容他。之后，他又去了田纳西州的范德堡大学教授法语，一年后来到弗吉尼亚州的埃默里大学，担任法语和德国讲师。

1913年，他成功进入康奈尔大学的一个博士项目，边读书边担任该校本科生的德语和法语教师。霍尔特自此走完了重归常春藤名校的漫长旅程。

ARK INVASION

PART III
THE MANHATTAN FRONT

第三部分：曼哈顿前线

第23章

那个给科尼格打电话的人到底是谁？为什么他会对科尼格如此愤怒？如果塔尼希望调查能向前更进一步，取得突破，那么必须找到这些问题的答案。他将整个团队召集起来，大伙挤在办公室里，就像学生在教室里上课一样。此情此景，似乎有一种不同寻常的正式性。面对这么多人讲话还真不是塔尼的风格，这也是他第一次面向整个团队讲话。塔尼一直喜欢通过以身作则的方式来领导下属，自己一般都会积极参与到案件的调查中，唯有如此手下的人才会表现出同样的努力和决心，他自己的勤奋也成为别人努力的动机。就在今天，塔尼觉得一个非常重要的时刻，甚至就是破掉这个案件的唯一关键时刻已经到来。对塔尼，其实也是对屋子里的每一个人而言，之前整个调查的进展非常让人失望。有关事故的文件堆积如山，但就像他经常抱怨的那样，“这些报道的总和就是个零”。现在终于有了一点希望，他的血脉开始贲张。

尼自己又开始说，即便是把福熙抓起来，也很难保证他一定就会招供。这话说到了巴尼茨的心里，鲁莽抓人不是办法，该想出一个可以让福熙开口的法子来。

有了。塔尼说可以派一名特工到福熙的身边，逐渐赢得他的信任，然后就可以慢慢聊起来。整个计划是这样的：塔尼准备给失业的福熙找一份工作，由特工扮演雇主，给他安排工作发工资，这样的话我们的特工就能成为他最好的朋友。难道还有人不信任为他找到工作、提供薪水的人？塔尼预计，如果进展顺利，福熙估计很快就会打开心扉。

在塔尼的脑海里，冒出了一家无线电报公司的名字，地址就在警察总部附近，这里就有一间空着的办公室，业主也很乐意将房子短租出去。就以一家无线电报公司的名义来招人。塔尼想着怎么写招聘信，一名警官负责打字。“尊敬的先生，”信是这么开头的，这封信的内容既有模糊的成分，同时也会让人充满期待，塔尼这么写是刻意为之，“这里急需一名职员，我们已经注意到您将是这份工作的合适人选，如果您能够在下周二上午10点给我们的办公室打个电话，讨论一下工作和薪水的问题，我们将会很高兴。诚挚致上。”信件的末尾，塔尼签上名。在整个职业生涯中，塔尼签过很多名，不过这一次是作为一名“职业经理”签上名，他希望这个名签得像模像样。签完之后，他贴上邮票，寄了出去。到了周二上午的10点钟，克雷尔探员穿着一身商务正装，看起来还真像一个富有的电报公司老板，坐在警察总部旁边租来的办公室里等福熙来面试。塔尼之所以选择克雷尔作为面试官，是因为即便不是在演戏，此人也总是笑容满面，一副很随和的样子，比较平易近人。另外，克雷尔德语说得非常流利，这一点具有很强的实用价值，对于与福熙培养良好的朋友关系非常重要。

就在克雷尔办公桌的后面，有一扇隐蔽的门，在门后躲着巴尼茨和其他的警员，他们可以随时向克雷尔提供帮助。比如说，如果福熙起了疑心想要逃跑，巴尼茨他们可以随时出来。不过，塔尼真心希望不要发生这样的事情。

10点钟到了，根本没有任何动静，看起来似乎什么都不会发生。到了10点半，福熙还是没有来。而塔尼一直待在中心街的警察总部，方便自己随时能接到前方的报告。如果福熙已经找到了一份工作那该怎么办？或者福熙10点钟确实来了办公室，但还没进来就起了疑心，然后走了？是不是因为在那里布置的人太多？抑或是福熙觉得自己正在走向一个陷阱？无论理由是什么，随着时间的推移，塔尼开始觉得希望正变得渺茫，难道福熙真的不会出现了？

再过了十几分钟，塔尼的电话响了：福熙已经上钩，他就在电梯里，直奔电报公司办公室。塔尼的心开始稳定下来，现在轮到克雷尔了。面试随着福熙的一声道歉开始。福熙解释说自己睡过头了，不过他的坦率也让克雷尔觉得更有信心，因为这是一个积极信号，要么就是福熙太过天真、没有城府，要么就是他有点蠢，不管是两者中的哪一种，都说明他是很容易吐露心声的人。

对于福熙的这个解释，克雷尔称可以理解，也没什么关系。

“每个人都可能睡过头，”克雷尔笑了起来，“我自己也经常迟到。”整个面试聊天就在这种轻松而带有一点幽默的气氛中持续下去，过了一段时间之后，克雷尔觉得没什么需要讨论的了，正式的面试结束。电报公司需要找一个会说德语的人，福熙当然是合适的人选。克雷尔提议：“为什么不出去吃个午餐呢？公司请客。”他们可以一起吃饭，喝点啤酒，然后再聊聊福熙什么时候可以正式上班，以及他喜欢哪间办公室。对于克雷尔的盛情邀请，福熙欣然同意。

克雷尔的确是高手！躲在门后面观察的队友一致同意。克雷尔和福熙边吃边聊，两人谈了他们的家庭，他们共同的德国血统。带着示意的眼神，克雷尔还坦承福熙找到了一份不错的工作。因为这份工作没有太多的事情，起来晚了也没关系，空余时间还可以出去闲逛。听到这些之后福熙举起酒杯，称在这样一个要求不高的环境下工作真是太开心了，喜悦之情溢于言表：“从上一份工作换成今天这个工作真的是很不错。”

“你说的上一份工作，老板是谁？”克雷尔故作镇定地问道，他的语气之中并没有任何让对方起疑心的东西，就好像这个问题是出现在两个喝酒的朋友之间那样平常。而实际上，福熙对这个问题的回答却是整个案子的关键。“是那个呆头呆脑的威斯特伐利亚混蛋，”福熙说，“他是我母亲那边的一个亲戚，我母亲是普鲁士人，谢天谢地！”克雷尔装着一副同情的样子，笑了笑。与此同时，他尽全力掩盖自己内心的喜悦。他已经感觉到即使自己不主动去问，也很快能知道福熙生气的原因。

“这个威斯特伐利亚混蛋，他有名字吗？”克雷尔漫不经心地接了一句。

“保罗·科尼格。”

随着杯中酒逐渐喝完，克雷尔也是故意将话题从科尼格身上引开，欲擒故纵。吃完饭之后，两人约好明天再共进午餐。实际上，就在当天他们还一起共进了晚餐。福熙开始觉得这个老板真的挺慷慨，够朋友。随着一杯杯啤酒下肚，故事慢慢展开。

福熙曾经住在尼亚加拉大瀑布附近，那个时候他和母亲住在一起，有一次科尼格和妻子一起来看他们。福熙非常热情地接待了科尼格夫妇俩，还带他们一起去参观尼亚加拉大瀑布。之后，当福熙和科尼格单独在一起的时候，科尼格分享了自己的秘密：自己不是从纽约到这里来旅游的，自己真正的兴趣是维兰德运河。其实福熙一开始就有点怀疑，科尼格根本就不像是一个来这里休假的游客，现在这一点可以确定了。科尼格对这个运输非常繁忙的运河线路有兴趣，唯一的原因只能是福熙这个亲戚就是个破坏分子。

福熙了解了事情的大概，他心里可以感觉到，自己也能从中赚到一些钱，而且，科尼格越是努力想做成这项工作，那么他本人为科尼格提供服务的价值也就会越高，也就是说科尼格会付更多的钱。科尼格最终讲出了自己的计划，他问福熙想不想去加拿大，将运河关键部位的照片拍一些下来，他的语调有些漫不经心，好像是建议福熙随便就拍点照片，作为相册上的贴照而已。“为什么你自己不去？”福熙问道。

“如果我去的话，他们可能会把我抓起来。”科尼格回答。科尼格当时觉得没必要将话完全讲透，道理其实很简单，一旦科尼格和汉堡美国船运公司的关系被揭开，他很可能就会被抓进去坐牢。“这也是我为什么不能自己拿着相机去拍照的原因，我也不想被抓起来，”福熙说，有点生气，“但如果你只需要一份报告，我可以去。”

就这样，福熙也无意中成了间谍。他其实是在追随另外一名德国军情处间谍格尔茨的脚步，此人大约在一年以前应帕蓬上校之邀，也想着炸掉这条运河。福熙用了个假名字：乔治·福克斯，这个名字更像个美国人，不会引起过多的怀疑。第二天早上，他就来到了科尔本港口，这里是运河与伊利湖连接的地方，他一直向北，边走边做记录，关于船只的交通情况，船闸的建设情况，以及哪里有卫兵保护，他都一一记录在案。一天之后，他又走了大约 27 英里来到安大略湖，所有这些时间都花在搜集情报上。福熙走完全程，工作搞定，安全返回尼亚加拉大瀑布附近自己的家里，立马赶到科尼格入住的宾馆房间，和他一起分享自己的见闻。科尼格对这位亲戚，也是自己新招来的特工赞赏有加，不过他需要一份书面报告。“写完之后把它寄到纽约来，地址是纽约第 840 邮箱。签名只要签‘乔治’就好，即便有人发现了这封信件，也不会知道乔治是谁。”科尼格说。

福熙写完报告之后立即寄给了科尼格，然后一直等着回音。但过了好多天，仍然没有收到任何消息。本来，对于在这样一种秘密战争中能够扮演角色，他很兴奋。而且，干这些事情还能获得不错的报酬，这让他更兴奋。最后终于盼来了科尼格的回音，科尼格要他去纽约工作，福熙欣然前往。

他加入科尼格的调查局，起薪是 18 美元一周。科尼格之所以也建立一个名为调查局的机构，是对美国联邦政府设立调查局的一种讽刺。他们一起策划如何袭击运河，方案是福熙去雇用一些当地人，也就是来自纽约布法罗地区的当地居民，让这批人将炸药沿着尼亚加拉河运往加拿大安放。科尼格让他的助手理查德 · 莱恩德克和秘书弗雷德 · 梅兹勒负责引爆炸药，如果成功引爆，将对运河的航运造成巨大影响。计划已经拟定好，只需要科尼格设定行动的具体日期。

在这项计划中，福熙的任务不少。他要到河边去观察船只的情况，确定哪些船只运载炸药，并将这些信息传给科尼格的办公室，他有时还要到商务参赞海因里希 · 阿尔伯特的办公室担任保安工作，但从来都不知道就在这间办公室里还有一个隔间，里面放有大量现金。他还曾被派到新泽西霍博肯地区去对付另一名德国特工，此人曾经受雇于帕蓬，但为了获得更多酬劳而对帕蓬进行要挟。学着科尼格那种硬汉作风，福熙警告这名所谓的德国特工，如果继续要挟的话他将犯下一个极其危险的错误。这一做法效果明显，此后再也没听到他的声音。

任务很多，福熙也渐渐上手，不过一场感冒打断了一切。一个星期天，福熙起床的时候发现自己发烧了，浑身疼痛，咳嗽不止，几乎都起不了床。他这一天没去上班，但到了周末收到工资单的时候，发现工资里少了一天的薪水。为此，他向科尼格抱怨了几句，但科尼格不为所动。因为科尼格永远对别人保持怀疑之心，他怀疑福熙是不是真的病得那么严重不能工作，即便他真的是病了，科尼格依然还是那种霸道作风，根据他的逻辑，这不能成为不为伟大祖国服务的原因。对于没有做的事情，科尼格不能付酬。

这两表兄弟的关系很快恶化。福熙怀恨在心，而科尼格也无法容忍任何一种对自己不敬的行为。他开掉福熙，理由是福熙经常和别的特工争吵、酗酒，身上还有不少其他臭毛病。科尼格不放过任何一个报复的机会，又扣了福熙一天的工资：2.57美元。正是这个举动彻底触怒了福熙，之前提到的两个电话就是在这种背景之下打给科尼格的。也正因如此，福熙才向别人抖搂自己与科尼格之间的恩怨。为了区区的这么一点钱，德国军情处在美国失去了一个重要的特工，同时也给了塔尼一个逮捕科尼格的绝佳机会。

但到目前为止，塔尼还不清楚有关炸药已被运往何处的任何信息。这其实也是调查科尼格的原因。尽管福熙讲了这么多，这个问题并没有得到解答，塔尼也不知道到底还有哪些人参与其中。如果现在就逮捕科尼格，很可能就会打草惊蛇，而且估计科尼格也是那种不会轻易开口招供的人，他可能宁死都不会向敌人说出秘密。至于福熙，除了已经说出来的这些事情之外，对其他的机密恐怕也不清楚，因为他已经被逐出了德国间谍网络。

为此，塔尼需要重新制订计划，但这要得到伍兹总监和斯库尔副总监的批准。他的计划是这样的：放任科尼格，然后派人继续跟踪他。塔尼觉得，最重要的任务不是去抓科尼格，而是要阻止炸弹爆炸，抓住科尼格就像是砍掉蛇尾巴一样，没有什么用。而蛇还是活的，还可以发动袭击。真正需要做的是把蛇灭掉。塔尼相信，只要继续监视科尼格，最终找到这些安放炸弹的人，阻止炸弹袭击的可能性才会更高。伍兹总监对此表示同意：“那就灭掉蛇吧，队长先生。”

第 24 章

没有人在码头上迎接自己，这是一个糟糕的开始，但事情很快就会变得更糟糕。

当“克里斯蒂安尼亚号”轮船停靠在纽约港之后，林特伦满脑子都是炸弹，这一点和塔尼有点类似，尽管他们的目的完全不同。林特伦之前接到的消息是，杜邦公司的董事会成员马尔文·赖斯会到码头来接他。尼古莱当初在柏林的时候还调侃道，他们两人到时候会肩并肩一起走到赖斯存放炸药的地方，而这些炸药正是林特伦要购买的。但现在，赖斯根本就没出现。

其实，林特伦一开始听到这个计划时，就持保留态度。他怀疑是否能搞到足够多的炸药，不让协约国的代表买回去，而且仅仅是依靠赖斯这样一个人。林特伦曾经考虑把这份忧虑向尼古莱汇报一下，不过最终还是决定不这么做。因为据他所知，这位情报头子对这件事的信心之前就已经被鼓动了起来，而那个场合林特伦并没有参加。现在林特伦的担忧已经被证实。他站在码头上，感觉非常孤独。但他是带着使命来到纽约的，当时他还在德国外交部进行过宣誓，这些都促使他采取一项更危险的战略：既然买不到这些炸药，那就必须引爆它。

在敌人的土地上行动难免会觉得有些孤单，而且一想到自己即将要做的事情会产生巨大影响，这也让他内心深处有些不安：我一个人单枪匹马，要攻击的是整个美国。

林特伦在考虑自己的下一步行动。作为一名间谍的黄金法则是，在一个陌生的地方首先要让自己冷静下来，不要恐惧，一切都在意料之外本身就应该是间谍需要面对的境况。想到这些，他觉得赖斯没有出现也没什么好担心的。他还可以去执行柏林指派的其他任务，首先就是要将胶囊中装着的绝密外交密码交给驻美使馆人员。

林特伦从码头叫了一辆出租车直奔位于中央公园南边的德国俱乐部。战前，他本人就是这个俱乐部的成员。在柏林的时候，他经常听人讲博依德和帕蓬时不时会来这个俱乐部，因此他有机会在那里碰到他们。林特伦盘算着，等到合适的时机出现，就可以把这些密码交出去。然而这两名外交官见到林特伦后似乎并不高兴，他们几天之前就接到来自柏林的电报，知道林特伦很快就会到纽约。林特伦坐定之后，他们开门见山，称根本不需要得到林特伦的任何帮助，而且他们还坚持认为在美国的情报网络运转良好，不需要林特伦插手。博依德更是表现出有点厌恶，他和林特伦都效力于海军，而他在海军中的级别要比林特伦高，所以他直接告诉林特伦自己无意从他那里得到任何指示。

对于过去一个阶段这个网络工作无能的讽刺。柏林已经派了一个非常专业的人士，而不是另外一名外交官来负责在美间谍工作。林特伦还承诺，他将会尽全力保护特工的安全，他也发誓会帮助他们为祖国赢得胜利。他在和这些人会面的时候，还定了个调子:这些人将会为他而工作，而非为别人。

到了晚上，林特伦就会脱掉白天穿的破衣烂衫，变成一个贵族，他会穿着时髦的衣服，打着白色的领结，去参加各种社交活动，成为这个城市的社交达人。收到各种晚宴、舞会以及周末邀请，他都尽量参加，看起来他只是一个找乐子消磨时光的人。大隐隐于市，频繁参加这样的活动可能就是一种最好的伪装。

无论是白天还是黑夜，林特伦都在为自己的使命努力奔波，无论是搜集情报还是拓展社交圈，他的信心也越来越足。一个可以操作的行动计划正在成形。他发现美国其实是一个比较软弱、也比较容易信任别人的国家，因此整个国家和社会在袭击面前并没有准备好，这一点让他觉得自己是不可战胜的。正当他斗志昂扬的时候，突然收到一封来自大使馆的信，贝恩斯托夫大使要见他。他应约来到大使下榻的位于麦迪逊大道的丽兹 - 卡尔顿酒店，想着大使可能会重复之前两位官员的老话，对自己来美工作没什么兴趣。事实证明确实如此，两人之间甚至连一点礼貌性的交谈都没有。

大使想知道林特伦为什么要来美国，这种语调让人觉得大使的意思是，他不认为林特伦有必要来。而这个时候的林特伦，因为在美国已经待了一段时间，再也不是当初刚碰到两位外交官时的他，他直接回击大使：“我是最高统帅部派来的一名战士，我的任务很明确，美国是一个还没有公开的敌人，我必须采取任何必要的措施来避免祖国的士兵在欧洲战场上受到来自美国军火的袭击。”大使先生也有点愤怒，帝国的大使还不适应听一个比自己层级低的军官来这里发号施令，他开始抨击林特伦。而林特伦也没有被吓倒，他从口袋里掏出了那本特殊的国王护照，然后放到桌上，用德语大声说道：“帝国所有的官员对这份护照的持有者必须提供他要求的任何协助。即便是大使也不例外。”然后像一名参加阅兵仪式的士兵那样，正步走出了大使的房间。

第 26 章

曼哈顿前线的行动总部位于纽约金融区心脏地带的希达大街，林特伦租了一套有两个房间的办公室，门口刻有“E.V. 吉本斯公司”的字样。前面两个字母其实就是他所持有的瑞士护照名字的首字母缩写，在这几个文字的下面刻有“进口和出口”的字样，他们打着的是进出口公司的幌子。

在其中一个房间有两名工作人员，一个是长期从事进出口工作的马克斯·维瑟，另一个是他的秘书。维瑟对码头的情况非常清楚，他也是德国领事馆推荐过来的。每天他都有合法的进出口业务要处理，即便是有些业务进展缓慢。而秘书整天也是一副非常忙碌的样子，不停地打字处理订单。在这间办公室后面还有一间，这里才是林特伦真正工作的地方。在德国人的社区和各种聚会场所，有关 E.V. 吉本斯公司开张的消息已经传遍，很多人都想与这个所谓的吉本斯先生见上一面。其中有滞留在美国的德国海军士兵，也有一些以前为科尼格工作过的人，当然还有各种各样希望从这里得到支持而捞一把的人。林特伦来者不拒，和所有这些人都会面，只是有的人实在没有价值，经过很简短的面谈之后就送客。

一天下午，瓦尔特·席勒博士没有经过预约就出现在林特伦的办公室里。此人在一战之前就担任德国军情处驻美特工，他来这里时带上了帕蓬的一封推荐信,此外口袋里还装有一项新发明。林特伦读完推荐信之后，示意席勒博士坐下说话。席勒博士明显有点紧张，他解释说自己的专业是化学，还是新泽西农业化学公司的总裁，但在几十年前曾在德国野战炮兵部队服过役，现在仍忠于自己的祖国。他来这里，主要是因为他有一项发明是“E.V. 吉本斯公司”所需要的。

“你可以完全信任我，”林特伦说，将椅子往席勒博士旁边靠了靠，“我是纽约这边最谨慎的人。”席勒博士顿了一下，鼓起勇气，终于将自己的发明从口袋里掏了出来，放在桌上。这个东西像一支雪茄那么大，看起来像是用铅做成的。林特伦仔细端详了一下，有点困惑。席勒博士就算看到了林特伦的那种眼神，那么他也选择了忽略，反而以一种自信的专业精神，向林特伦解释这个铅制“雪茄”到底是怎么回事。铅管的内部，一块铜片将它分成两部分，一部分装有用于制造炸药的苦味酸，另一部分是硫酸，铅管的两头用蜡封起来，密封性很好。

林特伦还是有点困惑，不太明白这个东西的用途。这种仍然很困惑的表情让席勒博士觉得有点好笑，在他看来这已经很明显了: 这两种被隔开的酸最终会把中间的铜片腐蚀掉而融合在一起，一旦融合在一起就会爆燃起来。他解释说，这个铜片类似于一个定时器，它的厚薄程度是可以根据需要设定的。但不管怎么样，随着时间的推移，铜片终究会被腐蚀掉，炸弹从而爆燃。而且据席勒博士说，这种铅制“雪茄”最妙之处在于经过燃烧之后，铅管会融掉，根本不会留下任何线索。说到这里结论已经很明显了，这项发明其实就是一个完美的爆炸装置，造价低，可靠性强，易于隐蔽，同时也难以追踪。

林特伦尽力掩饰内心的喜悦，说他想看看这个装置是不是像席勒博士所声称的那样有效，他希望演示一下。但在心里，林特伦已经有了新的破坏方案。第二天，这个演示在新泽西州的一片树林里展开，林特伦非常仔细地观察席勒博士的演示。席勒博士这次带的铅管中间的铜片非常薄，将铅管放到地上之后，就大喊往后撤。突然，一束非常亮的火光从“雪茄”上冒起，火光非常亮，以至于林特伦都担心自己是不是被亮瞎了。很快，林特伦往后多跑了好几步，来到一个绝对安全的距离，带着兴奋继续观察，只见这支“雪茄”慢慢融化，只剩下一丁点残骸。

演示结束之后，林特伦转过头来看看席勒博士，只见他靠在一棵树上，脸上挂着满意的微笑。“这个东西还不错，不是吗？”席勒博士问道，充满自豪。“我必须说是的。”林特伦也高兴地回答。

第 27 章

几乎是和“雪茄”燃烧的速度一样快，这种装置在实战中的重要性很快就被林特伦提上了日程。他要求席勒博士在铅管上安装的铜片稍微厚一点，在爆燃之前需要有两个星期的时间。将这些装置安装在从美国驶往协约国的货轮上，这些船只就会在航行到公海的时候爆燃，而且燃烧之后，根本就没有线索来调查火灾的原因。林特伦的脑子里想象着轮船里发生爆燃的景象，火光冲天，很快就能引爆那些运往欧洲的针对德国军队的炸弹，想到这些他充满了期待。

他立马给席勒博士开了一张大额支票，让他赶紧回到新泽西霍博肯的实验室开始制造这种“雪茄”炸弹，同时他也开始着手招人，尽快把做好的“雪茄”放到船上。他首先用一个化名来到那些被困在美国的德国轮船上，和一些轮船的德国船长签订协议，让他们成为破坏行动的指导者。然后，他再用另外一个化名，去找一些爱尔兰籍的码头装卸工人。面对这些人，他绝口不提自己是为德国服务，他仅仅是说这么做完全是为了打击英国，是出于对英国的仇恨。这和爱尔兰人的感情不谋而合，他们本来就恨英国人，做这种事情还能拿钱，自然很愿意。像一个化学老师一样，他解释了这种“雪茄”炸弹是怎么制作的，然后直接告诉他们将这些“雪茄”偷偷地放在向欧洲运送军火的船上。这些爱尔兰人都表示，这个活儿不难，他们已经准备好了立即展开行动。

人员已经就位，但林特伦现在面临的一个麻烦是席勒博士在霍博肯的实验室实在是太小，生产能力有限。由于林特伦计划要在全美展开破坏行动，需求很大，这个实验室简直是小得可怜。席勒博士自己也需要一个更大的空间，最好是一个金属加工厂，这样的话就能批量生产“雪茄”。不过仔细一想，林特伦觉得这其中有矛盾之处，一方面需要一个大规模的工厂来生产足够的“雪茄”，但另一方面这些行动必须隐蔽进行，而工厂大了自然就比较难隐蔽，很可能会引起美国当局的注意。这是一个两难的问题，一时似乎找不到解决办法。困惑之中，他开始秘密进行调查，问问在美国的朋友有什么好想法。

从律师邦福特·博尼法斯那里，林特伦找到了答案。此人喜欢喝威士忌，对各种大胆的计划方案很有兴趣，他也是维瑟的朋友，但对德国没什么感情。就在几个星期之前，此人不知不觉加入了林特伦的间谍网络之中，目的就是为了赚点钱。他来到林特伦的办公室，汇报自己的想法。一看博尼法斯那张脸，林特伦估计他早饭之后就开始喝酒了，他觉得这个人是不是有点太不靠谱，想找个借口回绝他，让他明天再来。只是出于职业的谨慎习惯，他没有把话说得太直接。但博尼法斯继续说自己的想法，没有理会林特伦："为什么不在那些被困在港口的德国轮船里制造'雪茄'呢？"听到这个建议，林特伦想了想，觉得这个点子确实不错，但表面上还是不露声色，对博尼法斯说如果他想喝酒，马上就可以帮他买。林特伦后来回忆称："把我们所有的人，我们的计划，我们的设备以及我们整个工厂都可以搬到一艘德国轮船里，德国人在美国的领海里工作，这是多么好的一个想法。"多少年过去了，一想到律师的建议他还是难掩兴奋。

真的有很多选择！被困在美国的德国轮船超过 80 艘，有像"瓦特兰号"一样大的客轮，也有一些像"艾木登号"一样的小战舰，在整个计划推进之前，林特伦必须选定一艘船。

查尔斯 · 冯 · 克莱斯特是一个老水手，他的出身其实挺不错，是贵族后代。不过，他并不想和这个身份有什么瓜葛，只想做自己的事。当他还是个小男孩的时候，就曾多次坐船出海，在之后 40 多年的时间里，他一直在船上摸爬滚打，最后当上了船长。这么多年下来，在全世界各地不知道航行了多少次。现如今，他已经是个 70 多岁的老人了，身体有些发福，留着的山羊胡子已雪白。克莱斯特就住在霍博肯，晚上和那些被困在美国的德国水手一起喝酒，讲讲自己的故事，这些故事在这一片已经小有名气，其中有不少肯定是真的。

这个老水手对林特伦来说应该很有价值，他其实也喜欢这样的人。因为林特伦本人也有过在海上航行的经历，同时他对贵族身份还有一种痴迷感，特别尊重那些有贵族身份却不炫耀的人。

在和博尼法斯交流后没多久，林特伦就找到克莱斯特，和他一起喝酒，探讨自己的计划。“克莱斯特先生，这将是一个不同寻常的计划，我们必须找到一艘船，船长可以完全掌控局面，船员必须遵守船长的指令，而且最重要的是所有人都必须对船上发生的事情三缄其口。”林特伦说。克莱斯特捋了捋自己的山羊胡子想了想：“好吧，你的这个玩意儿不错，不过要找到一艘船能够把这些要求都结合在一起，还真是有点难。”他提出了几种可能性，但每当他提到一艘船，很快就能找到否定的理由，当这些不符合要求的船越来越多时，林特伦开始有点绝望。突然间，克莱斯特敲了一下桌子，做出胜利的手势：“我想已经找到了你要找的船，非蒸汽船‘弗里德里希·格罗斯号’莫属。”

在接下来的一周时间里，这艘船被改造成了一个工厂。吉本斯公司下了大笔订单购买铅和铜，还有用来切割金属的机器设备。在夜幕的掩盖下，这些东西都被偷偷运进船里，而且一般也是在晚上进行加工生产，很多水手都参与到生产中来，船内一片繁忙。金属切割机不停地切割出铅管，“雪茄”一旦成型之后，就要在中间插入铜片，这项工作要很细心，每块铜片的厚度也要切割得非常精确，因为铜片就是定时器，厚薄程度决定了爆燃等待时间的长短。根据之前的实验，这个时间是两周。安装铜片的活儿也具有相当的挑战性，因为铅管本身很小。就这样花了一整个星期才制造出了大约 100 个“雪茄”。这还不算完工，“雪茄”做好之后，还要往里面灌注化学物质，这个工作需要席勒博士自己来完成。席勒博士的设备并没有搬到船上，因此，水手们要把这些

“雪茄”送到席勒博士位于霍博肯的实验室，这个实验室比较隐蔽，在他公司厂房的上面，需要爬梯子上去，而且实验室的门也经过了精心的处理，一般看不出来。

席勒博士把自己锁在一个秘密的房间里，一个人往“雪茄”里装“燃料”。这项工作必须非常细心，因为稍不注意，这两样物质就会混合在一起，然后爆燃。如果爆燃，他自己很可能会被活活烧死。席勒博士装得很慢，他清楚自己的性命就系于工作的细致。装完之后还要用蜡将两端封起来。最后一个装完时，他的手仍在发抖。

所有这些“雪茄”完工后会装在一个小木盒里，经哈德逊河运到对面林特伦位于希达大街的办公室。这个盒子本身就放在林特伦办公桌的抽屉里，尽管这些“雪茄”还有十五天才会爆燃，但一想到这些“雪茄”爆炸之后整栋建筑都可能化为灰烬，这成了督促大家快速行动的最充分理由。他要求维瑟赶紧召集所有的爱尔兰装卸工过来开会，就在当天晚上举行作战行动会议。

这些码头装卸工人陆陆续续走进林特伦的办公室，他们刚一进来马上就报告了一条消息：英国商船“福巴斯号”已经开始在码头上装运军火，这个订单量很大，而且几天之内根本装不完。林特伦打开抽屉，拿出木盒子，然后分给每个人几支“雪茄”，当时的感觉有点像派发真雪茄一样开心。第二天早上，他们还是照常上班，往“福巴斯号”轮船上装军火，而口袋里就放着“雪茄”，当他们确定四周没有人的时候，就偷偷摸摸将“雪茄”放在黑暗的角落。他们在工作，林特伦也没闲着，他在码头上转悠，看着这艘英国货轮，看看船上的水兵，这些人似乎也是时刻保持警觉，阻止破坏者渗透。这些蠢货是不是已经意识到一切都已经太晚？难道他们不知道他们无法阻止林特伦吗？难道他不是不可征服的吗？当然，这些都是他的心里话，没有说出来。他一边在码头上走着，一边心里由衷地感到高兴、自豪。

过了几天，“福巴斯号”起航离开纽约。林特伦每天都会关注新闻，等待消息，一到早上他都会阅读《船运新闻》，不过又有好几天过去了还是没有一点消息。他仔细计算了铜片被腐蚀的时间点，但是那一天已经过去，报纸上还是没有轮船的消息。林特伦开始变得有点焦虑，心中甚至有点怀疑：是不是席勒博士搞错了？是没有装上足够多的苦味酸或硫酸，还是这些东西被船上的水兵发现，然后扔掉了？还有一种可能，就是那些爱尔兰工人耍了他，拿完钱之后还把这个情况向当局进行了汇报，下一次敲他办公室大门的人可能就是纽约警察。

在焦虑中，又煎熬了两天。一天早上，他突然看到《船运新闻》的头条很醒目：“事故：‘福巴斯号’海上起火。”看完之后，他立即命令“弗里德里希·格罗斯号”轮船上的人赶紧重返工作岗位，连夜工作制造更多的铅管。同时他还向席勒博士传话，要他购买更多的化学原料。首战取得辉煌胜利：“福巴斯号”货轮在海上起火之后，已经基本解体。是时候展开大规模攻击了。

第 28 章

塔尼在祈祷另一个奇迹。其实就在他上个月向伍兹总监和斯库尔副总监汇报案件的进展时，主要的成果就是找到了福熙，在针对科尼格的调查方面有一点点突破。他并不觉得这有什么值得表扬，相反，他觉得能够取得一点进展完全是运气，而不是别的什么。

而现在，调查又重新陷入停滞 ，对科尼格的监视没有进一步突破，各种轮船爆炸事件又开始增多。他感到十分懊恼，想得到老天再一次垂青。很快，他还真就得到了。这次的线索并不是来自于窃听电话，而是法国大使。当从纽约驶往法国马赛的商船“科克斯瓦尔德号”靠岸后，人们在船上发现四枚炸弹和装有糖的袋子放在了一起。法国警察将炸弹取走，经过激烈的争论，最终决定将这些炸弹重新送回美国，交给法国驻美大使让 - 儒勒 · 朱瑟兰。而根据外交原则，大使馆将这些炸弹交给美国国务院，国务院则将它们交给纽约市长，市长再转交给伍兹总监，最终转到了塔尼手中。

这些炸弹和塔尼之前见到的有所不同，主要是金属管，有10英寸长，管子里面分成两部分，每一部分都装有化学物质。在交到塔尼手中的时候，这些化学物质已经被弄掉，但他已经很清楚炸弹工作的原理，就是通过这两种物质腐蚀中间的铜片，融合之后发生爆燃。不过，也不知道是什么原因，这四枚炸弹内部的铜片没有溶解，炸弹没有爆燃。这些炸弹的来源是一个谜，不过这也是塔尼破案的唯一线索。如果要想在调查上取得进展，塔尼觉得突破口就是这些炸弹。通过这个线索，应该可以找到安放炸弹的人。这些谜团必须解开。

他拿起一枚炸弹，感受一下它的重量，他还用食指在上面比画了一下，看起来这炸弹还真像是一根雪茄，尺寸和形状都很像。仔细端详，他觉得这个东西做工精致，有点像个艺术品。从设计到用材，都很不错，看得出来是熟练工人制造出来的。它和之前布雷西亚团伙制造的粗糙炸弹完全不同，背后肯定有专业的团队，甚至可能有一名工程师，或者是化学家以及理科教授。再看这些材料，都是质量很不错的金属，因此必定有雄厚的资金支持，因为要买这些金属需要很多钱。所以塔尼觉得，制造这些炸弹必定需要一家工厂，这些铅管和铜片做工精良，切割的精度也很高，边缘还很光滑，只有工业级的设备才能做得到。这个制造工厂可能会在美国的任何一个地方，但工厂绝对是案件取得进展的突破口。

他把这些“雪茄”炸弹放下，闭上眼睛，仔细思考从炸弹上还能不能读出更多的信息。让他恼火的是，脑子里不由得出现了一些“不相关”的概念。他想起了往法国运送物资的“科克斯瓦尔德号”，而在过去的几个月当中，有很多商船都发生了火灾，这些船都是在往协约国运送物资。而在其他的轮船上，却找不到炸弹。这让塔尼相信他之前的想法：安装这些炸弹的人要么是德国间谍，要么就是他们收买的人。他的判断一直以来都是对的。然而，知道这些之后，并没有让他的调查离破案更近一步，凶手还是没有找到。现在还没办法去阻止爆炸事故的进一步发生，因此必须再往深里挖掘。

塔尼睁开眼睛，拿起马赛警察局的一份报告，这份报告是和炸弹一起送过来的。外交官们已经将它翻译成了英语，其实这份报告塔尼读了很多遍，现在再次读起时有一个句子像磁铁一样吸引着他：“这些炸弹藏在了装有糖的袋子旁边。”

如果不是这样会发生什么情况？在把这一点想清楚之前，他已经喊出了巴尼茨的名字。塔尼告诉巴尼茨，自己想要知道所有发生事故的轮船的装货记录，是不是这些船只运载的都是糖。巴尼茨嘀咕了几声，这份差事需要检查 30 多条船，倒不是害怕有危险，而是因为检查装货记录太单调，完全是一种折磨。塔尼对下属的抱怨视而不见，他要求在第二天中午之前必须查出结果。巴尼茨只好照办。调查完之后，其实还有新发现，所有最近发生火灾的船只上都装有糖，而且探员们还意外地了解到这些糖是十分易燃的物质。根据有经验的水手介绍，糖的安全隐患仅次于军火。他们很清楚，如果糖烧了起来，那么要不

第 29 章

夜幕降临，哈德逊河上起了一层薄雾，在灯光的照耀下，河上各种倒影若隐若现。白天的喧嚣开始散去，重归安静。接驳业务，往往是在夜里进行，因为夜里的河道比较空。对于纽约警察来说，他们本就习惯于在纽约的街道上巡逻监视，而对黑夜在河上的监视还不太适应，这是一大挑战。比如说，他们会用警方的摩托艇追赶驳船，但很快就意识到这么做很难隐蔽，因为摩托艇引擎的声音太大，在安静的夜里更明显，就像发射加农炮一样。因此，在监控的时候，他们尽量不开引擎，让摩托艇随波漂流，但驳船见到摩托艇之后很快就会开溜。有时候他们也会离得远远的进行观察，看着驳船上一闪一闪的灯光向海上的大船驶去，但当他们慢慢追上的时候会发现自己可能跟错了船。这样弄了好多天，没有任何突破。当然，偶尔也有点“小收获”，他们感觉自己或许发现了点什么。有几个晚上，他们看到有一艘摩托艇靠近一条驳船，大约在半英里之外，由于是晚上，望远镜也派不上用场，但能模模糊糊看到有影子在动，因此怀疑这中间肯定在进行一些秘密交易。他们立刻发动引擎，开船去追赶，但当他们赶到的时候，驳船和摩托艇都已经逃得无影无踪。

塔尼找不到证据，但他仍然相信这些爆炸装置肯定是在河上转交给驳船船长的，他们开着摩托艇来交这些东西，然后炸弹就被塞进了装糖的袋子里。他觉得，动手的时机非常重要，一旦驳船开到了大船边上，他们就没有机会了。这些码头工人会很快将货物运上大船，然后把货物封好。因此，应该是在摩托艇和驳船会合的时候采取行动，这个节点正好就是交接炸弹的最佳节点。为了确保成功，塔尼这次设了一个小圈套，他把自己的人布置在岸上，因为他觉得驾摩托艇的人不仅会去河上交货，也会上岸，当他们上岸的时候动手，会比较容易。塔尼把这个想法告诉了巴尼茨，巴尼茨觉得这个计划成功的可能性不是很大。因为摩托艇上岸的河岸线太长，警察不可能全部控制这些河岸线，而且即便是当场找到了摩托艇上岸的地点，要抓住这些人恐怕也不容易，这些人肯定会撒腿就跑，在夜幕的掩护下跑得无影无踪。

塔尼不为所动，按计划行事。刚刚过了凌晨，一艘摩托艇停泊靠岸，一个人爬了上来，塔尼的手下迅速跟上，这个人走得很慢，似乎并没有关注周边的动静，到了23街一栋棕色的建筑前停了下来，在他掏钥匙开门之前，巴尼茨赶上去抓住他，克雷尔警官拿出手铐将他铐走。过了一会儿，巴尼茨就向塔尼汇报，已经抓到一名嫌疑人。塔尼在中心街办公室等着他们把嫌疑人带来，有很多问题他都想问，他很期待通过这个嫌疑人能解开这个团伙能是被降级，要么被调离岗位。

他走进伍兹总监的办公室，就像一个人参加葬礼一样。总监还是坐在西奥多·罗斯福当年坐的那个椅子上，斯库尔副总监也在场，就坐在伍兹旁边的皮沙发上抽着烟。塔尼向他们敬了礼，直接向总监认错："我错了。"塔尼把自己的问题毫无遗漏地向总监做了汇报，也没有为自己找任何借口。

塔尼讲完之后，已经准备好了接受惩罚。他是一个自尊心很强的人，但如果说现在让他离开这份工作而没有别的事情可做，那将会非常痛苦。伍兹总监的不满都写在了脸上。他只是淡淡地示意塔尼先坐下。等塔尼坐定之后，总监才开始问话："案情这么查下去，未来的方向在哪里？"塔尼感觉到，伍兹的语调并没有什么恶意，也没有批评的意思。对此，塔尼有些感动，他觉得自己在这一刻配不上这种温和友善。"我也不确定。"塔尼实话实说。

这时候，伍兹讲了一个格言，真不愧是格罗顿学校的毕业生。"当你要进行一次长途旅行时，突然发现你把票放错了地方，那么你的本能反应首先应该是一个一个来检查自己的口袋，看这些口袋里到底有没有，不要因为之前检查过就放过。很可能你会发现，它就在一个你认为不可能在的口袋里。"伍兹说。塔尼似乎听明白了，他离开了总监的办公室，决心重头去检查自己的"口袋"。

调查又回到了码头。他要求手下把重心放在码头工人身上，具体来说就是那一批将糖从岸上搬到驳船上的码头工人。他现在想知道，这些人是不是真正的破坏者，将炸弹藏在了装糖的袋子里。他们租了码头边一栋破房子的第二层作为观察点，从这里可以直接看到码头，他们用望远镜紧盯着这些工人，看他们的举动是否有异常，也观察他们是不是拿有可疑的东西。经过三个星期的观察却毫无收获，塔尼失望地自嘲道："我们最大的发现就是偶尔能看到工人的屁股会露出来。"

因此，只能往"口袋"的更深处挖，塔尼决定将调查集中到炸弹本身，也就是去调查炸弹的原料硫酸和氯酸钾，在法国马赛警方提供的报告里提到了这两种化学物质。塔尼的手下通过化工厂卖货的收据去核查购买这些原料的人，一共查到了几十人，不过很多都来自于药店，这些买卖都没什么可疑的地方。这时，塔尼似乎觉得自己的所有"口袋"都是空的，"票"到底放在了哪里？他想破头也没什么线索，似乎也没有什么被遗漏掉。真的想不出来，还有什么地方需要去调查。更糟糕的是，调查的时间已经拖得很长，他担心自己手下的士气会受到影响。整个团队实际上已经有点麻木了，他们心里或许已经接受了这样一个事实：更多的爆炸袭击案将无可避免。塔尼本人内心深处也非常挣扎，而完全承认失败对他来说也是难以接受的。

就在这个时候，一天早上电话响了，这个电话给案件的调查带来了新能量。打电话的人叫罗伯特·马迪恩，他是法国驻美大使馆的武官。就像斯库尔副总监后来说的那样，这是法国人第二次带来关键线索，推动了案件的侦破。马迪恩很礼貌地问塔尼是否有兴趣了解一些法国方面获得的信息，信息的内容是有人希望采购大批量的炸药。“什么样的炸药？”塔尼赶紧问道，因为根据他之前的调查，很多人买炸药原料是为了做烟火，也有一些是来自药店的买主，根本就不值得关注。因此，对于法国人这条模糊的信息，他一开始并不是很在意。这位武官接着解释说：“是TNT炸药。”这让塔尼动了心：“是的，我们对这个很有兴趣。”

第 31 章

马迪恩武官的信息让塔尼的调查进入到另一个轨道，更让人困惑，同时也更危险。这要从一个军火出口商卡尔·维提格说起，马迪恩武官正好认识他。一个朋友的朋友最近和维提格接触，想要买一批 TNT 炸药，声称是为了做一些实验。

这个买家住在下曼哈顿地区的布雷斯林酒店。塔尼很快就查到，此人在酒店登记的名字是保罗·希布斯，而且他还经常用卡尔·欧本嘉德作为化名。一个经常用化名的人要买炸药，这引起了塔尼的注意。此人要求维提格将货送到新泽西的一个地址，在那里才能收到货款。塔尼可以要求维提格取消这笔交易，如果希布斯不能得到这批炸药，那么塔尼也无须担心他会用这批炸药去搞破坏活动。但本能告诉他，勤奋终将获得回报，如果取消了交易也就断了线索。为此，他同意维提格出售这批炸药，然后顺藤摸瓜。

巴尼茨探员化身保镖，陪着维提格一起去送炸药，先将 25

磅的 TNT 炸药交给希布斯，当天他用的是这个名字。塔尼这个时候一直等在布雷斯林酒店，炸药一经交接，他就破门而入，问希布斯买这些炸药到底要干什么。“我没要干什么，一丝想法都没有。”希布斯回答说。塔尼举起手，本来想扇希布斯一个耳光，教训一下他的不老实，但就在他下手之前，希布斯出于恐惧开始招认了。这些炸药是一位名为休伯特·凯恩茨勒的德国钟表匠要买的，他和这个钟表匠只有一面之交，而他本人也是托人才认识维提格的。希布斯的语速很快，就像速度能够让这一切显得更有逻辑一样。钟表匠要求将炸药运到新泽西维霍肯主街的一个车库里，而一个叫罗伯特·费依的人会等在那里，他会支付买炸药的钱和其他费用。

“费依是谁？”塔尼问道，他想知道为何费依需要这批炸药。“我真的不知道。”希布斯说，吸取了第一个问题的教训，他这次说话的时候显得很真诚，真的是不知道。塔尼信了他。脑子里满是这一串人的名字以及其中的各种关联，他觉得这其中必定有什么东西，从费依到凯恩茨勒，再到希布斯或者说是欧本嘉德和维提格，作为一个专业人士，他要知道这其中到底藏着什么。

新的发现让塔尼有点兴奋，士气也提升不少，他心想一定要找到费依，弄清楚这个神秘的人到底是谁，以及为什么他要通过一个钟表匠来搞到 25 磅的 TNT 炸药。

第二天，塔尼做了两个决定，而每一个看起来都是一场赌博。他自己也很清楚，这些行动可能会失败得很惨。尽管如此，塔尼觉得自己没有太多选择，只能赌一把。

第一项行动是巴尼茨和詹姆斯·考依两位警官扮成维提格雇用的运输员，带着 25 磅 TNT 炸药去新泽西的维霍肯车库，一开始根本就没见到费依，巴尼茨对车库里的其他工人说，除非费依自己出来拿货，否则不会交货。这些工人会帮他们找到费依吗？其中一位工人无意中透露了费依在第 5 大街上的住所，巴尼茨和考依赶了过去，费依当时也没在那里，不过房东还是很健谈，她和巴尼茨聊了起来。“费依真的是一个绅士，”房东说，“他付账单从不赖账，还订了一份杂志，他还有一个室友索尔茨先生。”说到这里，房东的声音突然变得很小，因为她意识到自己不能说太多，不过她还是透露说费依是一个发明家。只是对这一点，她也不是非常确定。但她知道费依的房间里有一张桌子，他经常在桌子上拟定各种计划。最后，她告诉巴尼茨，可以把包裹留下来，她可以保证费依会拿到这个包裹。听了这些之后巴尼茨赶紧给塔尼打电话，请示塔尼是不是应该把包裹留在房东这里。

塔尼很清楚费依等着这批炸药，维提格当时也承诺一定会把这批炸药送过来。费依的谨慎足以表明他就是个值得怀疑的人，任何安排有变只能进一步引起费依的警觉。出于自己的专业知识，塔尼知道 TNT 炸药在没有引爆器的情况下危险性不大，当然，发生事故也是有可能的，比如在特定情况下：太热或密闭空间里也可能爆炸。塔尼在心里考虑了各种可能性，如果把炸药交给房东，最糟糕的情况就是整个房子被炸掉。但一想到如果在费依这个人身上没有突破，这个结果是他无法承受的。因此，只能冒险一把。他告诉巴尼茨，把这个炸药包裹留给房东。

就在塔尼做出这个困难的决定之后没多久，他又得经受另一个严峻的考验。沃尔什警官和其他一些人在监控布雷斯林酒店时发现新情况，他们本来是为了跟踪希布斯，免得他趁人不备逃之夭夭，监控了几个小时之后发现有人在大堂打电话找希布斯，然后乘电梯上楼。这个人大概30来岁，留着胡子，长着一张笑脸，穿着双排扣的棕色大衣，面容帅气，步履稳健。沃尔什问酒店前台有没有听见给希布斯打电话的人叫什么名字。“是一位费依先生。”前台说。他们很快就向塔尼汇报了这个情况，想请示塔尼是不是要现场将费依抓起来。

塔尼又陷入了思考。如果抓起来的话，塔尼就有机会一对一审讯费依，而且他也清楚对于一般的人来说，在审讯时动用一点刑罚，几乎都会招供。不过，塔尼觉得费依是一个专业间谍，能够经受一点皮肉之苦。如此一来，抓了也等于白抓，没什么用。而且，还有另外一种可能，万一他真的是个发明家，买点炸药纯粹是出于实验目的呢？这样的话，费依招供的信息就没什么价值了。

如果让手下的人继续跟踪费依，说不定能查出一系列爆炸案的幕后主谋。当然，这也有风险，那就是可能会跟丢。就像之前跟踪科尼格一样，一个专业间谍可能会把盯梢的人完全甩掉，走出布雷斯林酒店之后再也不会出现。考虑再三，塔尼还是决定跟踪。“跟着他，要是跟丢了你们也别回来。”塔尼命令道。

第 32 章

在纽约 42 街的渡口上，要跟踪别人，没有暗处可以隐藏，因此探员们能做的就是埋头看报纸，让自己看起来和普通的乘客一样。费依本人在排队时不停地从哈德逊河纽约这边眺望新泽西的河岸线，根本就没有注意到这些跟踪他的警察。

就在费依离开布雷斯林酒店后不到半个小时，沃尔什他们就跟了上来，一直跟到渡口，然后一起乘渡轮到新泽西。渡轮在新泽西这边靠岸之后，沃尔什他们一直跟着，来到维霍肯车库。费依在车库待的时间很长，沃尔什他们正好利用这个时间来制订行动计划，他们从当地警方借来一辆车，然后在车上一直等着费依出来。过了好几个小时，费依还没出来，他们开始怀疑车库是不是有后门，也很想知道费依到底在里面干什么。不过，他们也提醒自己，任何一次成功的监控行动都离不开耐心。而且，他们现在能做的只有等待，除非直接打电话告诉塔尼，费依有可能逃跑，否则还不能采取行动。

最坏的情况，但仍抱有一线希望。“我们跟丢了，”巴尼茨说，“费依跑了，根本找不到影子。”巴尼茨的声音显得很痛苦，就像喉咙里被打了一枪一样。

第 33 章

警察来了，能够听到他们紧凑的脚步声。他在屋里等着，很惊恐，不知道该怎么做。“砰砰砰”，警察在用力敲门，并大声喊：“开门！我们是纽约警察局拆弹分队的警员，开门！”他已经完全呆了，不能动，无法思考。门已经被撞开，警察冲了进来，个个人高马大，表情冷峻。塔尼也来了，目露凶光，一直盯着他。林特伦一惊，醒了，原来这是一场梦。他身体还有点发抖，一身冷汗，睡意全无，即便是能睡估计还会继续做噩梦。

其实，这种梦已经做了几个星期。就在他观察到有不少便衣在码头附近行动，监看那些驶往欧洲协约国货轮的装货情况，并询问码头工人一些问题后，晚上通常就睡不好觉。他和科尼格交流过一次，知道了警察行动的更多细节。科尼格每周会给一位名为奥托·摩托拉的警察 25 美元，打听警察内部的情况，这个警察就是塔尼拆弹分队的一员，他们已经知道这个分队介入了轮船爆炸案的调查。

据科尼格说，塔尼就是那种斗牛犬式的警察，严酷无情。这种形象传到林特伦的耳朵里，塔尼就成了各种恐惧的化身，是一个令人害怕的对手。林特伦为此变得焦虑，根据他本人后来的回忆，不仅是在梦里受到折磨，而且似乎有了一点神经质，每当有人敲门，无论是白天还是夜里，他都会觉得是不是警察来了。另外，即便是去纽约游艇俱乐部喝上一杯，他也会觉得自己是不是被警察盯着。为了摆脱所谓的警察的跟踪，他一般会坐出租车到一个很远的街区，然后再绕道回来。但他有时还是觉得，警察仍没被甩掉。总是活在这种阴影之下，他甚至感觉每一个陌生人看他一眼都是在跟踪他。

然而，这无处不在的人并不是塔尼的手下，塔尼还没有将任何人的名字与之前发生的各种爆炸事件直接联系在一起。这些人也不是英国的特工，虽然英国人已经破解了德国的通讯电报，知道林特伦来到了美国，但军情处在纽约的情报站还没有太关心林特伦的一举一动。事实上，林特伦的恐惧没有根据，只是心理作用。他的这种状态是任何一线特工都会有的，内心的恐惧和心情起伏不定，本来就是他们职业的一部分。不过，他的这种恐惧，无论是真实存在还是想象出来的，有时候反而会让他更勇敢，推动他前进。他不能允许自己被吓倒，必须投身到更多的行动计划之中。他是一个爱国者，必须响应国家的号召参加战斗，没有什么计划是遥不可及的。受到这些驱动，他将发动更多的袭击。

因一位俄国伯爵对葡萄酒的钟爱，林特伦制订了一项大胆的袭击计划。在欧洲战场上，漫长的 1915 年春天对俄国军队来说并不坏，他们击退了德 - 奥联军，一直打到加利西亚和奥地利，如今还试图穿过喀尔巴阡山脉。当德国军队准备反击的时候，林特伦自己估计着虽然并没有在前线，但也可以为在前线的德国军队效力。怀着对国家的忠诚和热情，同时也是为了战胜内心的恐惧，他积极发动进攻。

这一次的豪赌有一个焦点人物就是俄国的尼古拉 · 伊格纳耶夫伯爵，他是俄国驻法大使馆的武官。此人是一个贵族，同时也是一名军人，因为出身高贵和军事上的成就，在俄国沙皇的高层圈子里都有不小的影响力。这个人很会享受生活，对着装、绘画以及名马都非常有兴趣，不过最有兴趣的是他在自己酒窖里藏的东西——他是一位知名的红酒收藏家。在巴黎的众多品酒大师中，他甚至也能赢得一席之地。林特伦正好投其所好。首先他找到一位出身高贵的德裔美国人，此人仍然对德国抱有好感，她就住在纽约第五大道，在战争爆发之前经常在巴黎参加社交活动，和伊格纳耶夫伯爵关系不错。林特伦请求以她的名义给伯爵写一封信，从法国买一些高档葡萄酒，信件的内容是这样的：

“我亲爱的伯爵，我的一个好朋友吉本斯先生希望进口最好的葡萄酒到美国。如果您能帮忙挑选一些酒，将是对我们最大的帮忙。”

伯爵收到信之后，很快就回信：“我很高兴帮吉本斯先生这个忙，让他和我直接联系吧。”现在，林特伦可以直接和伯爵联系，他让公司里负责外贸的马克斯 · 维瑟先生接手葡萄酒进口的事情。在进行了一系列电报和通信往来之后，维瑟开始直接和伯爵介绍的酒庄联系，由于得到伯爵的帮忙，整个事情进展比较顺利，一批高档葡萄酒很快就从法国装船运到纽约。德国军情处发现林特伦花巨资买葡萄酒后，非常愤怒。林特伦使用了本来是要购买军火的资金，难道他没有意识到现在正在打仗？这种做法形同叛国。

不过，林特伦对于这样的说法不以为然，他向总部解释称这样做有助于维护两项基本的原则。首先，吉本斯公司是一家有声誉的进出口公司，不会赖账，其次是通过这次买卖和一位俄国伯爵建立了友好关系。等大家冷静下来之后，他还向总部汇报这次交易有另外一个好处——赚了钱。这些酒运到美国之后，两天之内就成功转手，利润不错。总部再也没有了反对的理由，林特伦开始着手下一步行动。吉本斯公司再给伯爵写了一封信，建议他推荐由这家公司来代理俄国在美国的军火采购，因为吉本斯公司信誉良好，资本雄厚。如果由吉本斯公司代理，将会是互利双赢的合作，吉本斯公司可以购买俄国军队需要的任何物资，而俄国军队也可以完全信任吉本斯公司。在信件的末尾，吉本斯公司称完全可以和俄方谈判签订一份合同。伯爵收到信之后，又热情地回了信，因为根据经验，他很乐意向俄国在美国的军火采购代表推荐吉本斯先生和吉本斯公司。为了加快双方的合作，伯爵还在信中列出了一些采购代表的名字和地址。

在一个俄国采购代表入住的酒店大堂里，林特伦以吉本斯先生的身份，也就是一位成功的美国进出口商，与俄国代表会面，这位俄国人是一名步兵上校。林特伦好像没什么东西能给他留下深刻的印象，他仅仅是宣布所有的采购合同都已经分包给了其他公司。说完，这位采购代表站了起来想送客。不过林特伦还是坐着没动，一副很放松的样子，似乎是在强调自己并没有惊慌。这位俄国人咕哝了几句，林特伦还是对他报以一笑，漫不经心地说这样的决定会让一个好朋友感到伤心。俄国人对此不予理睬，称自己还有别的事情要忙，然后挥挥手招来服务生，拿他的衣服和帽子。这时林特伦还是不动声色，他随口问了一下俄国人是不是认识他的好朋友伊格纳耶夫伯爵，故意装出一副很自然的样子，如果下一次这位采购代表有机会去巴黎，他将会告诉伯爵先生，以表达自己最诚挚的问候。

听到林特伦说这些时，采购代表开始有点犹豫了，林特伦也是趁热打铁，从口袋里掏出伯爵的信，然后很自豪地转给俄国人。这信就跟那本德国外交部签发的特殊护照一样有效，俄国人边读信边向林特伦道歉，表情很尴尬，说自己来得的确是有点匆忙，如果“吉本斯先生”愿意的话，可以到他的房间去，详细讨论采购合同的事情。结果非常顺利，吉本斯公司与俄国驻美大使馆最终签署了 12 项采购合同。进展得如此顺利，林特伦本人都感到有些吃惊。吉本斯公司将替俄国采购刺刀、罐头肉制品、马匹、战地厨房、靴子、内衣、手套以及火力比较小的武器等诸多战场上需要的物资。订单这么大，采购的商品如此之多，有点超出了维瑟日常工作的范围，他手上的供货商还不够多，担心有些订单恐怕无法正常发货。不过，林特伦对此一点都不担心，因为他从来就没有真正想要将这些东西运往俄国。而且林特伦将这些订单拿到手之后，马上以此为抵押到纽约的银行里去贷了300万美元，把这些钱再换个假名字存到另一家银行。

不管怎么说，林特伦觉得这个计划非常成功，他用一家皮包公司得到了俄国的物资供应订单，同时还搞到了300万美元的资金。这些物资在未来45天之内不会发货，因此有足够的时间去找一个进一步推迟发货的理由。这样的话，发货时间可能会再延迟一个月。随着时间的推移，这种拖延战术也碰到一些麻烦。俄国大使馆一位军官有一天突然打来电话，要求就发货的事情紧急召开会议。对此，林特伦的回答是又碰到了新的问题，他一边诚恳道歉一边表示自己非常忙，恐怕没时间出席会议。俄国人坚持一定要开会，一来一回，林特伦没办法再拒绝，表示自己第二天早上就可以参加会议，这与其说是为了满足俄国人的要求，倒不如说是出于好奇。

两位俄国彪形大汉来到林特伦的办公室，非常准时，这两人他之前从来没见过，他们要求林特伦立即履行合约，因为时间特别紧急。另外，如果能够尽快发货，他们获得授权可以向林特伦提供部分额外的奖励资金。为了表明情况的紧急，他们还向林特伦出示了俄国战争部的电报。电报的内容说，俄国国内已经出现严重的供应短缺，俄国军队早就没有子弹了。这个消息对林特伦来说太鼓舞了，不过他也很清楚如果俄国人不能从他手中拿到自己想要的东西，他们很可能会更换采购代理公司。毕竟，钱不是问题，摩根先生已经提供了大笔的贷款，而且别的采购代理公司肯定会确保货物运往俄国。

“什么是最重要的物资？”他问。他计划达成临时妥协，或者更准确地说，让俄国人明白他正在努力提供物资。俄国人低声讨论了一下，然后有一个人开口：“罐头食品和火药是必需的，必须马上就发货。”

林特伦承诺在当天晚上之前给他们一个确定的答复。俄国人一离开，他们就开始工作。他们给各家工厂的经纪人打电话，发现很快就可以搞到所需要的全部罐头食品和火药，这着实是让维瑟和林特伦有点吃惊。另外一个奇迹是，这些物资第二天就能运到码头。俄国人听到这个消息狂喜不已，他们立即租了一艘蒸汽船，一旦这些物资运到之后可以立即起航。当然，对于林特伦来说，不可能允许这些军需物资顺利运到敌人的手里。当晚，他就来到“弗里德里希·格罗斯号”轮船上，将水手们召集起来，要求他们立即生产出不少于30个的“雪茄”炸弹，然后随着俄国人采购的物资一起放到船上，要把这些炸弹和木屑混在一起，这样效果会更好。

满载货物的蒸汽船第二天离开了纽约港，林特伦自己在算，估计要在非常紧张的状态下等待四天，才会有进一步的消息。如果炸弹没有爆炸，或者说船员在起火后把大火扑灭，这些货物顺利运往欧洲，林特伦不会原谅自己。因为是用他自己亲手采购的子弹来帮助俄国军队在战场上对付德国军队。他还担心自己是不是有点太自以为是，因为整个计划的成功取决于很多自己无法控制的因素。到了第五天，他在《船运新闻》上读到一条消息，运载俄国货物的蒸汽船在公海起火。当时火势非常大，所有的船员都被迫逃到救生艇上，然后被一艘经过的美国商船搭救，从美国商船的甲板上，他们眼睁睁地看着自己的蒸汽船沉入海底。

那两位俄国人很快就来到了林特伦的办公室，脸色苍白。林特伦这个时候装着很悲伤很同情的样子，称自己也很痛苦，这就是一起意外的悲剧。但不要害怕，作为伯爵的朋友，吉本斯公司将继续效劳，不会被悲剧事件吓倒。公司将会再采购一船的物资，或者两船的物资，包括炸药和罐头食品，运往欧洲。不过，在商言商，林特伦需要俄国人再支付一笔钱和额外的奖励。而且林特伦向俄国人保证，这次会动用私人侦探，以确保不会有破坏者混进船舱里。然而事实是，这两艘船又起火爆炸，沉入海底。俄国人感到非常失望，但他们并没有怀疑搞破坏的正是他们的合作伙伴，因为事故的原因很神秘，而且也不止俄国船发生火灾事故。俄国大使馆事后还与吉本斯公司追加了几份合同，使合同总数达到了 21 份，但没有一份合同成功得到履行。

事故一再发生，俄国人不由得开始怀疑吉本斯公司，这时林特伦的反应却变得非常冷静，因为他已经准备好拍屁股走人，不然的话，再这么弄下去肯定会露馅儿。还没等到俄国人采取法律行动，林特伦撤销了吉本斯公司，新设了一家名为“墨西哥西北铁路”的公司。吉本斯公司的主要任务已经完成，林特伦在《纽约时报》上读到的一篇文章为这家公司使命的完成做了注脚，这也让他很开心。报道称，俄国的米柳科夫亲王曾经向俄国杜马报告说，从美国运来的各种物资出现了严重的拖延问题，而且越来越严重，因此，俄国有必要推迟发动新的战争攻势。

第 34 章

尽管有些船发生爆炸，但运输的商船还是非常多。摩根银行提供了巨大的资金，协约国不断从美国采购各种物资，这些船不停地离开纽约前往欧洲。林特伦开始意识到，要对所有这些商船展开破坏行动是不可能的，因此需要制订新的战略。

他从《纽约时报》的一篇头版文章中得到了灵感。码头工人开始罢工，不过由于工会并不是很支持罢工行动，因此港口的官员预计罢工不会持续太长时间。在阅读这篇报道的时候，林特伦心里在想，报纸上的报道之所以说罢工活动不会长，原因是示威工人无法获得罢工报酬以弥补他们在罢工期间得不到的工资。他还知道美国劳工联合会主席萨缪尔·贡波斯希望英国能够在战争中获胜，他不可能支持那些损害协约国利益的罢工行动。这在林特伦看来是美国并没有保持中立的又一证据。想到这些，林特伦越来越愤怒。

愤怒就是行动的动力,他想出了一个充满想象力的行动计划:组织自己的工会。想得越多，他就越觉得这个想法可行：一个合法登记的工会有权进行合法的罢工，法律不能干预。而且，如果我们能为罢工工人提供一定的利益，那么就很可能得到一些意想不到的东西，而我显然有钱做这件事。有了想法之后，他开始付诸行动。在华尔街工作的德国公民弗雷德里克·斯托尔福斯之前曾经给林特伦介绍过一个人，当时是为了执行另一项任务，只是最后没有完成。这个人就是金融家戴维·拉马尔，号称“华尔街之狼”，如今对于这项新任务，他又有了用武之地。

市面上很多有关拉马尔的说法其实都不太准确，包括他的财富以及南方口音等各种说法。他曾经因为从事虚假股票交易而被整得很惨，后来又因为冒充国会议员而被判刑。他还在房地产领域造过假，比如向别人承诺在一块土地上造摩天大楼，而这块土地实际上跟他一点关系也没有，为逃避受害者追讨债务以及法律制裁，他甚至雇佣黑帮在大白天殴打证人，使其无法作证。林特伦知道拉马尔会编造故事，也知道他善于搞各种阴谋花招，因此觉得他是非常合适的合作人选。

其实除了这些经历，最让林特伦感到满意的是拉马尔曾经为摩根银行工作过，并且成功地从摩根银行骗取了100万美元。后来有一次拉马尔和摩根先生在街上碰面，两人打了起来，摩根上来就给了拉马尔一巴掌，然后愤然离开。在林特伦看来，任何可以与摩根斗的人都是他的朋友，因为摩根对英国太友好，对德国而言就是邪恶的化身。被摩根这个大亨打耳光，对拉马尔而言就是荣誉，就如同被授予十字勋章一样。林特伦打定主意，拉马尔就是组建工会的不二人选。

新工会被起名为全国劳工和平委员会，除了拉马尔之外，这个工会吸引了很多大学教授、国会议员以及神学家入会，其中甚至还包括一位司法部前任部长。所有这些人都一致反对美国对外出口军火，他们租了一个大礼堂，举行集会，花钱请人发表演讲，而且还向威尔逊总统送去请愿书。但他们当中没有人知道，他们真正服务的对象是一名德国间谍。

与此同时，拉马尔也积极发挥自己的影响力，招募更多的码头工人入会。为了确保更多工人入会，林特伦这个时候也变得非常慷慨，就如同摩根支持英国一样，他给了拉马尔40万美元资金。但“华尔街之狼”很快就露出本性，耍出了当年从摩根银行骗钱一样的花招，把林特伦给的那40万美元花在了为自己购买房产上。拉马尔向林特伦保证自己正在积极招募码头工人，至少已经有数百名工人加入自己组建的工会。当一场准备已久的集会活动快要举行时，林特伦还充满信心在大礼堂里等待工人的到来。然而时间已到，没有一人露面。林特伦发现，拉马尔和他给的钱都消失了。但这要怪谁呢？他自己也是个大骗子！

没办法，林特伦又雇了一个人：弗兰克·布坎南，此人曾经担任美国建筑工人国际联合会主席，后来从芝加哥一个选区被选为国会议员。布坎南比较善于演讲，声音虽然有些嘶哑但很有力，不过他很喜欢喝酒。林特伦想通过他来影响美国国会的立法，最好通过一项对欧洲禁运武器的法案。而在码头方面，他派了克莱斯特上校和维瑟亲自去，向工人表示一旦加入新工会参加罢工就能得到一笔补偿，很多工人听到这样的消息排队加入工会。一些人是出于信念，他们不愿意为协约国的船只装载军火；另一些人完全是出于务实考虑，他们就是想不上班也能拿钱。

林特伦看到时机逐渐成熟之后，决定组织一次罢工，这次参加的工人足有1500人。罢工的成功，增强了新工会的影响力。而林特伦也借此想在美国其他地方复制这种模式，他派了很多工会领导人到其他港口城市，给他们高报酬，租用大礼堂举办活动，印刷传单，招募码头工人，举行了一系列的罢工活动，拒绝给协约国的船只装载弹药。全国劳工和平委员会很快发展成为一支非常强大的力量。

但是这些罢工活动损害了美国国内军火制造商的利益，他们开始奋力反击，给传统的老工会投入数百万美元，要求美国劳工联合会主席贡波斯到全国各地去劝说工人复工，他们还发动宣传攻势，发动媒体记者写报道，称新工会背后有神秘的力量在操纵。《纽约时报》就发表了一篇名为《新工会背后的拉马尔之手》的头条文章。国会也有几名参议员联合发起一项调查，要求查一查那些影响国内立法的非法游说行为到底是什么背景，其中包括向欧洲运送武器的相关立法。

在军火商的反击之下，新工会的影响力明显下降，很多工人重新回归老工会。对此，林特伦似乎还有些超脱：“双方之间的战斗还会持续，失去的地盘还会重新获得。谁会取得最终的成功，靠的是钱和精力。”

第 35 章

工会这一茬虽然高潮已过，林特伦心情还是不错的，就像他自己说的那样：“我手上有很多秘密交易。”他甚至还想阴谋策划墨西哥向美国开战，根据他的逻辑推理，“如果墨西哥进攻美国，那么美国恐怕就再也无法向欧洲出口军火了，因为美国自己需要的军火国内都生产不过来”。

这个想法在林特伦的脑子里想过一段时间，一直没有付诸行动。但有一天他在报纸上看到墨西哥的胡埃塔将军正好在纽约，而此人正是不久前在墨西哥被废黜的领导人，林特伦觉得实施这项计划的时机已到。胡埃塔被废黜之后逃到西班牙巴塞罗那，试图策划在墨西哥国内发动军事政变,成功之后再返回墨西哥掌权。而这次在纽约，正好是从巴塞罗那返回时路过。林特伦决心帮助胡埃塔将军实现自己重掌权力的梦想，同时也实现他的野心。现在，他需要做的是找个办法来接近胡埃塔将军。想来想去没有其他招，唯一的办法就是在路上直接拦下将军。当时，胡埃塔在一群墨西哥人的簇拥下正从一辆黑色的轿车下来前往曼哈顿酒店，而林特伦就在酒店的大堂里等将军。看到他之后，林特伦从椅子上跳起来直接来到将军跟前，这时胡埃塔有点紧张，而他的手下立即围过来，不过林特伦并没有被吓倒，他直视胡埃塔的眼睛，带着自己军人的那一份威严，大声说自己是一名德国军官："我将竭尽所能帮助您获得本该属于您的一切。"

当天下午，两人在胡埃塔的套房举行了会晤，就合作的事情进行了深入谈判，最后达成协议。这份协议就是一份双赢的协议，让对方都感觉到自己赢得了巨大的胜利。协议规定，德国潜艇将会沿着墨西哥海岸秘密向墨西哥运送武器，德国提供足够多的武器以武装一支墨西哥叛军，而胡埃塔一旦在墨西哥掌权，就立即向美国开战，德国方面将提供全力支持。会谈结束之后，林特伦立即往柏林发了一份电报。

螳螂捕蝉黄雀在后。就在林特伦会谈的隔壁房间，英国谍报人员已经窃听到他们的全部谈话内容，然后迅速向伦敦发回电报。他们的目标本来是针对胡埃塔，但没想到意外发现了一名德国间谍，这多少让他们感到意外和兴奋。

其实，就在胡埃塔住进曼哈顿酒店之前，英国军情处驻纽约的负责人盖伊·葛恩特就已经派一个小分队在胡埃塔准备入住的套房里安装了监听设备。他们对房间进行勘察后发现举行正式会议的地方最有可能是在起居室里的大圆桌旁。为此，他们把桌子搬得离窗户更近一些，然后在落地窗帘上安装了微型窃听器，连接到隔壁房间。在隔壁房间，英国特工可以通过耳机清楚地听到胡埃塔房间里谈话的全部内容。

在接下来的几周时间里，胡埃塔继续在美国活动，而林特伦则在等待柏林的回复，边等边做别的事情。但林特伦本人不知情的是，他的行动已经被英国间谍盯上。而且，葛恩特还向塔尼透了点风，虽然并没有泄露林特伦活动的细节，他建议纽约警察部门应该关注一下林特伦。只是，尽管英国方面提供了一些信息，但塔尼觉得还是需要更强有力的证据才能逮捕林特伦。在美国，当时还没有特别针对间谍活动的法律，与之最接近的法律应该是1911 年颁布的《国防秘密法案》，该法案明确规定将国防信息提供给无权知道这些信息的人是一种犯罪行为，一些州所通过的机密法案用词更加模糊。联邦法案更多关注的是叛国罪，以及非法进入军事设施和盗取政府财产等。直到 1917 年美国正式宣战之后，国会才通过 1917 年版本的《间谍法案》。这个法案明确规定从事间谍活动，或者说干预美国军事行动的行为，都属于犯罪。但在德国展开秘密战争，并在纽约建立间谍网络之时，塔尼要逮捕间谍的权力还是受到了严格的限制。他必须抓间谍正在搞破坏的现形，或者至少找到确凿的证据可以证明他们正在积极策划搞破坏。

柏林的回复终于来了。不仅如此，德国外交部用行动表达了对林特伦计划的支持，他们已经安排在圣路易斯购买 800 万发子弹，正等着运给胡埃塔的人。除此之外，还有 300 万发的订单。德国方面还向胡埃塔提供 80 万美元的首笔资金，就存在德意志银行哈瓦那分行他的户头上，95000 美元的资金则直接存在了他在墨西哥银行的账户里。德国外交部还要求帕蓬前往美国和墨西哥边境地区，因为他曾经在墨西哥生活过一段时间，他的任务就是帮助起草墨西哥针对美国的军事行动计划，主要攻击的目标是得克萨斯州的圣安东尼奥、埃尔帕索和布朗斯维尔。

胡埃塔得到这些报告之后很兴奋，立即缩短在旧金山的行程，直接乘火车南下准备回国。他计划先在美国新墨西哥的纽曼地区下车，这里离边境只有 20 英里。帕斯库尔 · 奥罗兹克将军带着人马等在那里和他会合，然后一起重返墨西哥，夺回政权。然而就在胡埃塔下车的时候，一位美国军官带着 25 位士兵将他逮捕，指控他煽动暴乱。胡埃塔先是被关在埃尔帕索，后来被保释，不过不能离开美国，除非指控被撤销。在美国期间，他曾经受邀到布里斯堡参加晚宴，胡埃塔觉得这可能是美国方面释放出了和解的信号，于是欣然前往。但就在一天之后，他生病了。官方的诊断是他得了黄疸病，但社会上的传言都说他被投毒。无论病因是什么，这个病是致命的，胡埃塔将军很快就死在了美国的土地上。透过医院病房的窗户，他能够看到自己的国家，甚至是即将到手的权力，但事实是他永远也回不去了。

林特伦在纽约得到了这个消息。那是在夜里，他刚刚参加完一个饭局。当他穿着晚宴的正装在街上等待出租车时，有一个人急匆匆地从他身后走过。这个人给他捎了一句话：“你已经被盯上了。别再等胡埃塔了，他已经被毒死了。”

林特伦一惊，唤起了他所有的警觉，脸上毫无表情，将注意力完全集中在出租车上，坐上去之后，他的眼睛往外看，突然看到一个身材很高、很干练的人，是博尼法斯，两人曾经在很多行动中共事过。坐在出租车的后排，林特伦尽力让自己冷静下来，他告诉自己博尼法斯的出现可能只是个错误。但当他看汽车的后视镜时，发现有一辆黑色的轿车正跟在后面，这辆车一直跟着他直到游艇俱乐部的居所。

第二天，他的恐惧再次得到了确认。林特伦知道，博尼法斯就是科尼格派来的，有好几个情报源都提醒他胡埃塔事件已经让林特伦的身份暴露了，因此科尼格才派博尼法斯来捎口信。林特伦意识到，必须进一步提高警惕。

第 36 章

对于林特伦来说，游戏已经玩大了，要想稳健已经变得很困难。他有时候会想，这些计划怎么就不知不觉进入了自己的脑海，这可能已经成为一种思维惯性。有一次到新泽西一处旧码头例行寻找袭击目标时，一个意外发现启发了他。

当时的那一趟新泽西之行是与博尼法斯和维瑟一起去的，他们一路上都在查看街道，还跨过铁路线，在一些废弃的地方闲逛，最后终于找到一个摩托艇可以停靠的码头。很快，林特伦就把眼光锁定在附近的一块土地上，第一眼看过去，林特伦觉得这就是一个很有价值的攻击目标。

这块地有些狭长，形状比较怪异，像是一个巨型海上怪物的头部和颈部从码头往外伸去，足足有一英里长。或许是因为形状奇怪，这块地方被取名为“黑汤姆”。这些天，“黑汤姆”这里的确是有些繁忙，其实这里就是美国最大的一个军火储存库和转运站，货运列车将各种炸弹军火从全国的军工厂拉到这里，经过码头再往外运输。而军火在转运之前就暂时存放在“黑汤姆”这块地上。无论白天还是黑夜，总能看到码头工人将军火从火车上卸下来，也有很多工人负责装船的工作，一片忙碌。

一想到这些军火最后都会被运到欧洲，林特伦心中出现了一幅清晰而强烈的图像：一个巨大而猛烈的爆炸，一缕浓烟直达天际，“黑汤姆”被摧毁了。他想，要实现这一点并不是很难，尽管有一点冒险。林特伦的心中已经构建起一项粗略的计划：可以用快艇在晚上来发动袭击。不过，要真正炸掉这个军火转运站，还需要制订一个非常详细的行动计划。首先要招募一批能够执行计划的一线特工，然后还要进行一些训练。但不管怎样，从第一眼看到这个转运站开始，林特伦就下定决心必须发动袭击将它摧毁。

让林特伦感到自信的还有一点，那就是他之前搞的一些破坏行动都在一定程度上取得了成功，比如在商船上装炸弹，现在看来一直都挺有效，不少商船开到公海之后都莫名其妙地发生火灾，谜团还始终解不开。“我们仍在不停地安放炸弹。”林特伦像一个士兵一样自我夸耀。这种袭击活动一开始并不是很专业，由一批无所事事的德国水手和爱尔兰码头工人将“雪茄”炸弹带上船，但随着时间的流逝，袭击活动变得越来越大，也越来越有组织性，成为一场全国性的破坏袭击活动。随着袭击活动范围的扩大，林特伦专门为此组建了一个行动委员会，林特伦本人亲自领导。他们每周六下午开会讨论，开会的地点位于纽约第 27 大街上的一处房子，房子没有窗户，大家一起坐在一个圆桌边，边喝啤酒边选择攻击目标，然后制订攻击计划。行动委员会是一个很小，却很专注的团队。成员包括席勒博士，艾诺·博德——汉堡美国船运公司的一位富裕的主管，此人虽然年纪已经不轻，但非常珍惜扮演秘密特工的机会。还有奥托·沃尔伯特，阿特拉斯船运公司在码头上的一位主管，他在码头上有多年的工作经验，这让他有机会认识很多有价值的人。一线的首席指挥官是恩里希·冯·斯泰因梅茨，这是一位训练有素的德国军情处特工。

斯泰因梅茨对林特伦来说完全是个神秘的陌生人，他们之前在别人的安排之下见过面，地点就是在玛莎的妓院里。不过，斯泰因梅茨并没有透露太多自己的经历，他只是告诉林特伦，尼古莱几个月以前就派他到美国来执行一项非常重要的任务，至于任务是什么，他不能告诉林特伦，因为这是绝密信息。但这项行动已经失败，而他本人没事，因此他接到新的指令是来协助林特伦，执行曼哈顿前线任务。

在行动委员会的具体策划下，对美国的袭击工作已经扩展到全国。林特伦还去了一次巴尔的摩，在德国驻当地一位领事的儿子保罗·希尔肯的帮助下，他招募了一批一线特工。斯泰因梅茨去了新奥尔良，另外一组人马则前往旧金山。效果很快就显现出来了，在《船运新闻》上经常能看到货船驶出港口之后神秘着火的消息。

而且就在这些新招募的人当中，林特伦还有意外收获，他找到了一项新发明，其威力足以和“雪茄”炸弹相媲美。这个设备其实就是一个装有 TNT 的容器，需要把它粘在船舵上，其工作原理简单来说就是船舵每转动一下，容器上的金属针就会拧紧一次，点火装置也就会离火点更近一步，这样直到TNT爆炸。林特伦希望进行一次试验，发明这个装置的年轻人在晚上带他一起乘摩托艇出去，找几艘运送弹药的大船进行试验，这位年轻人跳入水中大约用了一分钟的时间就把爆炸装置安装到了船舵上，然后再换一艘船，短时间内又安装了另一个装置。几天之后，《船运新闻》上就刊登了两艘船遭神秘袭击的消息，船舵完全被炸毁。因为爆炸很严重，一艘船在海上就被废弃，另一艘船只好拖回港口。林特伦欣喜若狂："'雪茄'炸弹完成不了的任务，完全可以由这个新炸弹来完成。"

这个年轻的发明人叫罗伯特·费依。

所有这一切都进展得非常顺利。但凭着自己对外界的敏感，林特伦觉得危险也离自己越来越近，因为他已经有足够的证据证明自己被纽约警方盯上了。其实，之前科尼格给他的一份报告已经敲响警钟。任何对科尼格情报的怀疑都被他自己的观察证明是正确的：在纽约现在有很多人公开跟踪他，他梦中出现的塔尼随时可能破门而入很可能变成现实。但同时他也意识到，自己没有办法去采取预防措施。除非他现在就逃离美国，返回德国，否则他只能往前进。既然噩梦已经变为现实，他的勇气就面临着真正的挑战。这反倒是一种解脱，因为害怕多了会麻木，会最终冷静下来。他终于到了这样一个阶段，他也深信自己能够最终获得胜利。因此，即便纽约警察知道自己的名字又怎样？他的间谍手法非常娴熟，他很确定纽约警方手中根本没有掌握非常直接而明确的证据，因为他没有留下任何有迹可循的线索。林特伦为自己打气："他们最多只会发现林特伦住在纽约游艇俱乐部，经常穿晚礼服参加社交活动。"他相信自己比任何一个纽约警察都聪明，都有水准，因此塔尼永远都不可能抓到自己。

第 37 章

在经过一段非常奇妙的旅行之后，弗兰克 · 霍尔特终于到了康奈尔大学。霍尔特自己心里想着，这一切就像自己六年前在墨西哥计划的那样，进展得非常顺利。莱安娜也很开心，这个她在得州一个小学院（这样的小学院本来只会出一些农民）碰到的男人已经到了常春藤名校。更开心的是，她自己也在写博士论文《论莎士比亚作品对德国和法国文学的影响》。

只是，让莱安娜感觉有点不爽的是，丈夫工作太卖力，经常通宵，有时甚至一整天都不跟她说一句话，这种情况还不少见。不过，莱安娜将所有这一切归因于丈夫的勤奋和对研究领域的专注，难道对这样的努力也要心存疑虑？

其他学院的教师也开始对霍尔特的勤奋表达赞赏，比如英语系的克拉克 · 诺斯鲁普就成了霍尔特的好朋友，他对霍尔特的学识印象深刻，称霍尔特很聪明，有作为一名优秀教师的能力。

虚构的这一切已经变成了现实。在霍尔特的脑海里，似乎他以前从来就没有和另外一个莱安娜有过一段复杂的人生。然而在1914年的4月，德语系办公室里贴上了一个通知，要求全系教职人员都去参加一个年度报告活动，以提升对德国文化的研究能力。这一报告的主讲嘉宾是来自哈佛大学的库诺·弗兰克教授。在八年前，正是这个教授担任蒙特的硕士论文指导教师。

霍尔特觉得不能去参加这个演讲会，因此必须离开校园躲几天。他告诉莱安娜，他突然有公务要去一趟纽约，当天下午就出发。这在莱安娜看来似乎有点奇怪，不过由于丈夫一直就有点不可预测，莱安娜还自我安慰："难道所有的思想家不都是这样吗？"

演讲结束两天之后，霍尔特回到了康奈尔校园。他成功地避开了一个危害性极大，甚至可能致命的相遇，及时的逃避正好是他机灵的一个明证。难道他不是每一步都走在了别人的前面吗？验尸官，警察，前任岳父母，无不如此。他比任何一个人都要聪明。然而智者千虑必有一失。就在一个不期而遇的时刻，他的运气似乎也耗尽了。那是在1914年的秋天，这个时候的康奈尔校园已是五彩缤纷，霍尔特正要去图书馆，在路上他看到了内森·古尔德，一个之前在哈佛的同事。古尔德正朝他走来。这个时候要逃避已经来不及，因为古尔德已经直接盯着他的眼睛，一副很吃惊的表情，明显是认出了他。两人就这样面对面站着，霍尔特没有说话，也不知道该说点什么。但他感觉到自己精心编织的新生活开始出现裂缝，并迅速蔓延开来。古尔德也一直盯着他，脑子里充满了各种想法，据他后来称："我当时还不知道这个人有罪，也从来没有真正相信蒙特犯了罪。我所知道的蒙特是一个好人，他在康奈尔过得很正常，工作也干得不错。”

过了一会儿之后，古尔德走开了，没有说一句话。霍尔特也如释重负。他觉得事实再次证明他是不可战胜的，他又胜利了。这是再一次的确认，意识到这一点让他很兴奋。而进行下一次重要秘密行动的时间也越来越近了。

ARK
VASION

PART IV
SPINNING THE THREADS
第四部分：天罗地网

第38章

塔尼其实打心眼儿里不太喜欢盖伊 · 葛恩特，这个人有点油腔滑调，华而不实，同时也很烦人。实际上，这个英国特工保守了很多秘密，并没有告诉塔尼。塔尼作为一个专业的警察，也尊重葛恩特的做法，尽管他无法获得葛恩特所掌握的全部资源和信息。几个礼拜之前，葛恩特就告诉了塔尼一些有关林特伦的事情，尽管说得不是很详细，这是葛恩特做事的惯用手法，不过塔尼还是听进去了。

塔尼现在的调查分两条线路同时进行，一条是罗伯特·费依，另一条就是林特伦。他还不清楚这两个人的活动是否有交集，也不清楚他们中谁对破掉轮船爆炸案更有价值。塔尼心里很清楚，在侦察工作中总会有一些羊肠小道，也会有主干道，现在没有办法可以确认哪一条路会通向终点，只有到了最后才会揭开谜底。塔尼下定决心，继续推进。

一直到现在，回忆起和葛恩特的那次会面——那时他第一次听说林特伦的名字——塔尼还厌烦得不得了。那是在葛恩特的强烈要求下，塔尼在下午 4 点左右来到英国军情处设在纽约的工作站，而这时的葛恩特却穿着一身晚礼服，难道他已经准备好当晚去参加一个活动？或者，他是昨晚参加了活动，活动时间很长，因此到现在都还没来得及换衣服？葛恩特并没有解释，而塔尼基本上从来都没有参加过那种打领结穿燕尾服的正式活动，因此也不准备询问。接下来两人的谈话都很谨慎，像是戴着面具在跳舞，而远不是什么情报交流会。

葛恩特开门见山，他说一个叫林特伦的人就是德国间谍。塔尼尴尬地承认，他根本不知道这个人。葛恩特则提供了一点细节：林特伦以前曾经担任过海军军官，也在银行干过，现在住在纽约游艇俱乐部。塔尼仔细听着，在听到细节之后，他要求葛恩特解释一下他是如何得出这样一个结论的，一个上流社会的银行家怎么就是个间谍。对于这一点，葛恩特拒绝解释。林特伦和墨西哥的胡埃塔将军会面的记录就在他办公桌对面的保险柜里，但他接到的指示是不能透露一丁点这方面的消息，更别说和塔尼分享整个记录了。塔尼想用别的法子来试探，他询问是不是有证据证明林特伦卷入过一些犯罪活动。葛恩特再次拒绝回答这些问题。塔尼坚持让葛恩特至少应该提供一些林特伦同伙的名字。葛恩特的回答是他根本不知道林特伦同伙的任何消息。最后，出于一种真诚的意愿，葛恩特称正是因为这些原因，所以才希望获得塔尼的帮助。

原来他是希望得到帮助，而不是给塔尼提供帮助。这就是英国佬所谈的合作，塔尼心想，身体中的爱尔兰基因让他更加愤怒。但就在回到位于中心街的办公室后，他很快就派了一个团队去盯林特伦。调查轮船爆炸案仍然是他的优先选择，他们并没有全天候紧盯林特伦，而是在适当的时候随机盯一下，因为还有其他更紧迫的线索需要去跟踪。不管怎么说，探员们得到的指令是很清楚的，无论林特伦走到哪里，和谁说话，在跟踪的时候一定要弄清楚。就这样盯一天，歇两三天甚至是四天，几个星期之后，根本就没有什么收获。更让人沮丧的是，这么长时间盯下来，得出的结论可能会证明两个相互矛盾的假设：林特伦要么是纽约上层社会社交圈子的高手，要么就是德国军情处的间谍，但生活极有规律，掩盖得天衣无缝。

根据时间的不同和情绪的变化，塔尼的想法也在摇摆，但他暂时还不想撤回自己的人。让人感到奇怪的是，林特伦似乎对跟踪人员表现得很冷漠，没有表现出要尽力摆脱跟踪人员的样子，这让塔尼费解。他参加舞会也是一样，或许这本身就是一种很好的掩盖。为了亲自感觉一下“猎物”的气味，塔尼自己找了一个下午将车停在游艇俱乐部的门口。在他的眼中，林特伦走路的步伐分明就是一个普鲁士军官在参加阅兵式，警察的职业直觉告诉他，林特伦绝非是他表面上看起来的那个人，不过要下结论恐怕需要证据，而他现在能做的就是继续观察，继续等待。

第39章

罗伯特·费依仍然失踪，这个神秘的家伙带着25磅TNT炸药突然在新泽西的森林中消失。塔尼接报后愤怒至极，不停敲桌子，命令所有的下属全部到森林里去搜。他们被分成两队，一队人马在巴尼茨的带领下，前往维霍肯第5大街，这里是费依和索尔茨租房居住的地方；另一队人马则前往凯恩茨勒钟表公司，也就是休伯特·凯恩茨勒博士的办公室，正是这个年迈的德国钟表匠为费依订购TNT炸药。这队人马一直盯着公司的前门，观察可疑人员。

塔尼则留在自己的办公室里等待，他有点不耐烦，而案情的突破在他看来取决于是否能找到费依。如果费依成功甩掉跟踪队伍，并且从森林中逃走，没有理由相信这不可能，那么塔尼也许永远都不会知道这个德国人需要这些炸药是用来做什么的，或者说他到底是为谁工作。当然还有一种情况是费依只是一个长链条中的一环，他或许已经将TNT炸药传递给了别人，下一条消息可能就是一艘船在海上着火了，或者一家兵工厂又发生了爆炸。

塔尼尽力想说服自己无论如何都会找到办法。费依可能是从一条小道进入这片林子，然后换一条道再出来，难道这种说法没有道理吗？只是可能性不是很大而已，他自己也不得不承认。随着时间一分钟一分钟流逝，塔尼盯着电话机，觉得找到费依的机会越来越渺茫。电话铃最终还是响了，是巴尼茨打来的，他带来的消息无疑又是一个打击。一辆四轮马车刚刚来到费依租住的地方，拉走了一个大箱子，几名探员赶紧追，当司机停下来再装另外一件物品的时候，其中有一位警官跳到了马车的后面。“箱子上面有一张名片，上面写着瓦尔特·索尔茨。”巴尼茨报告说。

塔尼本来已经非常低落的情绪这一下子跌到了谷底。索尔茨是费依的同屋室友，他们还两次看到索尔茨和费依一起走进森林。如果索尔茨现在就打包行李准备走，那么情况很可能就是即便还没溜之大吉，费依也准备好要撤了。塔尼问巴尼茨，这个大箱子要运到哪里去。巴尼茨的回答是维霍肯的一个储存仓库。塔尼必须做决定了，警方可以扣下这个箱子，因为从箱子里可能会找到费依去向的线索。那 25 磅 TNT 炸药可能就在箱子里。这也是另外一个要扣留箱子的理由。塔尼还在犹豫，如果不扣留，仓库有可能会被炸平。

塔尼决定让探员们留在仓库外盯着，以防索尔茨拿起箱子逃跑。他同时还要求继续对费依租住的房子进行监视。这一天很阴冷，天气很糟糕，探员们感到有些乏味。而在纽约，还有一队人马也在行动。钟表匠凯恩茨勒在中午之前离开了办公室，他悠闲地漫步穿过下曼哈顿街区，走进了一栋大楼，然后又出来，两名探员一直在后面跟踪他。但他做的全是正事：修钟表，去其中一栋楼是因为里面有客户的一个钟走快了，另一个走慢了。钟表匠去帮他们调了一下。塔尼接到这个报告之后，也感慨要是自己能够将时间调一下就好了。但现实却是，他只能听着时间滴答滴答地流逝。他在想：多久又会发生一起轮船爆炸呢？

已经过了下午 5 点，跟踪凯恩茨勒的探员已经很疲惫了，这时他来到了下百老汇地区的公平大厦大堂，探员们看着他朝电梯的方向走去，毫无疑问他很可能要去另外一个房间修钟表。探员们没有紧盯，而是在下面等着，研究整个大楼的通道指南。一趟电梯来了，钟表匠没有上去，再来一趟的时候突然出现了让探员们非常吃惊的一幕，费依和索尔茨同时现身，笑容满面，来和钟表匠打招呼。他们之间有过一段很简短的对话，只是距离的原因，探员们没有听见。过了一会儿，费依来到大堂的另一边，找到一个电话亭准备打电话，而就当他关上电话亭的门时，一名探员立即钻进隔壁的电话亭，两个电话亭相距非常近，因此探员能听到费依电话里说的每一句话。原来，费依是给维霍肯车库的人打电话，问他包裹是不是已经送了出去。费依还问了一句："还没送出去，是吗？"

打完电话之后，费依和他的两个朋友一起来到富尔顿大街的一家餐厅吃晚饭。探员们也在餐厅里找了一个位子，他们很嫉妒地看着费依他们吃着牛排，大快朵颐。而他们自己却不能吃，因为他们知道塔尼不会替这顿大餐买单。他们只能喝点啤酒，盯着费依他们不放。

晚餐结束之后，钟表匠一个人走了，费依和索尔茨则去找乐子，他们来到位于46和47大街之间莱克星顿大道上的中央皇宫大酒店，这是一座城堡式的建筑。酒店的舞池非常大，乐队正在演奏，英俊潇洒的费依很快就找到了一位金发女郎做舞伴，这位金发女郎又挥手招来了一位朋友做索尔茨的舞伴。探员们没心思跳舞，他们就在酒吧间边喝啤酒边盯着舞池，费依跳完舞之后请女郎们喝饮料。一名探员突然想到，如果跳完之后，两人一人带一个女人走了该怎么办？于是，他赶紧给塔尼打电话。塔尼听到消息之后，朝电话大喊："不管发生什么事情，你必须跟着他。"塔尼还明白告诉他们，如果这次再跟丢了，拿命来见。午夜过后不久，费依和索尔茨根本没有带女人就回到了维霍肯的住处。巴尼茨的车就停在外面，当他看到两个德国人从前面进去的时候，嘴上轻声说了一句："谢天谢地。"一切都回归正轨，费依并没有失踪。"我真的想吻他们一下。"巴尼茨对塔尼说。塔尼当时的感觉估计也是一样的。

"用棍子戳熊一下。"探员们经常会用这句话，意思是要采取主动，采取刺激措施，这样可以将一个停滞不前的案子向前推进。如果奏效的话，嫌疑人一受刺激就可能会有所行动，这样也正好将他们逮个正着。同时这也是一种策略，不过风险当然也是存在的，因为熊可能会感到惊恐，然后逃掉。或者还有一种可能，那就是一旦被挑衅，熊就老实了，这样反而找不到问题。如果这根棍子就是那25磅TNT炸药，塔尼有足够的理由可以考虑一下这个战略，引蛇出洞。只是，费依的突然消失让塔尼有点不安，而发现索尔茨正在打包只会让事情变得更糟糕，他确信这两人已准备好离开这里。他不愿去赌费依何时离开，因此最好积极推进这件事，让他们逃不出自己的手掌心。

塔尼想到了军火出口商卡尔·维提格，他之前和法国大使馆武官的一段对话让整个调查获得了一条重要线索，或许这个人还能用得上。根据塔尼之前的吩咐，维提格购买了25磅炸药，最终被送到了费依租住的地方。现在，塔尼需要他再次扮演军火商的角色，向费依他们提供军火。

维提格随后给费依打电话，建议他们可以一起测试一下炸药的威力。他还向费依承诺，如果感到满意，他可以提供所需要的一切。“只要价格合适。”他还现场发挥了一句，这让费依更开心。第二天下午，维提格来到费依租住的地方时，塔尼的人已经在外面驻守观察，一举一动都向塔尼汇报，“他（维提格）进去了。”巴尼茨说。塔尼的指示是他只希望听到维提格离开时的情况，随后就挂了电话。塔尼尽力保持冷静，但也实在禁不住觉得让维提格参与到行动中来或许是个错误。这不该是业余人士做的工作，真是幼稚，他们可能因此看透他。“我应该派巴尼茨去的。”塔尼自嘲道。而这种想法刚产生，塔尼又很快意识到这有点蠢。“因为他们很容易就能辨认出巴尼茨是一名警察，而费依认识维提格，他也信任维提格，这更有效。”塔尼这样说服自己。现在维提格已经在屋子里了，里面可能会发生任何事情，塔尼只好一直等待。突然间，他的电话响了，费依和索尔茨从前门走了出来，维提格就在后面跟着。“真是一个幸福的大家庭啊。”巴尼茨语带嘲讽地向塔尼报告道。费依走向有轨电车车站，一辆车开过，他没有示意让车停下，又来了一辆车，他还是没有招呼车停下来。这时候巴尼茨开始有点警觉，怀疑要出什么事情。第三辆车来的时候，费依挥了挥手，车停了下来，他示意索尔茨和维提格先上车，而就在最后一刻，他也跳上车。巴尼茨骂了一句，他曾经向塔尼保证一定会有一名探员一直跟着维提格，怎么就没想到这一点？随后，他看到探员沃尔什，他本来就在房子的后面，负责盯后门，这时他就像百米赛跑的选手一样向前冲，很快就跑到了电车的下一站站点，车门打开，沃尔什跳上车，然后坐在维提格的后面。巴尼茨驾驶小轿车紧追电车，一直开到了城外，巴尼茨这时候意识到费依又是想重回他熟悉的森林。

巴尼茨的车减速，往后靠了靠，让另外三四辆车开到他的车和电车之间。看到费依他们三人走进树林。上一次正是在这里把费依弄丢了，不过这一次同样的事情再也不会发生了。巴尼茨命令所有探员跟进，一共有六名探员和来自维霍肯当地的两名警察，他们每一步都很小心，以树为遮掩，八个人已经形成合围，将三个人包围在中间，只是费依他们还没有意识到而已。

费依走进林子里的一间小木屋，然后出来，一手拿着包裹，另一只手拿着锤子，接着他从包裹里拿出一小块 TNT 炸药，掰下来一小部分，大概也就硬币那么大，然后将这一小块炸药放在石头上面。“看看将会发生什么。”他对索尔茨和维提格说，两人听后赶紧往后退。费依抡起锤子朝石头上的炸药猛砸。“砰！”声音回荡在森林里就像枪声一样，锤子的木柄也从费依手中脱落。看到这些之后，巴尼茨从树后走了出来，手里拿着枪，其他探员赶紧跟上来。“你们被捕了。”巴尼茨喊道。

“你们谁是头？”费依问道，他已经从最初的吃惊中恢复过来，反应速度快得让人有点吃惊。“我就是。”巴尼茨答道。“好吧，我可以告诉你我不会被抓起来。”费依有点出言不逊。

巴尼茨盯着他，脸像石头一样僵硬，毫无表情。他倒想看看这件事怎么收尾。“如果我被抓，很多大人物就会遭殃，你们肯定会卷入战争。我不可能被抓。”费依坚持，嗓门越来越大，非常愤怒。

过了一会儿，费依又接着说：“如果你能放我走，你要多少钱都可以。”口气还是有点傲慢，好像是要表明他说出这番话是莫大的善意。“你会给我多少钱？”巴尼茨问。费依见到对方接茬之后赶紧跟进。其实一直到现在，他们只是对费依有些怀疑，并没有实质性的证据，而且如果对方能请到很优秀的律师，那么对他非法持有炸药的指控恐怕也难以成立。

“你想要多少就是多少。”费依说。

“5万怎么样？”巴尼茨说。

“没问题，如果你要5万就5万。”费依说。“你带了这么多钱？”巴尼茨继续问。

“没有，我现在没带这么多，但我完全可以弄到，我先付给你100美元作为保证金，明天中午之前一定会全部付完。”费依说。

巴尼茨叫来两名探员，他需要证人。“好吧，你的钱呢？”巴尼茨问。费依从口袋里掏出一些钱，数了100美元给了巴尼茨。

巴尼茨拿到钱之后，在所有人面前数了数，然后把钱放进了口袋，拿起手铐将费依铐住。20分钟之后，费依被带到了维霍肯警察局，罪名是试图行贿。

这种不期而遇的想法出现在脑海的时候，费依发现自己根本就无法摆脱。而在战争之前，他就是一名工程师，而且还是一名非常优秀的工程师。他在说这话时，像是简单地说出一个事实。他一直都喜欢折腾东西，有时还真能折腾出一些新发明。而就在现在，他需要发明一种新机器，这样可以拯救自己的生命。他虽然还在战场上，但知道自己的未来在哪里，他能否活下去取决于他的这项新任务会取得怎样的进展，为此他开始积极投入工作。

费依的上司对他的这项工作印象深刻，于是叫来情报官，当他们了解到费依曾经在美国生活过，能说一口流利的英文，就向位于国王广场的情报总部发出电报，一周之后，费依就去了柏林。德国军情处的一些军官仔细研究了费依新发明的绘图，而另外一名军官则考察费依一些有关美国和纽约的基础知识，费依的回答都很让人满意。费依对塔尼说："这些人告诉我：'年轻人，去西边吧。'"于是，费依拿到了一本假护照，从挪威乘船出发前往美国。当费依在纽约上岸之后，他心情很不错，觉得自己摆脱了残酷命运的捉弄，他的生命再也不可能被协约国的炸弹剥夺。他离开前线，成了一名间谍。

费依来美国做的第一件事，就是将自己的表弟瓦尔特·索尔茨招进来。索尔茨本来是康涅狄格州的一个园丁，由于费依能够开出很高的价码，因此并没有费多大力气就说服了索尔茨加入其中，因为安放炸弹远比栽花要赚得多。至于钟表匠凯恩茨勒博士，其实在战争刚爆发的时候，他就给德国外交部写信，志愿为德国在美国开展的活动提供服务。在费依离开柏林之前，军情处就告知了凯恩茨勒博士的联系方式，还向他表示此人相当可靠。当费依和凯恩茨勒第一次会面时，他就告诉这位钟表匠自己需要炸药，钟表匠很快就帮忙联系购买。他首先去找自己的朋友马克斯·布雷通，然后通过不少同情德国的朋友，最终找到了维提格。“我还知道的另外一件事情，就是当我站在森林中的时候，一队探员突然出现，拿着手枪大喊我已经被逮捕。”费依似乎是在为他的故事做总结。

对于自己的发明，费依感到很自豪，他在塔尼面前提起时显得非常自信，觉得自己发明了一个非常独特而有效的武器。这种船舵炸弹的核心包括一个定时器，它可以将两颗步枪子弹射进一个装有 90 磅 TNT 炸药的盒子，然后引起爆炸。至于说如何将这种炸弹弄到目标地点，这其实不是什么问题。因为根本不需要将炸弹弄到货船上去，只需要将它装在水下的船舵上即可。这种炸弹最精巧的部分就在于它的引爆方法，费依说到这一点时难掩兴奋，炸弹的定时器上会有一条线连接到船舵，当船舵的操作员开船时，每转动一次船舵，就会拧紧一次定时器，越拧越紧，直到子弹射入装有 TNT 炸药的盒子。90 磅炸药足以将船舵完全摧毁，而且还会在船的下面炸开一个大洞，这个洞大到足以开进一辆汽车。费依还宣称，炸掉船的是舵手自己，说这话时他就像一个小学生一样充满自豪。

执行这个计划其实很简单，费依带着索尔茨一起，开着一艘摩托艇，在港口上游弋，以钓鱼为幌子。他发现，自己要靠近一艘大船，真的是一点障碍都没有。因此在一天夜里，他开着船一共在十艘开往英国和法国的大船上安装了船舵炸弹，一次安装只需要几分钟。“十艘船，十次爆炸，”费依说，“那么就有十船的炸药都不可能去杀害德国士兵了。”

塔尼听够了，他感觉费依讲的这些完全是一个精心准备的故事，在坦率的后面充满了人为的包装。他虽然并没有撒谎，但同时也没有披露出他此行来美国的使命的全部，特别是一些影响更大、后果更严重的秘密。塔尼感觉到他针对这些爆炸案的长时间调查很可能会取得突破，甚至是走向终结，他打断费依的讲话，自己主动去控制这一审讯。

“你炸的是什么船？”塔尼问。

“我没有炸船。”费依辩称自己的计划进入最后阶段时，就已经被逮捕。

塔尼觉得费依根本就没有说出真相，不过他一时还不想完全拆穿谎言。他们已经有了足够的证据，只需要多几次审讯，费依就不得不招供。而且，当地区检察官要起诉判刑的时候，估计费依也会屈服，他将会讲出自己所有的秘密，塔尼相信时间在他这一边。

“你对‘克雷格赛德’商船上的火灾负有责任吗？”塔尼继续问。

“没有。”费依回答。

“‘阿拉比克’商船上的炸弹是你造的吗？”

“不是。”

塔尼又提到四艘发生火灾的商船的名字，这些船都是在费依抵达纽约之后才出事的，但费依仍然坚持自己对这些一无所知。塔尼只好换换思路，他从口袋里掏出一个“雪茄”炸弹，把它交给费依。“你之前看到过这种炸弹吗？”他问。

“没有。”

“这炸弹是你造的吗？”

费依笑了笑：“不是。”看起来很享受这一刻。“这是个玩笑，”费依仔细观察了这个炸弹，“我现在发现了他们为什么派我来美国，他们想找个人来制造更牛的炸弹，这样可以造成更大的损失，这个东西有点原始，太粗糙。”费依边说边把“雪茄”还给了塔尼。

“你说得没错。”塔尼也表示赞同，同时也希望通过这一点点的小奉承能够套出费依的话，让他供出他被巴尼茨逮捕时所提到的“大人物”。当时在新泽西的森林中，当巴尼茨跳出来要抓费依的时候，费依曾经说过不能逮捕他，他当时声称如果自己被抓，就会有一些大人物遭殃。塔尼想知道，这些所谓的大人物到底是谁，是谁命令费依来美国执行这些任务的，他更想知道到底是谁负责德国在美国的间谍网络。

对这些问题，费依一个字都没说，他放言塔尼可以打他，可以做任何他想做的，但他绝不会开口，因为他在德国有家室，如果他供认出上司的名字，他全家都完了。塔尼听到这些气得不行，握紧了拳头。对于刑讯逼供，塔尼并没有任何顾虑，这本来就是战争，但他还是犹豫了，尽力控制自己的情绪，想法也随之改变。

塔尼相信，费依终究会说出这些人的名字。每个人都有自己的临界点，也很难保证费依不会为了逃避惩罚而编出一套谎话，实际上这种强迫式的逼供往往很难得到让人满意的结果，披露出来的并不是事实，而是另一套谎言。

想到这里，塔尼松开拳头，叫来卫兵，将费依带回关押地。这只是审讯的第一回合，还会有更多回合，塔尼深信自己一定能搞到那些大人物的名字。

但塔尼错了。到了第二天，联邦政府已经派人过来接管这个案子。而在华盛顿，罗伯特·蓝辛也取代了布莱恩担任国务卿，后者倾向于在欧战中保持中立。因此，华盛顿的气氛已经发生改变。美国司法部接到命令去接管一些间谍案件，试图通过这些案件的起诉审理能够说服整个国家，以及当时的总统威尔逊接受这样一个观点：与德国开战是不可避免的。

在这种背景下，塔尼再也没有机会来审讯费依了。傲慢的司法部根本就不愿意和纽约警方合作，拒绝了警方提出的所有要求。另外，虽然费依已经落网，但是各种轮船袭击爆炸事件仍在继续发生，就在费依被捕的第二天，一艘轮船在大西洋起火，一周之后又有四艘轮船起火。“在美国的历史上，还从来没有在一年之内发生过如此多的轮船火灾。”塔尼说。所有调查的起因本来就是轮船火灾案，如今抓住了费依但根本没有解决问题，这多少让塔尼有点绝望，看来只有再找其他的调查方向。“费依根本不是我们最需要的人”，他并不是在纽约码头岸边策划袭击协约国船只的德国特工，他也不是所谓的领导德国情报机构发动针对美国的袭击的“大人物”。当塔尼想尽力找到“大人物”时，他的脑海中浮现出了一个形象，那就是住在纽约游艇俱乐部，带有鲜明德国军官特征的那个人。

第 41 章

林特伦坐在行动委员会那个无窗的办公室里，虽然空间不是很大，但他还是感到挺安心。而在玛莎那里，林特伦总觉得有些不自在。一是帕蓬和博依德可能会出现在那里，虽然柏林方面要求林特伦要向他们通报自己的活动情况，但他自己不这么想。让他感到不安的第二个原因是，在那个地方有太多陌生人，太多酒鬼，其实他打心眼儿里根本就不信任玛莎。他毫不怀疑，这里的人会把听到的秘密消息卖给出价最高的人，因此整个运行机制根本就不安全。而坐在行动委员会的办公室里，手里拿上一杯啤酒，这让林特伦觉得很舒服。他在与人谈话时不用一直保持警惕。而且，就像他说的，他能够扮演那只“狡猾的蜘蛛”，继续将他的猎物一一缚住。

某个周六的下午，行动委员会开完会之后，他并没有急着离开，其他人除了斯泰因梅茨之外都走了，于是两人坐着边喝酒边聊，分享着各自的故事。啤酒，同志之间的友谊，相互尊重，以及内心深处那种可以向对方吐露真实想法的坦率，让两人的谈话持续了下去。这一次当林特伦再次问到他来美国执行的绝密任务时，斯泰因梅茨觉得已经没有必要隐瞒了。不过，他也没有全盘托出，林特伦怀疑他省掉的东西恰恰可能是他自己没有做好的那一部分。但不管怎么说，他已经听到了足够多的信息，这让他知道针对美国的秘战还在以一种全新的方式进行。

德国的间谍到美国去往往喜欢借道北欧，从那里直接坐船穿越大西洋来到纽约。但斯泰因梅茨选择了一条更加隐蔽的路线，也许是为了增加神秘感而故意为之。他选择向东走，一部分路程是步行，也有一部分是骑马和坐火车。穿越与德国交战的俄国西伯利亚地区，一直到俄国远东城市符拉迪沃斯托克，在那里他买了不少东西进行乔装打扮，比如假发、女装以及化妆品，他要把自己从一个中年的海军男军官改造成一个诱人的少妇。化名为福劳·施泰因博格，他买了一张从符拉迪沃斯托克驶往旧金山的船票，从上船开始，他就变身成了一个“寡妇”。到了旧金山，他乘火车直奔纽约。在这整个漫长的行程中，一个黑色小箱子从来没有离开他身边半步。因为这个箱子里装有非常特别的东西，他必须如此小心翼翼。在斯泰因梅茨出发之前，军情处就指示他无论如何也不能让这个箱子落入敌手，这与其说是一条建议，还不如说是威胁。箱子里到底装的是什么？斯泰因梅茨喜欢用的一个词是“物种”。其实这些都是致命武器，装在玻璃管里的是细菌，各种病毒细菌，德国正准备对美国发动细菌战。

就战争而言，生物武器并不新鲜。根据古希腊历史学家希罗多德的记载，古代波斯的弓箭手会在箭头上涂上有毒粪便，然后射向敌军。英国人在印度打仗的时候，也会用天花病毒来对付敌人。至于美国的南北战争，南北双方的骑兵互相指责对方用病毒攻击战马。就在柏林汉诺威大街27号，一个红砖古堡建筑里，德国陆军兽医学院的科学家们从1907年开始就囤积大量的生物细菌，准备着有朝一日在战场上使用生化武器。

这个时间点现在已经到来，在欧洲战场上，一些生化武器已经派上用场，比如氯气就对战场上的双方士兵构成严重杀伤。而且，在很多地方还使用芥子气，这种东西使用之后会在地上留下一层油腻腻的东西，点燃之后简直就是地狱之火，对士兵的杀伤力非常大。在这种情况下，日益绝望的德国军情处也顾不上什么文明了，他们决心在美国展开一场细菌战，首要的袭击目标就是马匹。

对于德国军队的高层来说，战争很明显已经变成了一场消耗战，由于长时间的僵局，补给对战争的胜利至关重要，而马匹就是这样一种关键资源。在战场上，马可以在枪林弹雨中来回奔走，也能够趟过泥泞的河流和山地，拉车运送弹药和补给物资，甚至将伤员运离战场。这些都是非常危险的任务，因疲劳、疾病、炮弹以及毒气而致死的战马已经有几十万匹之多，这种四脚的战士就像两只脚的士兵一样，在战场上迅速地消耗。然而随着战争的推进，两边的军官们都认为死掉一匹战马的损失甚至要大于死掉一名士兵。他们已经意识到战争的胜利就在马背上。

在德国，战争爆发的前几周，一共动员了 71 万 5 千匹战马，经过两年的战斗，大约有超过 50 万匹战马已经死亡。德国军队非常依赖马匹来运送补给，在占领了一些地方之后曾经就地征用过很多马匹，总数超过 37 万 5 千匹，另外还从乌克兰获得了 14 万匹。但这还远远不够，德国军方担心战争这么拖延下去总有天无马可用，没有马来运送补给物资，远在战场上的德国军队就会没有弹药和食品。协约国方面，他们的马匹储量远不如德国，英国拥有的马匹还不到 8 万匹，法国也就是 40 万匹左右。然而协约国完全可以从美国购买他们需要的任何东西。不过费用还真不小，英国政府花在这方面的钱超过 3650 万英镑。尽管如此，美国市场还是能够源源不断地提供马匹。根据 1910 年的一项统计数据，美国拥有的马匹数量为 2100 万匹。这些马匹突然之间变得和石油一样珍贵，美国很多农场主通过出售马匹发了财。需求是一直存在的，甚至一些品质不太优良的马匹也能够被买去当战马。每天平均有 1000 匹左右的马从美国运往欧洲，而整个战争期间，协约国一共从美国购买了 100 万匹马。

德国方面，只要付钱也可以从美国购买马匹。但问题是，英国掌握着大西洋的制海权，没有办法将马匹运回德国。德国有一支潜艇部队对跨大西洋航线构成一定威胁，但这支部队还没有能力为德国商船打开一条航线。在这种情况下，尼古莱向德国参谋部建议可以派遣特工到美国，对运往欧洲的战马下毒，以此来削弱协约国在这方面的优势。当然，他也意识到下毒之后，病毒难免会传染给人，造成一定数量的美国人丧生。但这只能说是战时的伤亡，虽然还没有对美国宣战。造成一点平民伤亡不太值得关注，甚至连考虑的必要都没有。

腺上病菌从物种分类上来说有一个名字：鼻疽假单胞菌，也可称为马鼻疽菌。这种细菌的名字是亚里士多德取的，他曾经亲眼见过有动物感染上这种病菌。这种病菌主要攻击动物的鼻孔，产生非常强烈的灼烧感，然后导致深度溃疡，溃疡则可以一直延伸到马匹的上呼吸道。另外，皮肤上还会出现严重烧伤的红块，遭到这种病菌攻击之后，马很快就会发高烧，过不了几天就会死亡，这还算幸运。如果不幸的话，在死之前这种痛苦的折磨会超过几个星期。

细菌杀伤力这么大，并没有让斯泰因梅茨感到困扰。他现在就是一名特工，仅仅是想完成自己的使命。就在入住酒店后不久，他就带着那只手提箱乘轻轨来到纽约布朗克斯。在夜幕的掩盖下，他来到范科特兰德公园附近的马厩，这里有好几百匹马等待装船运往欧洲。他的计划非常直接，用一根棍子，前面涂上病菌，然后把棍子凑到马鼻子上，每三匹马弄一匹，让它们交叉传染。他做起来非常细心，全神贯注，不过这终究是一份强度很大又危险的活儿，因为马匹本身对于一个物体揍到鼻子上很反感，会使劲往后躲，还用脚踢，等到斯泰因梅茨干完这活儿，他已经筋疲力尽了。

第二天晚上，他又来到另外一片马厩，这里离河岸不远，有几个警察在巡逻，不过他们的工作很有规律，因此也容易钻空子。前一天晚上的行动提醒了他，要是有人巡逻的话，在行动的时候把马惊着了会很危险。因此，他觉得自己不能亲自动手。他找到了一位码头主管，托他找来一位德国海员，这个海员一方面忠诚于德国，同时也很高兴干这点事赚一笔钱，所以乐意效劳。又过了一天，到晚上之后斯泰因梅茨把涂上病菌的棍子给了码头主管，码头主管再将棍子转交给海员，并教会了他如何操作。干完之后，大家收工走人。

接下来好几天，斯泰因梅茨一直关注着报纸上的新闻，希望能看到有关战马已经神秘染病的报道，然而尽管他每天都仔细翻阅报纸的每一页，但仍然没看到相关的报道。或许是因为这些马匹的主人刻意隐瞒了相关的消息，因为暴发瘟疫会影响到他们的生意，英国人不可能去购买染病的马匹。

他需要一个确定的答案。一周之后，他决定自己去现场看看到底是怎么回事。眼前的情况多少有些出乎意料，马匹都很健康，一点问题都没有。到底哪儿出了错？斯泰因梅茨自己有些紧张了。他很清楚军情处的上司肯定要他做解释，他的性命也取决于这些人是否相信他的解释。在越来越不安的情况下，他决定采取一项大胆的行动，这看起来的确非常莽撞，不过他觉得自己这么做完全是没有退路的，只好豁出去。如果他不能给尼古莱一个满意的答复，他自己就很有可能被处决。而在美国，这个计划即便败露了，美国人在以间谍罪处死他之前估计会进行审判，或许还有活的机会。

斯泰因梅茨装扮成科学家的模样，来到纽约的洛克菲勒学院，他把剩下的病菌交给学院做检测，看它们是否还活着。学院的科学家第一个问题就是问他什么时候得到的这些病菌，话语中并没有怀疑的口气，边说边拿起样本用显微镜进行观察。斯泰因梅茨回答说大约在四个月之前，或许时间更久。听到这话，科学家放下病菌，直接告诉他没必要再进行检测了，这些东西最多只能存活一个月，过了一个月就无害了。

斯泰因梅茨松了一口气，这个任务失败了，但这样的解释显然可以救他一命，问题不在他。

在听完斯泰因梅茨的故事之后，林特伦一直在回味他们之间的对话。这些东西对他来说很新鲜，也很陌生，难以掌握。但他确信，斯泰因梅茨所进行的行动具有重大的战略意义。这一次是否成功其实并不重要，作为一名军人，他看到了其中蕴藏的巨大潜力，它可以改变每一件事：细菌武器可以静悄悄地潜入敌营，然后发动致命一击。一旦遭到这样的袭击，美国人就会陷入恐慌，也就没有参加欧战的决心和意志力了。

想到这些，林特伦心跳加速，非常激动，他立即向尼古莱发了一封电报，要求他紧急派特工来美国，完成斯泰因梅茨没有完成的使命。

第 42 章

霍尔特在康奈尔的最后一个学期真的是非常忙，他要教两个本科班的法语课，同时还要完成自己的博士论文，这篇论文已经写了很长时间，有时候他回到家里也很累，甚至一连好几天都没怎么睡。他现在已经是两个孩子的父亲，老大也就刚刚两岁。让妻子很开心的是，他还接受了南卫理公会大学的聘请，准备去那里当教授。这所大学正好位于莱安娜在得州达拉斯的老家附近。从秋天开始，他将去那所学校任教，现在夫妻俩正考虑在学校旁边盖一栋房子，作为梦想的家园。为买那块地，他们一共花了 600 美元。

霍尔特精力十分充沛，尽管有这么多事情，他还是没有放弃自己的业余爱好：搜集各种有关谋杀和心理悬疑的故事。他还有一本贴纸书，把各种故事和一些报道剪下来，贴在一起。在阅读美国国内各种报纸和杂志时，他搜集到了数以百计的主题类似的文章，文章的标题诸如“承认杀死继子”，“保护女人而被杀”，等等，无奇不有。在有时间的情况下，霍尔特还读了老朋友蒙斯特博格教授的新书《战争与美国》，这位哈佛前同事的书是一种宣示，里面有很多挑衅性的言论，该书坚持认为德国在欧洲战争中占据着道德和法律的制高点，而这本新书就是要送给所有那些爱好公平游戏的人的。在书的每一章里，作者都不厌其烦地声称美国对德国有偏见，这非常不公平。这一观点的证据非常明显，那就是美国在不停地向协约国出售武器军火。“这是一种有违公平精神的罪恶，”作者说，“协约国的士兵可以使用美国制造的子弹，而德国因为受到英国海军的封锁根本就拿不到从美国运来的补给。”

霍尔特读着这些文字，就像是蒙斯特博格教授在他面前亲口跟他说一样，他在要求自己赶紧参加进来。很多年前，正是这位心理学家让当时的蒙特教授深信，即便是杀了人也可以逃之夭夭。现在，这位哈佛教授的话对霍尔特而言又是另一种召唤，一种为德国而行动的召唤。其实在战争爆发之后，霍尔特在感情上一直和德国站在一起，但这还只是停留在本能的层面。教授的话强化了霍尔特对祖国的那种感情，他开始觉得，这将是历史上的一个关键时刻，在欧洲出现的是一场善与恶之间的战争，德国如果战败，对于人类文明的未来将是一大打击。

教授的想法在霍尔特心中越是牢固，他就越是觉得自己应该采取行动，为祖国做点贡献。采取行动是一种义务，有责任让美国人意识到他们犯了错误。他必须让公平竞争的环境在欧洲得到恢复。

当这个繁忙的学期在 6 月结束的时候，霍尔特把自己的全部积蓄都交给了妻子，大约是 400 美元，然后送她和孩子回到达拉斯。他们将和父亲、外公一起住，直到霍尔特回来。送完老婆和孩子，霍尔特去了纽约，他声称要去那里做一些特别的研究。霍尔特带着口袋里的 20 美元和一些硬币，搭火车去了曼哈顿。他没有计划，没有资源，但很自信，因为他觉得自己走上了一条通向辉煌的秘密道路。

ARK
VASION

PART V
THE WALK-IN

第五部分：不请自来

第43章

不速之客总会让那些从事间谍工作的人感到担心。一是因为这些陌生人志愿提供服务可能不真实,天下哪有那么便宜的事情,或许这人是个双面间谍，是对手派来搞渗透的特工。另外一种情况，不请自来的人很可能非常业余，脑子里有很多宏大的计划，但难以控制。每个职业间谍都听过太多这样的故事，让一个业余的人去执行一项不可控的任务，结果导致整个网络被暴露。

因此，习惯的做法是不招募任何主动靠近的人。但如果这个人有一些看起来挺诱人的特质，那么规则也能因此被打破。当风险和机遇之间的平衡点还不够清晰时，就需要决策者做出决定到底选择哪一个。这就是当霍尔特主动靠近在纽约的德国间谍网络时，林特伦这些人面临的一个困境。就在塔尼他们努力揭开林特伦身上的神秘面纱时，他们也在努力揭开霍尔特身上的谜团。霍尔特提出了一个非常大胆的计划，这个计划如果成功执行，完全可以从根本上终止美国向协约国运送军火和补给。在过去的一年中，德国在美国的间谍网络发动了一系列袭击，有些的确挺成功，但总体来看这些袭击还比较零星，效果也相对有限。“雪茄”炸弹和船舵炸弹都只能针对单条船只，由于美国远洋运输相当发达，一艘船出了事，很快就有另一艘船航行出海。而霍尔特提出的计划很有野心，只要通过一次行动就可以摧毁敌人购买军备的能力，因为这个行动可以砍断协约国在美国的资金链。其实，林特伦曾经说过必须对协约国的大金主小杰克·摩根采取必要行动，霍尔特要做的就是完成林特伦的这一想法。

对于霍尔特的这个想法，有很多条理由可以否定。首先，霍尔特可能会失败，一旦被抓，他为了寻求更轻的处罚可能会将掌握的秘密招供，比如其他间谍的名字、活动地点以及工作手法等等。另外，即便霍尔特取得了成功，这么无畏的行动也可能会激怒美国总统威尔逊，致使他下决心领导美国加入战争。不管怎样，这样的结果对德国来说都是灾难性的。

当然，也有一个办法可以降低风险，那就是让霍尔特半身进入间谍网络。唯有如此，即便出了事也可以撇清关系，同时也不会让他知道间谍网络的一些机密，在行动中只向他提供资金、弹药和其他一切资源，甚至还可以让他分享一点间谍网络的行动指南，但其他的事情只能他自己一人去做。霍尔特对这件事的狂热可以为行动加分，而他的这份狂热就是行动的最好外衣。如果真的被捕，人们只会看到一个牵线木偶在台上的表演，至于后面牵线的人根本就不可能被查出。人们也只会去指责这个狂热的枪手本人，没有理由再向前继续追查。从这个角度来看待这次行动，做出决定就显得比较容易了。

其实，林特伦到底是怎么决定的，外界根本不知道，这些只是塔尼在破这个案子时根据逻辑推断出来的。针对一般的案件，塔尼全部的工作就是将案情进行分解，通过确定无疑的证据来破案。但针对间谍案件，此法不通，因为整个行动计划的网络会织得异常紧密，案件的全部情况可能永远未知。在这种情况下，适当发挥想象力，放飞想象的翅膀，进行一些逻辑推理，会有助于解开谜团。在初级阶段，塔尼只是用猜测还原事情的经过，而巴尼茨的一次成功行动给了塔尼灵感。1915 年 6 月，在纽约麦迪逊花园广场举行了一周的支持德国游行活动。与此同时，在先驱广场几乎每一个晚上都有多场演讲会，积极鼓吹德国的立场，声称德国皇帝发动战争是正义的。当菲尼克斯 · 加雷一天晚上从演讲会的演讲台上走下来时，他的声音已经沙哑，整个人也疲惫不堪。他准备沿着百老汇回家，而人群中有一个人立即跟了上来。在黑暗的夜里，当尾随者的脚步声能够被很清晰地听到时，真是有点瘆人，加雷准备随时战斗。

然而就在快要赶上加雷时，哈里 · 纽顿这样宣布道：“我要帮助德国赢得战争。”为了证明自己的衷心和执着，他准备炸掉位于纽约敦刻尔克的布鲁克斯蒸汽机厂，而且这还只是开始，他还准备在美国联邦政府的一些建筑和警察局大楼安放炸弹，为此他问加雷是否可以把他引荐给一名德国军官，以便更好地服务。加雷立即表示可以帮他问问上头的人，但他还是被这位陌生人所提出的计划惊到了，这些大胆的行动让他觉得这个人可能精神有问题，应该立即避开。加雷真是德国的积极拥护者，但他要见的“德国军官”却是纽约警察探长，原来有警察卧底。这个案子很快转到了塔尼手中，而塔尼则让巴尼茨接手。巴尼茨扮演成一名间谍和纽顿会面，会面地点就在纽顿住的酒店。“我很忙。”巴尼茨一上来就说，他给纽顿 5000 美元，让他去炸维兰德运河，或者炸掉布鲁克斯蒸汽机厂也可以。纽顿很兴奋，事实上他已经有了必要的装备：在纽约中央车站的行李房里，放了一个装满炸药的箱子。“很好，”巴尼茨说，“你被捕了。”

塔尼猜想,霍尔特的第一次很有可能也会以这样的方式结束。如果就是在先驱广场或者是花园广场，将这样的信息传递给一个可能的特工，要不是遇到巴尼茨，这消息就可能传到一个真正的德国军情处特工那里。塔尼也就此推断，这些不请自来的人也有可能直接去了德国俱乐部或者德国领事馆，那么这样的信息就能传到科尼格耳中。而在几天之后，科尼格就会安排见面，见面的地点会比较隐蔽，比如说纽约的土耳其浴室，这样的地方通常比较容易传达消息。一旦高层做出决定，科尼格就会给他弄一个假名，让他执行任务。

很多事情并不在塔尼的掌控之下。就在霍尔特从康奈尔大学抵达纽约后的数天，他虽然入住的是米尔斯宾馆一间一晚只要 30 美分的房间，但他干的却是一件震惊美国的谋杀案，这个案子背后有巨额资金的支持，策划精密。

第 44 章

那是在 1915 年 6 月，经过扎实的侦察，塔尼后来成功地重构出了霍尔特抵达纽约后的行动。

具体说是 6 月 8 日，霍尔特入住米尔斯宾馆 3 号楼（其实这个宾馆和德国的各种活动关系密切，巴尼茨之前和纽顿会面也是在这里，还有之前的假护照事件，也是在这里发生的），他独自一人从火车站来到这里，带了一个小箱子和打字机。宾馆非常拥挤，1875 间客房已经全部住上了客人，不过前台还记得霍尔特。因为霍尔特住了三天之后，开始收到很多来信。这家宾馆的邮件收发不是直接送到房间，信件送到宾馆之后先是放在前台，由于霍尔特的信比较多，有时候一天有三四封，所以这引起了前台的注意。有几个人总是和这位客人（霍尔特）见面，甚至一度引来了警察的关注。在康奈尔大学的那些日子，霍尔特给人的印象一直是一个温和而有书生气的学者，他在得州时也是这样，从来没有在公开场合发火。但他在到纽约的第二周就发了脾气，以前努力控制自己以掩盖过去秘密的种种谨慎做法被完全抛弃，突然之间因为口角争端与别人打了起来，这种行为对于之前的霍尔特而言真是不可想象。事情的起因就是宾馆里的另一位客人发表了几句批评德国的话，这对霍尔特来说是不可容忍的挑衅。他就像发了疯一样，朝这个人猛打猛踹，有人叫了警察，不过受害者并没有指控他，警察也只能警告霍尔特了事。

不过，这件事的报告最后还是存了档。这也是后来很多部门所认定的，霍尔特之前精心编织的个人形象开始解体，这就是一大有力证据。不过对塔尼来说，他怀疑这正是德国特工故意为之，让人觉得他只是一个支持德国的狂热分子。

这几个星期，霍尔特的注意力非常集中，他把时间都花在了为执行使命而进行的侦察工作上。虽然是教授出身，但霍尔特做起这些事来还是相当熟练，钱也不是问题。霍尔特首先来到新泽西州，找到一家卖枪的商店。他仔细端详了玻璃柜下面摆放得非常整齐的一排排枪支，有步枪也有手枪，对于其中的两款手枪，霍尔特显得比较有兴趣，一把是点 38 口径的手枪，还有一把是左轮手枪。“这枪能保证每一次都弹不虚发吗？”霍尔特问售货员约翰 · 蒙纳，蒙纳的回答是左轮手枪无法保证。霍尔特显得有点失望，不过他还是决定买一把，外加一盒子弹，过了一会儿，他决定最好还是再买一把左轮手枪。

点 38 口径的手枪在这家店里是最后一把，因此蒙纳建议霍尔特到街对面另一家店去买。在那里，霍尔特又买了一把二手的点 32 口径左轮手枪。在购买人签名的单子上，霍尔特又给自己起了个假名“亨德里克斯”。第二天，霍尔特去了长岛北岸农场，在一个充满乡村风情的社区转悠。在这里霍尔特又给自己取了一个假名字“帕顿先生”，他开着一辆黑色的福特汽车，给当地一个房产中介路易斯·奥托的印象是他是一个有钱人。“帕顿先生”声称他的医生要求他搬到乡下住，因为这样更健康，为此他正在寻找一块安静的地方，离马路不能太近，这样可以好好休息。奥托帮他找了一个比较隐蔽的单层小屋，一共有两个房间，离大马路很远，周围还有不少树。对这个房子，“帕顿先生”非常满意，立即表示这正是他要找的，并用现金付了一个月的房租。不过，霍尔特在米尔斯宾馆开的房间还保留着，而长岛的这处房子将成为他的行动总部，因为这里易于隐藏，可以安静地筹划袭击活动。

有了手枪，他现在需要炸药。一开始，他想在纽约搞到炸药，也问了一些人，但没买到。于是他去了新泽西甚至是宾夕法尼亚，最终他在长岛找到了一家公司可以提供他所需要的炸药。他对销售人员表示自己买炸药主要是为了炸掉房子外面一些老树的树根。他要求公司将炸药通过火车运到长岛的一个火车站，然后他自己会去火车站的货运办公室提货。美国的《铁路安全法规》规定，炸药必须通过专用列车来运输，比如没有乘客或者其他货物的列车。因此工厂的销售人员称，炸药要运到指定的地方需要一点时间，可能要好几天。在接下来的一周时间里，霍尔特几乎每天都会去附近的火车站，询问自己的货是不是已经送到。但每一次，货运员乔治·卡恩斯都给他否定的回答，只是霍尔特并不死心，他每次都要求卡恩斯再仔细检查一遍。有一次，卡恩斯实在是不耐烦了，喊着让他要么闭嘴，要么就滚出去。终于有一天，霍尔特的货到了，但不是炸药而是一个大黑箱子，重量足足有36磅。霍尔特很开心，他还是让卡恩斯留意自己的炸药。“要来的终归会来。”卡恩斯说。

霍尔特只好等，边等边练枪法，很快枪法就练得十分娴熟，每发子弹几乎都能打中靶心。除了练习枪法和到车站查货之外，他还继续搞侦察，为袭击做准备。

6月的长岛阳光充沛。长岛东边是一个狭长的半岛，一直往前伸，有点像个箭头，远远看去，在阳光的照射下金光闪闪。这块延伸出去的地方是一个小镇，上面建有很多别墅和高档住宅，周围的草坪修剪得非常整齐。要问这些豪宅中哪一套最为特别？绝大多数当地人肯定都会同意，非那一套位于半岛顶端的豪宅莫属，这套豪宅的主人就是著名金融家小杰克·摩根。

这套房子之所以特别并不是因为它特别大，其实在长岛上的所有豪宅都很大，有的甚至拥有足以住下一个营人员的房间。也不是因为房子的建筑风格特别优雅，这套房子其实就是那种很普通的两层楼红砖建筑，前面的大门上有一对石柱子。“一个人选择的房子风格就是其性格的反映。”如果这一说法有道理的话，那么一看这套房子你就会觉得它的主人应该是银行家：很稳健，甚至让人觉得有些压抑，缺乏想象力，太闷了。不过，这套房子特别就特别在它的位置非常好，它位于整个半岛的顶端，就像海盗船上标志性的小雕像，每间房间都能看到海，视野非常开阔，在房里还能清晰地感受波浪的韵律。

每年5月中旬开始，一直到8月，摩根都会住在这里，要去华尔街通常会开车、坐渡轮或者是直接开船过去，这其中只会有为数不多的几天和家人一起在外野营。而到了8月，他则会启程到英国去，住在自己的庄园里。他最大的孩子尤里乌斯1915年春天刚刚结婚，他的妻子简和另外三个比较小的孩子几乎整个夏天就住在这套房子里。

霍尔特有时候会花上一整天去侦察这套房子，作为掩护，他声称自己是《夏季协会指南》的代表托马斯·莱斯特，甚至还专门为此做了一套名片。长岛那些豪宅的住户都称《夏季协会指南》是一本好书，这本书上列有很多高端人士的信息，如他们的地址、户主名字以及电话号码，还有其他一些具体信息，比如参加的俱乐部以及就读大学的名字等等。能提供这些有用的信息，“莱斯特”在这里自然比较受欢迎，一些住户和他分享了很多从来不向其他外人公开的信息。他在海岸的别墅区一户一户地敲门，非常有礼貌，成功地搜集到了很多有关摩根的信息，包括他本人、他的家庭甚至他的佣人。作为一名间谍，霍尔特的一线工作做得如此严谨扎实，后来连塔尼也感到敬佩。塔尼同时还在想：一名大学教师毫无相关经验，怎么就会想到冒充协会的代表来搜集信息？

6月28日，两个大箱子终于送到了霍尔特住所附近的火车站，一共120磅重。自己买的东西终于到了，霍尔特非常开心。他小心翼翼将这两个大箱子装进自己的福特汽车拉回去。

第二天又一个箱子到货，里面装的是引爆装置。但这一天霍尔特去得有点晚，差不多下午6点才到，卡恩斯还在，但已经很不耐烦，他告诉霍尔特已经下班，让他明天再过来取东西。霍尔特拒绝离开，他哀求卡恩斯，一定要拿到那一箱子货物，他甚至还为自己之前的种种行为道歉。卡恩斯真的想象不出来，炸掉几棵老树根有这么着急吗？不过，与其和霍尔特耗下去还不如帮他把事情办了。他把门打开，让霍尔特领走了货物。当霍尔特开车将箱子拉走之后，卡恩斯发现收货人签名写错了，有点蹊跷，不过卡恩斯回头一想：此人言行举止都怪怪的，不是吗？

接下来的两天时间里，霍尔特去了纽约，回到米尔斯宾馆。据宾馆的服务员后来告诉塔尼，这两天里霍尔特一般都是早上9点离开，到了深夜才回来。他出去这么久到底做了些什么？是漫无目的地在街上走？还是在想办法给自己打气？抑或是和自己的上司见面？塔尼只能猜。7月1日，霍尔特又从曼哈顿回到长岛，打了一辆出租车，他让司机将自己带到摩根的住所附近。出租车司机马修·克雷默是当地人，对这里的住户非常熟悉，事实上他也非常喜欢显摆，常主动和乘客聊这些大佬的事情。当霍尔特问起摩根时，克雷默说起来眉飞色舞，让霍尔特觉得真是找对了人。他告诉霍尔特这个周末也就是美国独立日7月4日那一天，摩根将在自己的豪宅里举办一个大派对，白天的时候摩根的游艇将会参加美洲杯的帆船比赛，而到了晚上将庆祝大儿子尤里乌斯的新婚。有很多人受邀参加派对，其中甚至包括英国大使。克雷默说着说着，霍尔特脑海中的袭击计划逐步成形。他意识到这是行刺摩根的绝佳时机，就在 7 月 4 日这个周末。

当出租车快要到的时候，霍尔特让车停下来。在座位上，他仔细看了看摩根的豪宅，高高的铁门，精心修剪的草坪，他静静地盯了这房子一会儿，心里想着摩根在这里像个国王一样住着，他也必须死得像个国王。霍尔特没有下车，而是给了克雷默另一个地址，让他把自己送过去。第二天一早，霍尔特要去火车站，他找了当地一个年轻小伙子帮忙，替他搬一个大箱子，自己手中拿两个小手提箱，一手一个保持平衡。到了曼哈顿之后，他再安排人把大箱子送到第 14 大街的一个仓库里，离第十七大道很近。之后，他很快就乘坐火车前往华盛顿，他的任务开始了。

第 45 章

在美国国会大厦，一楼的地板花纹有点像个棋盘，通向副总统办公室的那扇木门旁边有两个拱形的窗户，透过窗户可以看到华盛顿纪念碑。在窗户下面，有一个很深的凹槽，里面安装有一个电话转换器，这个转换器为大厅里一大排的电话亭服务。这些电话亭都是由桃木做成的，非常精美，只有国会的参议员才有资格使用。参议员只要给转换器的操作员任何一个电话号码，在几分钟之内操作员就能帮参议员连上。

7 月 2 日下午，正好是周五，参议院没有开会，电话转换器上盖着一层布。这个时候，国会大厦对游客开放，人们可以走进国会大厦的第一层。霍尔特以游客的身份进了大厦，手上拿着一个手提箱。他走过一扇门，门上面的金字写着："副总统办公室。"霍尔特心想就是这间了。他仔细查看了大堂，也看到了窗户下面的电话转换器。他知道自己现在必须采取行动，否则很难再抓住这么好的时机。他朝四周看了看，看自己有没有被人盯上。当确定没被人盯上之后，他迅速把手提箱塞进了窗户下的电话转换器旁，然后用布盖好。除非有人掀开布，否则就不会发现。大约在下午 4 点，他赶紧撤离国会大厦，从漫长的台阶上往下走，腿脚还是有点不太灵便，他的心跳开始加速。手提箱里装的就是炸弹。

其实在前一天抵达华盛顿的联盟火车站之后，霍尔特就四处闲逛，直到找到一家宾馆入住。入住后立即锁上房门，为了安全起见他还用一把椅子堵在门上，以免服务员进来。在房间里，霍尔特开始组装炸弹，炸弹的内核是三管炸药。炸弹装完之后，他重新阅读了一遍之前起草的信，一共抄了五封，是分别寄给威尔逊总统和几家华盛顿主流报纸的。对于内容感到满意之后，他将信件装入信封，然后放在自己衣服的内口袋里。一切准备妥当，他把房间仔细清扫了一遍，由于使命还没有完成，必须确保自己离开宾馆之后宾馆的服务员不会发现任何可疑的东西。

之后的一切都按原计划顺利进行，实际情况甚至还可能要更顺利一些。根本没有人注意到这个手提箱，要发现电话转换器所在位置有异常，还真要点运气。从国会大厦出来后，他路过一个邮筒，然后一封一封往邮筒里塞信。担心万一被人看到，他投得很从容，就像是往邮筒里塞进去一些普通的付费账单一样。但在他的心里，他想的的确是让美国人来付账单，为他们在欧洲战场上的不公平行为埋单。塞完之后，霍尔特回到宾馆，拿走行李，退房。然后他就在马路上闲逛，等待国会大厦被炸的消息。他预计，炸弹随时都有可能爆炸，等待的过程着实有些煎熬，而且城市里的噪音也让人心烦。如果失败了怎么办？如果有什么地方出错了呢？他想着想着，有点恐慌。他知道自己不能再回到国会大厦，但有时候他也控制不住自己。大约晚上 10 点 30 分的时候，有点热，但夜幕下已经比较安静，他来到国会大厦附近，眼睛盯着那一对拱形的窗户。

他慢慢感觉累了，就在附近找到一条长椅，背靠马路坐下来，注意力还是集中在国会大厦那边。他看着，听着，但这个巨大的穹顶型建筑仍然是一片寂静。大约到了晚上 11 点 23 分，炸弹终于炸了，整个国会大厦似乎连根基都动摇了，爆炸声响遍全城。在美国国会警察局工作超过 35 年的弗兰克 · 琼斯当时正坐在参议院地下室自己的办公桌旁，爆炸的巨大震动把他从椅子上弹了出来。“声音听起来像是发射了好多发加农炮，我当时觉得大厦的穹顶是不是已经震塌了。”弗兰克说。大厦里面，各种石膏板从墙壁、天花板上像下雨一样掉落下来，墙壁上出现了很大的裂缝，门也震开了，至于水晶吊灯，完全砸在了地板上。不过好在这个爆炸没有造成人员死亡，但它发出的信息很明显：美国没有置身战争事外。

霍尔特看到了，一声巨响对他来说就像是胜利的礼炮，当很多人聚集起来围观到底发生了什么的时候，霍尔特走开了，心中的兴奋难以掩饰。离联盟火车站有三个街区，他尽力走得快一点，免得错过了零点十分开往纽约的火车。等到终于赶到了车站，列车员带他来到了 27 号车厢。躺着睡觉是不可能的了，在黑夜当中，他听着火车开动的巨大声响，带着他走向下一个目标，走向他的命运。

已经是7月3日了，抵达曼哈顿之后他迅速转车赶往长岛，就在金色海岸附近下车。早上8点半他下车的时候，头上戴着草帽，手上拿着一个手提箱，里面有一些有关欧洲战场的剪报以及两管炸药。他外套的口袋里则放着两把手枪，一个口袋放一把，大衣胸前的内口袋里还放了一管炸药。到了车站之后，他叫了一辆出租车，直接告诉出租车司机亚瑟·福特自己的目的地是摩根的住宅。这段路只有两英里，很近。

而在华盛顿，他预计总统和报纸的编辑们很快就能读到他写的信。

“非常时期，非常环境需要非常之手段。”这封信这样开头。

“停下来，再仔细考虑考虑我们正在做的事情，是不是会让事情变得更好？对所有的人来说，我们代表的是和平与善意，但我们的欧洲兄弟们正在疯狂地互相杀戮，而我们向他们提供了更多更有效的杀戮武器，这样做对吗？

“因为出口军火，我们发了财。但难道我们非得通过这样的手段发财吗？因为这样做意味着将有数以百万计的兄弟遭受难以言表的痛苦和死亡，他们还会留下数以万计的寡妇和孤儿……”

在信件的末尾还有一段手写的附言：“我们当然不应该向德国出售武器，即便他们可以在这里购买。既然我们现在仅仅是向协约国出售武器，因此如果我们停止这么做将不会有人反对。”信件的落款签名是“皮尔斯先生”。既然现在他已经成功引起了别人的关注，他也希望别人能够读到他的这些话，能够理解到他是对的。霍尔特觉得，像他这样的男人是与众不同的，因此有义务让别人，哪怕是美国总统和全世界最有钱的人去聆听他的讲话。这是他天生的责任，无法逃避。

出租车直接开过豪宅前面的大门，停在内门前面的车道上。“哦，我差点忘了，我要拿上自己的名片。”霍尔特告诉司机，在下车之前稍微停留了一下。他打开手提箱，找了找名片，找到之后放进了自己的口袋。福特在一边看着，开始在想这位乘客口袋里露出来的东西是不是一把手枪，但就在他想问个究竟的时候，霍尔特已经下车走了。他走上台阶，径直来到门口，按门铃。

第46章

看到霍尔特之后，管家菲齐克非常警觉，他开门迅速打量这位访客，觉得什么地方不太对劲儿。霍尔特直接说："我想见摩根。"然后递给管家一张名片。菲齐克扫了一眼名片，上面的名字是莱斯特，头衔是《夏季协会指南》的代表。但他并没有就此放霍尔特进去，因为他觉得霍尔特空洞的眼神让人不安。

"你和摩根先生有什么业务往来？"管家问，带有很明显的警惕心理。

"我不能和你讨论这些事情。我是摩根先生的老朋友，他会见我的。"菲齐克对霍尔特的坚持颇为反感，他觉得这并不是一种恰当的态度，也不是一个绅士应有的言行。"你必须告诉我你和摩根先生之间有什么业务往来。"他坚持道。

这多少有点出乎霍尔特的意料，在他准备的过程中还没想过会出现这样的情况。他觉得自己敲门拿出名片之后，管家应该很快就会带他进去和摩根见面，当他们面对面谈起来，这位金融家不仅会被他观点的强大逻辑所说服，而且还会对此印象深刻。摩根会把他当成一个平等的对话伙伴，两人之间经过这次谈话之后会产生友谊，暴力将显得毫无必要。霍尔特虽然想象过会发生这样的情况，但自己也承认这实在是太过于理想化，可能性不会很大。因此，他也准备了其他方案——口袋里装枪，手提包里装炸药。他本来想用非暴力的手法，但管家拒绝听，那么现在只好不择手段来完成自己的使命了。

霍尔特拿出点38口径的手枪，走进前厅，指着管家问："摩根到底在哪里？"

"在图书馆里。"菲齐克灵机一动，撒谎道。他明知道自己的老板就在这套大房子的另一端，在早餐餐厅跟客人一起吃饭聊天，英国大使塞西尔·斯普林·赖斯爵士也在场，却故意撒谎说是在图书馆里。实际上这就是他能够想出来的、保护主人的唯一办法。他领着霍尔特往图书馆走，打开图书馆的两扇门，霍尔特冲进去，手中挥舞着枪。图书馆空间很大，安装的是落地窗帘，里面显得很暗，就像一直在夜间。霍尔特走进去，需要一点点时间来适应房间的黑暗，他之后迅速扫视整个房间，发现空无一人，自己被耍了！而趁这个时候，菲齐克溜了。他朝早餐餐厅跑，但由于大理石地板比较滑，他还摔了一跤。怕霍尔特赶上之后朝自己开枪，菲齐克拼了命往前冲，边跑边喊："摩根先生快上楼！摩根先生快上楼！"这是对主人的一种紧急警告，他觉得摩根先生应该会爬上楼，把自己锁在卧室里。"摩根先生快上楼！"菲齐克又重复喊了一遍。

菲齐克很快就跑到了早餐餐厅，但他突然觉得这可能是一个错误，因为这样做会把霍尔特直接引到摩根待的地方。于是，他赶紧调整方向，顺着一个狭窄的楼梯直接往佣人住的地下室走，他要把所有的佣人召集起来制伏枪手。这边霍尔特发现菲齐克开溜之后赶紧追，不过他的腿很不争气，根本跑不起来。而且当他明白这一切的时候，菲齐克已经消失得无影无踪。他手中拿着枪，看着长长的走廊，整个房子又大又空，也许连方向都没找对。他很警觉，不敢乱走，因为自己在明处，而且还是一个人。

根据塞西尔爵士后来的回忆，当时他正和摩根先生在早餐餐厅，听到图书馆入口处传来了呼叫声："我们并不知道发生了什么，到底是发生了火灾还是有小偷，当时所有的人都离开桌子，跑到后面的楼梯旁，因为那里离门最近。"摩根带着大家，他是一个永远都习惯居于领导地位的人，他的权威是一种本能，毕生的经验也证明他有足够的权力让一些事情遵循自己的意愿。他并不害怕，只是有点恼火，不管是火灾还是有小偷，都不应该在自己的房子里造成任何困扰，特别是在周末的时候，有这么多客人，还要为尤里乌斯的新婚庆祝。

在家里照顾几个小孩的老护士罗萨丽·麦克卡布当时就站在楼梯上，她也听到了菲齐克的喊叫声，但并不知道发生了什么。摩根看到她之后问道："什么地方出了问题？你需要做点什么吗？"

"据我所知，没发生什么事情。"她想表达的意思是这一切问题都和自己无关，不是自己打扰了主人的兴致。摩根这个时候或许在想，这一切就是个错误，应该好好说说菲齐克。即便是愤怒开始上升，他也意识到这样的事情不像是菲齐克在恶作剧，肯定是发生了什么事情。于是他告诉塞西尔大使带一些客人到阁楼上去，他自己和其他人一起去二楼检查一下卧室的情况。

摩根的妻子简第一个看到了霍尔特。她当时和摩根一起站在二楼卧室外面，一转身就看到了霍尔特。霍尔特是从主楼梯上二楼的，一手拿一把手枪，眼神中带有杀气，而就在霍尔特的身后是摩根的两个年纪比较小的孩子。就在几分钟之前，霍尔特在楼下大厅里走动的时候听到了声音，然后推开一扇门，发现摩根的两个孩子弗兰西斯和亨利就在里面。他把枪口对着他们。“跟我来。”霍尔特喊道，把他们带出来领到了楼上。

简本来是个老波士顿人，性情安静，每天喜欢读读书，养花弄草，她种的玫瑰曾经获得园艺方面的奖项，对于丈夫纵横驰骋的金融界和政界并不是很感兴趣。但现在有个男人挟持了她的孩子，她尖叫一声，本能促使她向霍尔特走去。就在听到妻子尖叫的那一刻，摩根也转过身来，看到了霍尔特，看到这个枪手一手一把枪，都对准了自己的妻子。他迅速把妻子推开，自己上去和霍尔特搏斗。

“摩根先生，现在终于找到你了。”霍尔特说。

摩根并没有被吓倒，他直接冲了上去，220 磅（接近 200 斤）的庞大身躯是他的武器。霍尔特开枪了，顿了一下又开了一枪，枪声响彻整个房子。第一颗子弹打到了摩根的腹部，鲜血很快染红了他白色的上衣，第二颗子弹打到了他的左大腿，大腿血流如注。霍尔特又拉了两下什么东西，这两次的声响有点特别，每一次过后时间似乎都凝固了，摩根也感觉是不是有什么东西要爆炸了，但结果是炸弹并没有被引爆。尽管已经负伤，但摩根还是扑了上去，用身体将霍尔特压住。在摩根面前，霍尔特显得太瘦小，这么重的身体压在霍尔特身上，就像是一块巨石，霍尔特根本动弹不得，两只手也被死死摁在地板上，枪也松开了。摩根从霍尔特手中夺走了一把枪，妻子简和老护士很快夺走了另一把。

“我的口袋里有一管炸药。”霍尔特喊道。他这么说是想让大家知道他还是一个威胁,或者是想让摩根不要把自己压得太紧，如果他们对待自己太过于粗暴，整个房子可能会被炸塌。但当时的情况万分紧急，没有人太关心他说的这句话，摩根的衣服上全是血，像是快死了。突然间，菲齐克也来了，带了一群佣人，大家都操着家伙，园艺工拿着铲子，清洁工拿着扫帚，菲齐克本人拿着一大块炭，这个时候霍尔特已经瘫在地上不能动弹，菲齐克拿着炭猛砸他的头，直到他失去意识。

大家把摩根弄到床上休息，摩根躺下来之后立即给自己的华尔街办公室打电话：“我的胃部中了一枪，马上找最好的医生过来。”他的声音有点虚弱。第一个抵达摩根宅邸的是一名当地医生威廉·扎布里斯基，他对救治枪伤的病人没什么经验，但他对摩根的诊断让人感到很担心。摩根的大腿虽然中了一枪，但不严重，因为子弹已经穿过大腿的肌肉，没有留在体内。另外一颗子弹打中了腹腔，这才是真正的危险。如果出现感染，后果堪忧。由于当地没有医院，因此医生建议最好的办法就是等纽约的专家过来。而此时，摩根的家几乎成了一个军营，人们还不清楚霍尔特是不是有同伙，如果有同伙，他们到底是谁派来的。更重要的是，他们不清楚是否有进一步的袭击。于是，长岛所有的警察和来自纽约的警察将摩根的宅子保护了起来，房子的每个入口都有荷枪实弹的警察把守。私家侦探也在附近的马路上巡逻，甚至连摩根家的门卫也拿起了连发步枪。一些好奇的邻居只能躲得远远的。

当两位纽约的医生到达，他们发现摩根的情况比较稳定，但经过更仔细的检查后发现了新问题：第一颗子弹穿过腹腔，有可能并没有出来，而是留在了体内，甚至可能在摩根的脊柱里。如果确诊，动手术的风险极大，甚至危及生命。因此，现在需要做的是赶紧找子弹，看是不是穿过了身体被打了出来。

如果要把摩根送到纽约的医院，路程至少需要两个小时，伤情可能因此恶化。所以，医生们决定一边为摩根准备手术，一边让所有的佣人帮着找子弹。一位医生把管家叫来："我需要你帮忙，需要你去把子弹找出来。如果我们能确定子弹已经打了出来，那么就没有必要对脊柱进行检查了。"医生虽然很清楚管家他们已经找过，但还是要求他们再仔细找一遍。20 分钟过后，子弹终于找到了。这枚子弹穿过摩根的身体，打到了墙上，然后落在地上，藏在了地毯的绣花里。当晚，医生们就摩根的伤情向等候在外面的记者发表了一份声明："对摩根伤势的深入检查表明子弹并没有打中要害器官，病人恢复良好。"

危机已经过去。

至于枪手霍尔特也逐渐恢复了意识。扎布里斯基医生对他头部的伤口进行了处理，将血迹洗干净，其实霍尔特只是受了点皮肉之苦。“你到底是谁？”医生一边在霍尔特的伤口上用药，一边问他，“管家说你叫莱斯特。”

“我是一位基督徒，”霍尔特回答，带着一份基督徒的虔诚。在医生继续发问之前，当地的司法官员已经赶到，他们将霍尔特戴上手铐，然后带上了等在门外的警车。

霍尔特头上缠了一块白色的纱布，看起来像是块头巾，一只眼睛也被蒙上。他被带到当地的警察局之后，告诉逮捕他的警官自己想写一份声明。警官拿来笔和纸，霍尔特开始写：

我是来自伊萨卡的霍尔特，曾经担任康奈尔大学法语教授，我愿意发表以下声明：我在纽约待了十天，几天之前就去过摩根先生的住所。我的动机是尽力说服摩根先生用他在美国军火商和百万富豪中的影响力，来推动出台一个军火禁运的政策，因为正是这些人对欧洲的战争起到了推波助澜的作用，而军火禁运将会让美国人民不再成为欧洲大屠杀的共犯，否则美国的军火就是导致欧洲数以万计兄弟死亡的真凶……

之所以主动去写这份声明，完全是因为这是一种策略，他希望这一切能安抚警察们的情绪。他说出这些，告诉外界自己并不是叫什么莱斯特，而是一位名叫霍尔特的大学教授。希望这些能够堵住悠悠众口，不会去挖掘更多深藏的秘密。

第 47 章

一些老运动员总是习惯于生活在自己辉煌的过去，喜欢去说年轻时的各种荣光，而不是现在。塔尼不是这样的人。但在每一年当中，会有这么一个下午，他都有机会重温 17 年前的荣光，那时候他还是一名警察局的新手，在一年一度的警察比武日中获得百码冲刺的冠军。现在每年这个时候，塔尼还是会站在终点线，但他的任务是将冠军奖颁发给新人。

7 月 3 日早上，塔尼起床之后准备去参加这项活动，他真心期待,因为这将是放松和愉快的一天,他觉得自己需要这样的一天。几个月以来,他一直在努力破解发生在周围的各种神秘袭击事件，但问题的解决方案并不在自己的掌控范围之内。轮船大火此起彼伏，科尼格、费依以及林特伦，他越来越相信这些人就是一伙的，搞的是同样的阴谋。这位在赛场上表现卓越的跑步明星无须提醒自己，他现在离终点线还很遥远，而且他也很清楚只有胜利者才能获得金牌。但不管怎么样，今天算是假日，应该快乐点才是。

塔尼从家里出发，乘坐有轨电车，穿过布鲁克林来到赛场。他在路上没事读着报纸，头条报道的就是国会大厦发生的爆炸，细节不多，因为早报是在凌晨付印的。但作为一名警察，他的职业提醒他必须关注。他在想，爆炸案的幕后黑手到底是谁，他也想知道到底是什么样的爆炸装置把国会大厦炸成那样。到了赛场之后，他看到了很多老朋友，大家有不少其他的话题要谈，天气也很不错，就顾不得这个了。

大约中午的时候，选手们开始在赛道上热身，塔尼也想跑一跑，跑到终点线。“责任使然。”塔尼对旁边的新警察开玩笑道。跑完之后，塔尼穿过草坪，一位警官走上来对他喊道：“长官，警察总监找你，请赶紧接电话。”话语之间带着一丝紧张。

在电话的那一头，伍兹总监一上来就说：“摩根先生被一个德国人开了两枪。”总监要求塔尼立即赶往长岛。“找出行凶动机，如果有同伙一定要揪出来。必须和我及时保持联系。”说完挂了电话。

大约下午 3 点左右，塔尼赶到了长岛。摩根住宅所在的小镇因为这起事件而一片混乱，镇上流言四起，很多居民觉得镇子已经被包围。英国大使塞西尔爵士就在摩根遭枪击之后几个小时被送往临近的一栋房子。据他说，在路上有一辆载有六人的车子想绑架他，好在摩根先生的司机帕蒂森加快速度，甩掉了袭击者。还有人向警察表示，有一个骑车人有德国口音。另外，当地一家军火制造商基斯通国民炸药公司的老板沃新顿 · 海恩则声称有两名陌生人在他住所前面的草坪上探头探脑，这家工厂生产的炸药都会被运到欧洲战场。当海恩喊这两人的时候，两人迅速逃走。他和西博德国民银行老板的儿子唐纳德·拜恩一起，两人开着车追赶前面的这两个人，但由于车开得太快，结果在第一个转弯处失控，撞到了邻居家的砖墙上。

其实根本就没有足够的证据表明这些事故和袭击案之间存在联系，现在也没有证据可以表明德国间谍卷入这些案件之中。人们只是过于敏感，容易得出一些没有经过证实的结论。最后，根本就没抓捕任何人。但是到了下午，已经有大批的记者聚集在警察局的门口，当他们看到塔尼的时候，赶紧包围过来，就像饿极之人看到食物一样。在赶往长岛之前，塔尼在找一辆可以开的车，结果看到了自己拆弹小组的手下詹姆斯·考依，然后带着他一起来到了长岛。考依会说德语，塔尼觉得带上这么一个翻译或许能用得上。不过现在，塔尼得用他来为自己开路，就像足球场的解围运动员一样，前面的记者实在太多，都围着他发问。

当地的警察局就像是闹市区一样一片嘈杂，无论是警官还是文职人员都在跑来跑去，塔尼看着这一切，感觉整个国家的警察都在这里忙着，就这样进入了警局负责人弗兰克·麦克卡希尔的办公室。此人是个大块头，面泛红光，就像喝过酒一样，一上来就证实了塔尼对于这一系列事件的最初判断。他表示之前这里从来没有发生过类似的事情，或许佣人偷了主人的东西这种事情他们可以处理，但换作是刺杀案件，而且背后还是德国人，这完全在他们的能力之外。塔尼让麦克卡希尔告知他所知道的一切，他的语气很平缓，这样也是为了让麦克卡希尔冷静下来。麦克卡希尔对整个行刺案做了一个比较详细而准确的描述，最后把霍尔特那一张声明交给了塔尼。看到声明之后，塔尼有点困惑，因为这种东西屡见不鲜，美联社和合众国际社已经得到了声明的内容。不过，塔尼还是把所有的注意力都放在了霍尔特的那一段文字上。他读得很慢，似乎是想将每个句子后面所隐藏的信息挖出来，但读到最后，他发现这个杀手确实很聪明，他明白自己被抓之后要想保持沉默是不可能的，所以写了这些东西。霍尔特实际上是想主导和警察之间的对话，让他们把注意力放在自己想要放的地方。塔尼很清楚，他想要知道的是剩下的故事："我想和嫌犯谈一谈。"

当地的警察局没有审讯室，塔尼觉得要是直接把麦克卡希尔的办公室当成审讯室可能会有些鲁莽，会让麦克卡希尔感到不舒服，这将不利于双方未来的合作。所以整个审讯就在走廊里进行，就简单拉了两把凳子，塔尼和霍尔特一人坐一把，面对面审讯就开始了。面前的霍尔特头上还扎着厚厚的绷带，一只眼睛已经被遮住，另一只眼睛也肿了起来。他双手戴着手铐，看起来非常脆弱。塔尼一开始也是问一些很简单的问题，比如嫌犯的姓名、年龄和职业，塔尼这么做是想用一种例行公事的方式让霍尔特放下戒心，同时也可以让谈话深入下去。当霍尔特开始谈话，塔尼立即意识到自己正在进入一个疯狂的世界，要找到里面的奥秘必须有足够的耐心。

"你到底是为了什么要杀掉摩根？"塔尼问道。

"我并不想杀他，我只是想劝说他发挥自己的影响力，让美国停止将大量的军火运往欧洲。”霍尔特纠正塔尼的说法。

“好吧，你选择了一种非常强硬的劝说手段，难道不是吗？”塔尼打趣道，故意想让气氛轻松一点，“用这些炸药干什么？”

“我只是想向他展示一下所有这些问题的根源是什么，就是炸药。”

这样的解释简直就是胡说八道，只是塔尼并没有深究。他想知道的是霍尔特是从哪里搞来了这些炸药，但对这个话题霍尔特恰恰守口如瓶。塔尼后来回忆称，他其实问了很多问题，但都没有得到满意的回答。他知道，霍尔特已经画了一条线，穿过这条线将会牵扯出他的同伙。如果塔尼尽力想推着他跨过这条线，那么他担心霍尔特可能会完全退回去，什么都不说了。不过，塔尼已经从霍尔特的手提箱和衣服口袋中找到了他带的炸药，可以通过对这些炸药进行追踪，掌握相关信息之后再来审问他。如果霍尔特感觉到官方已经掌握了内幕，那么他很可能会坦白。但现在，塔尼还是想和霍尔特先妥协一下，而霍尔特也抓住了这个机会。没有任何犹豫，霍尔特告诉了塔尼他在新泽西购买手枪和子弹的商店的名字。“这些线索让我有的做了。”塔尼高兴地说。在这之前，塔尼已经派考依去找了巴尼茨，他们把拆弹小组在总部办公室的所有成员召集起来，等待塔尼的指示。这时塔尼觉得可以暂时结束对霍尔特的审讯，他迅速给办公室打电话，让自己的人马赶紧根据这个线索展开行动。

肯定已经是第十次了，华盛顿特区的首席探长罗伯特·博德曼再一次拿起一封署名为“皮尔斯先生”的信，不得不再读一遍。这份让人困惑不解的声明当天就被送到了华盛顿几家主流报社，到目前为止这是国会大厦爆炸案唯一的线索。博德曼的上司，也就是华盛顿警察局局长雷蒙·布尔曼那天晚上就离开了华盛顿，到纽约去参加警察技能大赛。爆炸后布尔曼两次打来电话，敦促博德曼快点破案，并让他知道整个部门就靠他了。这其中的信号其实很明显，如果博德曼破不了案，那么探长的位置可以随时换人。然而博德曼能够想到的除了反复读这封该死的声明之外，真的别无他法。读到第十二遍时，仍然没有找到任何线索，博德曼简直受够了。他觉得自己应该休息一下，或许短暂的休息会带来一点灵感。偶然之间，他扫了一眼桌上放的东西，那是一份来自美联社的声明，声明的发表人就是那位试图刺杀摩根的德国人，他随手拿起阅读了几句："如果德国能够在美国这里购买军火，我们当然会拒绝出售。"这句话对博德曼有所触动，他拿来那封署名为"皮尔斯先生"的信，其中也有这样的句子："我们当然不应该向德国出售武器，即便他们可以在这里购买。既然我们现在仅仅是向协约国出售武器，因此如果我们停止这么做将不会有人反对。"意思基本相同，这两份东西肯定是一个人写的。

博德曼顿时感到很兴奋，不仅是因为自己的饭碗保住了，而且还很可能获得提拔。他立马给布尔曼局长发了一封电报："因为刺杀摩根先生而被关押的霍尔特就是周五在国会大厦放炸弹的人。"

调查正在向前推进。塔尼将霍尔特使用手枪的序列号告诉自己的手下，这些探员很快就来到新泽西州盘问霍尔特买枪的店主，同时另一队人马也在调查霍尔特使用的炸药来源。而伍兹总监也很快将华盛顿方面的调查情况通知了塔尼：华盛顿警方怀疑霍尔特卷入了对国会大厦的袭击。这么多消息汇集在一起，塔尼要考虑下一步到底怎么做。他走进霍尔特的牢房，看着他躺在那里。"这家伙可能的确是累了，这一天过得很艰难，又是被打，又是被不停地盘问，浑身是伤。他虽然神志清醒，思维也挺敏捷，但也不是很稳定，一副疲惫不堪的样子。"塔尼觉得现在恰恰是进行正式审讯的时候。

这一次审讯的地点就在麦克卡希尔的办公室，所有人都被召集在一起，包括麦克卡希尔的助手，两名巡逻的警察还有速记员，不过塔尼是主角，主要由他来问问题，然后霍尔特回答。

问："你是哪里出生的？"

答："我脑子现在这个状况，记不住了，可能是威斯康星。真的不知道是什么影响了我，或许是我体内的一些东西，或许是我今天受到的冲击。"

问："你说话有德国口音，你是在德国出生的吗？或者说还是在欧洲别的国家，告诉我事情的真相。"

答："好吧，那你听着，我之前已经说过，我说话确实有外国口音，那是因为我会说好几门语言，我会说法语、德语和西班牙语，这就是原因，你明白了吗？"

问："如果你告诉我你出生在哪个城市，我们不就可以省掉继续问这些问题的麻烦了吗？"

答：“是的。我尽力想一想。（停顿了一下）我可能要让你失望了。”

这一来一回，一问一答，塔尼完全掌控局面，一步一步向前推进，很巧妙地将审讯引入新的方向。华盛顿警方提供的线索必须紧追不放，国会大厦爆炸案中的炸弹是霍尔特放的吗？或者说他仅仅只是策划者之一。塔尼非常想知道答案。但他很清楚，如果自己现在就单刀直入，把这样的问题抛出来，已经在大玩模糊策略的霍尔特肯定会耍花招。因此，塔尼应该通过旁敲侧击的方式，慢慢将霍尔特往这个方向上引，让猎物不知不觉地上套，直到最后难以自拔。

问：“你去过费城几次？”

答：“没去过。”

问：“你是从伊萨卡来的纽约？”

答：“是的。”

问：“你的意思是说你从伊萨卡离开到纽约的过程中从未去过费城？”

答：“从未去过。”

问：“那你怎么会有一份费城当地报纸的剪报？你是从哪儿搞到的？”

答：“我当然是从一份费城的报纸里剪下来的，我就是在周围看到了一份这样的报纸。”

问：“你买这份报纸的时候没在费城？”

答：“我没有买报纸，我就在自己的身边偶尔看到一份这样的报纸，可能就是在米尔斯宾馆。”

问到这里，塔尼觉得有必要向前跳跃一步，绕开这个话题。他没有停顿，语音也没有任何变化，表面看起来一切都没有变。

问：“昨天晚上你睡在哪里？”

这个问题提出来之后，霍尔特意识到自己已经被引到了一个角落。他有点绝望，想尽力打岔绕开，语气也变得有些傲慢了。

答：“现在我可以告诉你，一位美联社的记者之前想问我有关华盛顿的事情，他是想把我和这件事情联系在一起，我想这也是你现在正想做的事情。”

现在轮到塔尼愤怒了，而且他正想放任这种愤怒推着他把问题引向深入。

问：“我并不想把你和任何事情联系起来。我只是想得到真实的回答。我对你很坦率，也很真诚，我将会公正地调查你给出的任何一个回答。”

塔尼已经感觉到霍尔特正在被逐渐抽空，他为自己建的高墙正在坍塌,甚至装疯卖傻也不能自保了。他长叹一声,开始招供了。

答：“我觉得那封署名为“皮尔斯先生”的信就是我写的。我昨天就在华盛顿，然后坐火车到这里。这么说一点儿没错。”

塔尼表面上并没有流露出胜利的喜悦，他还是很冷静，按照既有的方针一步一步追问华盛顿袭击的细节。麦克卡希尔仅仅听了前面那一部分，然后就出去给华盛顿的博德曼探长发了一封电报：“是霍尔特在昨天下午 4 点左右把炸弹放在了国会大厦，然后在半夜的时候离开华盛顿前往纽约。稍后将会发来更多细节。”

晚上7点半左右，霍尔特被转移到旁边一个县的监狱，这是塔尼坚持的结果，他告诉麦克卡希尔，这么做是一种预防措施。当时，麦克卡希尔还不是很明白，后来才意识到塔尼正在怀疑一个更大的阴谋。

第 48 章

在一个资深探员漫长而繁忙的职业生涯中，会处理无数的案子。一旦破案，探员会存案留档，很快也就会忘掉。但对于绝大多数探员来说，案子没有破，是很难轻易忘掉的，这些谜团会一直萦绕在他们的生活中，时不时就会再次浮现出来。当霍尔特被转移之后，麻省剑桥地区的一个探员帕特里克·赫尔利突然之间想到了九年前的一桩案子。当时他读到晚报上的那条有关一个德国人试图暗杀摩根先生的新闻，其中有一句话引起了他的回忆，那就是报道中形容袭击者“步履不整”。这个词正是他在1906年当时用来形容通缉犯蒙特的词，此人在毒杀自己的妻子之后逃跑。

当初蒙特教授的案子让他非常沮丧,因为到现在都没有破案。不过，他还是自嘲了一下，自己是不是太急于想得出这个结论。这个世界也许有数千名，甚至是数万名步履不整的人，因为骨头得了一种结核病而走不稳当，这个特征并不是特别稀有。不过，他还是得到了一丝灵感。他重新阅读了报纸上对弗兰克·霍尔特的描述，脑子里浮现出了这个人的形象，每个细节都和他记忆中的蒙特教授相吻合：五英尺十英寸高，黑头发，瘦脸，额头比较高，走路走不稳。当天晚上他就给麦克卡希尔发了一封紧急电报："有理由相信，霍尔特就是麻省剑桥警察局通缉的蒙特教授。"他还表示自己可以在第二天发一张蒙特的照片过来。

在塔尼的世界里，尽管独立日已经到来，但这不是他期待的周日假期。那一天早上，他起得比较早，准备再去提审霍尔特。他花了一个晚上把自己关注的问题都整合起来，就在前往长岛的路上，这些问题又在脑子里重新放了一遍。

就在昨天，霍尔特向他讲述了在国会大厦爆炸的那颗炸弹是怎么制造出来的，他将三管炸药绑在一起，把其中一管炸药的末端掏空，装上火柴，而在火柴上面放一个木塞，木塞里装上硫酸。这样一来，硫酸就会侵蚀木塞，最后流向火柴，将火柴点燃，引爆炸药。这是个不错的爆炸装置！不过塔尼在听霍尔特绘声绘色地讲述时就已经意识到，这个引爆原理根本就不成立。他在拆弹小组工作多年，对炸弹的原理知道不少，非常确信霍尔特所说的这一切全是谎言。硫酸需要好几个星期才能腐蚀掉木塞，而且即便是硫酸和火柴融合在了一起，也不会让火柴燃烧起来。因此塔尼很清楚，霍尔特自己并不知道怎么捣鼓炸弹。

如果霍尔特没有自己弄出炸弹来，那么是谁弄出来的呢？这个人难道和卖给他炸药的是同一个人？谁给他提供资金？其他的炸药是不是还藏在别的地方？他们已经从霍尔特的手提箱和大衣里找到了三管炸药，在国会大厦引爆的也是三管炸药，凭直觉塔尼认为霍尔特买了更多炸药。

事实上，霍尔特有关炸药的说法一点意义也没有，除了他尽力掩藏的这样一个事实：他并不是单独一个人在行动。而在之前的审讯中，塔尼想在挖掘他的同伙方面有所突破，只是霍尔特在这方面很是警惕。“我想很容易得出的结论就是我没有任何同伙。”霍尔特直截了当地回答塔尼的追问。然而经过一夜的思考之后，塔尼确信霍尔特有同伙。刚一到监狱，塔尼就接到消息，巴尼茨要和他通电话，原来他在新泽西找到了霍尔特当时买枪时的材料，他的签名是“亨德里克斯”，地址是长岛。有了这条最新的消息，塔尼来到审讯室，霍尔特已经坐在了那里。仅仅是经过了一夜，他好像已经老了十几二十岁，胡子也没刮，而且监狱管理员把他原来穿的衣服也换了下来，因为原来那身衣服也可以作为证据。他换上了很大的囚服，袖子伸出来很长，腰身也非常肥大，看上去就像个被衣服裹着的小孩。塔尼找到了自己的心理优势，开始主动出击。

为什么要留下这样一个虚假的姓名和地址？塔尼希望霍尔特能够明白，他们在接手这个案子之后仅仅几个小时就搞到了这条信息，想让他对警方的调查能力印象深刻，这样他或许就会积极合作。但是霍尔特不为所动，起“亨德里克斯”这样一个名字纯粹是一时兴起，至于留下的地址，碰巧是旅行时在铁路时间表上看到的。所有这些都是偶然的，没什么原因。塔尼又把问题转移到炸药上，是在哪里搞到炸药的？搞了多少？剩下的炸药藏在哪里？

在监狱里的那一夜，估计霍尔特也在积极思考对策。当有些问题不可避免地被提出来时，哪些可以说，哪些不能说，塔尼怀疑他都有考虑过。在第一天的审讯中塔尼不停地问问题，霍尔特也很清楚除非对方已经有了答案，否则自己不能放弃。因此，他想出了一个策略，让塔尼完全摸不着头脑。他主动声明将在7月7日回答所有问题。

为什么是7月7日？在三天之内难道会发生什么事情？

霍尔特没有进一步透露。“所有的事情将会在7月7日全部披露出来。”霍尔特再重复了一遍，脸上带着狡黠的微笑。

毫无疑问，霍尔特非常享受那种自己知道这一切谜团的谜底所带来的快感。他虽然只是一个囚犯，手上戴着手铐，被打被羞辱，但现在他已经扭转了审讯的方向，掌握了主动权。而塔尼自己已经显得疲惫，甚至有些绝望。他发现自己已经默默地接受了这样一个事实，那就是霍尔特突然占据了优势。7月7日这个日子要么更疯狂，要么就是毫无意义的一天，只是为了故意挑衅，戏弄审讯者。难道说这一天他的同伙——德国间谍？反战分子？会完成从美国的逃亡？不过这样他们之前的存在也就被证实了。也有可能出现的情况是，这一天会发生新一轮的袭击活动，新一轮的爆炸。

不管怎么样，这都是一个谜，需要塔尼去解开。他让监狱管理员先把霍尔特带下去，自己需要一些时间来思考。7月7日到底会发生什么？他不停地思考这个问题，就是得不出一个让人信服的答案。他跟巴尼茨打电话，跟伍兹通话，但谁也没有给出答案。这个时候塔尼觉得应该出去一下，开车透透气。或许，离开监狱这样一个封闭的空间能够放开思路。于是他开着车沿着长岛的乡间道路走了几个小时，脑子里浮现出很多理论，但没有一个让他感觉有信心。当他重回监狱的时候，发现这个本就已经复杂的案子又被提升到了一个全新的、让人更意想不到的阶段和方向。麦克卡希尔在接到麻省剑桥警察局的电报之后，把附近拿骚县的地区检察官带了过来，这位检察官曾经在哈佛大学跟蒙特学德语，经过一番辨认之后他确认霍尔特就是蒙特。而在芝加哥，警察也把霍尔特的新照片给蒙特的两位妹妹看，她们得出的结论是此人就是自己逃跑的兄弟。“这样的新闻会要了母亲的命！”

塔尼意识到，这个案子将秘密一层一层剥开之后，只会出现更多的案子。皮尔斯—莱斯特—霍尔特—亨德里克斯—蒙特，其实就是一个人，真是越来越有意思了。有必要重新评估这个囚犯，他看起来那么弱的样子，却是毒死妻子的人，搞爆炸的凶犯，袭击摩根的枪手，那么他的下一步计划呢？

随着新一周的到来，塔尼和他的团队开始紧张工作，尽力找出霍尔特下一步的计划，他们必须搞清楚将会发生什么事情，以免措手不及。塔尼本人前往长岛附近的火车站，盘问货运代表，经过谈话找到了霍尔特租的那栋单层小屋。在屋子附近，塔尼找到了一个男孩，他曾经推着独轮小车为霍尔特搬运过行李，将一个大箱子运到火车站。再次回到火车站之后，管理人员找到了相关记录，这个大箱子运到了纽约，但至于具体放到了哪里则不清楚。

突然之间，所有的谜团都集中在了这个大箱子上，要找到这个箱子，非常急迫。据调查，一家名为埃特纳的炸药公司在其记录中找到了一个名为“亨德里克斯”的人曾经订购过200管六成纯度的炸药，另外还有一份订单，订购了200管四成纯度的炸药。也就是说，霍尔特一共买了400管炸药。凭直觉判断，塔尼认为这些炸药肯定就藏在那个大箱子里。但他现在对于大箱子到底运到了哪里一点概念也没有。7月7日就是周三，只有两天时间了。绝望之中，塔尼只有回到监狱去审讯霍尔特。但是，每次当他问起炸药的问题时，霍尔特的回答只有一个：“7月7日我将告诉你一切。”

塔尼的忍耐差不多到了极限。他在霍尔特身上尝试了任何可以尝试的审讯手法，但都徒劳无功。霍尔特显然是按照自己的计划出牌，只说自己准备说的东西。这是在耍塔尼。意识到自己的无助之后，塔尼的自尊心被深深刺痛了。

“你给我听着，” 塔尼终于爆发了，“那些炸药就在大箱子里，随时都可能会爆炸，让很多人丧命，你最好尽快告诉我箱子的位置。”这一次霍尔特还真的妥协了：“好吧，箱子就藏在第14大街和第十七大道附近的一个仓库里。”

警报响起。塔尼和手下就像发了疯一样赶紧去搜查那两条大街附近的仓库，赶到之后已经是晚上了，值班的只有一个门卫。他对箱子藏在哪里一点概念也没有，要找到箱子只能靠他们自己搜查。整个仓库非常大，有八层楼，面积足有一个街区那么大。

在巴尼茨的带领下，六名警员开始搜查。一层一层搜，有了进展随时向警察总部报告。

这时候有一名警官过来告诉塔尼："伍兹总监刚刚打电话过来，让你往哈佛俱乐部给他打个电话，他在那里。"电话拨通之后，传来了伍兹总监的声音："尽快找到箱子，看看里面到底装了什么。华盛顿方面刚刚通知我，他们获得一条消息，霍尔特的妻子刚刚收到一封霍尔特 7 月 2 日寄给她的信，信中说炸药已经安放在了船上，现在船已经出海，7 月 7 日将会被炸沉。"

7月7日将会发生的事情,现在很清楚了: 一艘船将会被炸沉。是哪艘船呢？而且就像霍尔特上次的行动那样，他在引爆国会大厦之后马上就去袭击了摩根先生，这次的爆炸是否也是两轮袭击的开端呢？要知道这些问题的答案，塔尼还需要等待，首先要找到炸药的位置。找到箱子之后，如果在开箱的时候发生了什么，那其实也不必向伍兹总监汇报了，因为他所在的哈佛俱乐部必定会感受到炸药爆炸的威力。

两个小时之后,终于在第五层的一个角落里找到了那个箱子，箱子上面还压着其他的东西，他们小心翼翼将箱子抽出来，然后搬到底层，想在灯光比较亮的第一层将箱子打开。巴尼茨亲自动手，用一把斧头将锁敲开，塔尼慢慢打开盖子。箱子里面的确是炸药，一共是 134 管六成纯度的炸药。之前，霍尔特已经用掉 6 管炸药，这样一来一共有 60 管六成纯度的炸药和 200 管四成纯度的炸药仍然下落不明。塔尼突然间明白，为什么霍尔特最终还是松了口告诉他箱子的位置,因为这其实只是故事很小的一部分,大部分的秘密仍然被深藏于心，保卫得严严实实。这260管炸药，足以炸塌一栋大楼，炸平一家工厂。塔尼唯一的希望就是第二天再次赶回监狱，一定要从霍尔特的嘴里把消息给撬出来。

塔尼首先向哈佛俱乐部的伍兹总监报告最新情况。这次，伍兹没有急着命令他赶紧行动，而是叫他到俱乐部来一趟，两人需要面对面聊聊。20分钟之后，塔尼赶到俱乐部，伍兹总监已经为他准备好了一杯啤酒，斯库尔副总监也在场。他们的谈话围绕霍尔特展开，这个人始终是一个谜，有关他的信息还不多。三个警官都相信，如果把他们的脑力汇集起来，应该能找到问题的解决办法。就在他们聊天的过程中，一位服务生走了过来，告诉伍兹总监有电话找他。伍兹起身，塔尼继续和斯库尔聊。过了一会儿，伍兹回来了。很明显，总监脸上的表情大变，像是受到很大的震动，然后他用非常严肃的口气说道："霍尔特已经在监狱里死了。"

第 49 章

有关霍尔特的死亡，有两个版本，而且都是官方的说法，至少暂时如此。两种说法的源头都来自于杰里 · 瑞恩，他是晚上换班时看守霍尔特的卫兵。瑞恩是在 7 月 6 日晚上 8 点 10 分到岗的，他坐在一个直背木椅子上，从那里可以直接看到霍尔特的囚室。霍尔特看到这个卫兵之后，立即开始和他聊天，他说 7 月 7 日将成为重要的一天，他非常期待这一天的到来，估计晚上很难入睡。“但我确实很想睡。”霍尔特说。

瑞恩看着霍尔特不时翻来覆去的样子，不免心生怜悯，不管这个人犯了什么罪，他至少有权好好地睡上一觉。于是，瑞恩告诉他不要去想明天，先好好睡一觉。“好的，我将尽量好好睡一觉。”霍尔特说。“那么我将尽我所能保持安静，不会吵到你。”瑞恩说。

瑞恩很快就看到霍尔特睡着了，这让他心里得到了些许安慰。囚室门仍然开着，这是另外一名监狱看守人威廉 · 休尔茨所坚持的，万一霍尔特要自杀，休尔茨希望瑞恩能够尽快冲进去解救，而不是把宝贵的时间花在开锁的工夫上。大约到了 10 点 35 分，瑞恩听到另一个囚室传来一声声响，于是他过去看看到底发生了什么情况。根据他自己后来的解释，他觉得可能是犯人需要帮助。

瑞恩走开之后，霍尔特短时间内就处于无人看管的状态，囚室的门开着没有锁，瑞恩甚至都没想过要去把门关上。他觉得这么做没什么必要，因为自己也没有走远，而且霍尔特还睡得死死的。然而，瑞恩听到的下一个声响是一声爆炸，非常响。他确定应该是一声枪响，是手枪的声音，或者也可能是步枪。这一点还不是很确定。他所知道的是，这响声有点尖锐，有点不一样。于是，他赶紧叫监狱医生克雷格霍恩。霍尔特开枪自杀了。当时，霍尔特脸部朝下，躺在囚室外面坚硬的地面上，在他身边有一摊血。克雷格霍恩医生赶到后，两人把他的身体翻过来。“他肯定是有一把枪，因为我听到了枪声。”瑞恩说。克雷格霍恩检查了尸体，霍尔特的头部受重伤，头骨损坏严重，他还查出两处特别的伤口，应该就是子弹枪伤。“看起来他好像是把自己的头部给打碎了。”医生说。

这个版本就是伍兹总监在哈佛俱乐部与塔尼分享的。不过，在塔尼离开之前，伍兹似乎说漏了嘴，还有另外一个版本，也就是霍尔特并非自杀，而是被另外一个德国人打死的。塔尼担心这样的结果可能会使这个案子产生国际后果。如果霍尔特真的是被德国人干掉的，那么目的很明显，就是不让他在审讯中抖搂出更多的真相，因为这样会把德国政府卷进去。

塔尼当天晚上紧急赶往监狱，巴尼茨开车全速行驶，塔尼坐在车上，心跳加速，他在思考接下来可能会发生什么事情。估计整个美国都无法忍受国会大厦被炸，然后主要嫌犯还被德国间谍刺杀，战争难以避免。然而到了第二天，有关这件事又出现了一个全新的说法，霍尔特并非被枪杀，这个说法已经给了新闻界。而根据监狱官员的说法，当时霍尔特爬到囚室上面的横梁上，然后头部朝下跳下来，自杀而死。克雷格霍恩对头部所谓子弹伤口的判断是错误的，因为这所谓的伤口其实是在霍尔特袭击摩根先生之后，在他家被砸出的伤口。而瑞恩在和休尔茨谈过之后，也接受了这种说法，他听到的声响并不是枪声，而是霍尔特脑部着地碰撞出来的声音。不管怎么说，验尸官已经同意对尸体进行一些后续处理，而验尸第二天就会进行。验尸官沃尔克 · 琼斯则对媒体公开表示，这样的验尸恐怕就是例行公事。

在霍尔特死后的几天里，塔尼一直等着媒体来询问有关霍尔特的各种问题，比如他是不是一个人单独作案，他死亡的原因到底是什么等等。而就在这些天，媒体上出现了很多想象力非常丰富的报道和故事。比如纽约一家小报就发表了题为“蒙特的炸弹之谜”的文章，文章暗示这个康奈尔大学的语言学教师根本就不可能制造出这么复杂的炸弹，把国会大厦炸得如此不堪。接下来《纽约时报》也发表了一篇支持这种说法的文章，文章称：“查尔斯 · 蒙洛教授在乔治 · 华盛顿大学进行的实验显示，按照蒙特的说法制造的炸弹根本就炸不了。”其他的报道主要集中在那些仍然失踪的炸药上，以及由此产生的问题。《纽约时报》还刊发了这样一篇带有挑衅性的报道："警方已经倾向于认为蒙特是通过两种方式搞到炸药的，一种是自己亲自去买，另一种是通过一个网络获得。而且他们也倾向于相信他得到了别人的资助，因为他自己的钱并不多。"当有记者问伍兹总监蒙特是否有同伙时，他的回答被广泛引用："对这个问题给予否定的回答是非常危险的事情，在这个案子当中出现任何情况都不会让我感到特别吃惊。"而在蒙特自杀的监狱，负责看管他的杰里·瑞恩再一次对记者含糊其辞："我拒绝在这个案子当中成为替罪羊，我从来没有下过结论，认定蒙特是自杀还是被枪杀。"很快，《纽约时报》又发表了一篇报道，报道称正对着蒙特的囚室有一扇窗户，刺杀者可以通过这扇窗户采取行动。

为了回应瑞恩的说法以及《纽约时报》的多篇报道，监狱所在地的政府会同地方检察官威廉·史密斯发表了一份广受报道的声明："地方检察官将在职权范围内竭尽所能找到这一事件的负责人，诉之于法庭，如果证据确凿，必然将采取进一步的行动，相关负责人也必会被绳之以法。"塔尼读到这个声明之后，有点兴奋，他觉得官方终于对此进行全面调查了。蒙特到底是不是被枪杀的？如果真的是被枪杀，凶手又是怎样进入监狱的呢？

但塔尼的希望很快就破灭了，声明发表的第二天史密斯检察官非常恼火，他称当地政府给人们制造了一个错误的印象，他并不是要去调查是否发生了枪击事件："这真是无事生非，这里面毫无疑问存在渎职的问题，我们都知道这一点。"调查终止之后，媒体上相关的报道也越来越少甚至消失了。似乎，有关蒙特的死，以及他是否有同伙的报道都失去了新闻价值，这显得很怪。塔尼觉得，是不是这些记者们得到了指示，不要再继续挖下去？同时，是不是这些编辑们也仅仅是奉命行事？他自己猜测可能是这些报纸的老板，人脉广泛，嗅到了什么风声，如果继续深挖这一问题，可能会导致不可挽救的后果：整个国家除了走向战争之外会别无选择。这种做法是一种爱国主义？是在维护国家利益？塔尼没有答案。但他发现自己越来越像是一个失意的人，这个案子一时之间不会有一个满意的结论。当伍兹总监让他带领这个特别行动小组的时候，曾经告诫他有些秘密永远都不要公开。他现在怀疑，围绕霍尔特之死的真相，就属于这种永远都不要公开的秘密。

塔尼现在感觉到彻底的无助。他很确信，一旦验尸官判定这是一起自杀，那么这个案子也很可能就完结了，留给他的将全部是疑问。他在想：霍尔特的钱到底是从何而来，有充足的资金到华盛顿、费城，然后还能租单层小楼，购买400管炸药？他也在想：是谁建议他把自己化身为《夏季协会指南》的代表？又是谁制造了炸弹，向他提供黑色的福特轿车让他能够在长岛自由活动？那丢失的260管炸药到底去了哪里？这些会用来制造新的炸弹吗？霍尔特到底是一个人行动还是有团伙协作？有人帮他策划这一系列的行动吗？塔尼时刻在想霍尔特的死是不是意味着这些问题的答案将永远成为一个谜。

“如果霍尔特是一个德国间谍，”塔尼自言自语，“那么他就是带着自己的秘密而死。”想到这一点，塔尼的那种无法破案的耻辱感油然而生。这是他的案子，就在他的手中，但整个案子已经支离破碎。凭着这么多年当警察的直觉，塔尼认为霍尔特肯定有同伙，但这些阴谋的策划者已经逃之夭夭。对于这一切，塔尼无能为力。

突然间，塔尼想到了两件事，其中有一件事出现了一个非常明确的目标。他的拆弹小组已经收到一份可靠的报告，报告称7月2日曾经有一个女人出现在摩根先生的办公室，她是想提醒这个金融家，第二天可能会发生什么事。不过，摩根并没有和她会面。塔尼找到了这位女性，只是她称当时自己并不确定第二天会发生枪击事件，或许那个时候再来提醒已经太晚，不能改变什么情况了。这个信息对塔尼而言非常重要，他持续往里挖，没花太多时间就得到了一条重要信息，这位女士曾经在林特伦的公司待过一段时间。然后就是在7月7日，一艘满载军火驶往法国的蒸汽船在大西洋上发生严重爆炸，上层甲板的大部分都被炸飞。霍尔特的预言已经成真，这也吸引了塔尼的关注。这仅仅是一起简单的事故，还是说霍尔特就是凭运气做到了，然而战争已经开始，这种事情已经无从证实了。另外还有一个问题，霍尔特对纽约港口并不熟，他又是怎样将炸药弄到船上去的呢？

塔尼手中没有任何证据，至少没有那种足以拿给地方检察官进行起诉的证据。到现在，他更加确信霍尔特不是一个人，他加入了一个组织严密的网络，这个网络本身对这一系列的爆炸负责。而且还有一点几乎可以肯定，霍尔特的上司应该是从那个经常出入纽约游艇俱乐部的人那里得到指令，此人走起路来规规矩矩，腰板挺直，像一个职业军人，塔尼在游艇俱乐部门前见过他。塔尼决心从这个切入口下手。自英国军情处驻纽约负责人葛恩特第一次告诉他有关林特伦的事情开始，塔尼就怀疑他有很多信息并没有拿出来分享。塔尼对英国人为什么能弄到这么多信息其实也没有一点概念。于是，他去找葛恩特，希望他能够给予帮助。

7月19日早晨，在纽约游艇俱乐部，阳光已经洒满餐厅，一位白衣服务生急匆匆赶过来交给林特伦一个信封。打开之后，林特伦看到信上除了一个不熟悉的电话号码之外什么都没有，显然是要他赶紧给这个号码打个电话。他立即离开餐厅打电话，对方是博依德，这多少让他有点吃惊。博依德约他半个小时之后在街边的角落碰面。林特伦达到后，博依德交给他一份来自柏林的电报，内容已经解码："请告知林特伦返回德国。"

对这份电报，林特伦有点吃惊，因为他之前曾经通报柏林总部在任何电报中都不要直接用他的名字，而且也不要通过大使馆来给他发电报，因为他早就觉得德国和大使馆之间的通信并不安全。为什么要自己回去？难道是因为他的各种行动计划已经取得实质性的进展？"这里的爱尔兰人依赖我，我们组织的各种罢工活动正在蓬勃发展，我们也不停地在驶往欧洲的货轮上安装炸弹，所有这一切现在都要终结。"很多年后，想到这一点，林特伦还是在抱怨，沮丧始终在他的脑子里挥之不去。但作为一名特工，林特伦别无选择，只好照办。他再次拿出那本伪造好的瑞士护照，在8月3日登上了从纽约开往鹿特丹的客轮"诺尔丹号"。九天之后，"诺尔丹号"开始接近英国海岸线，根据老规矩，船将会在海上停几天，英国士兵登船检查护照并查看船上装的货物。林特伦并不害怕，但因为拿的是假护照，这对于一个德国人来说难免会有一点点紧张。

第一天的检查很顺利，没出什么事。第二天一早，有人来敲他的舱门，船上的乘务员还没等林特伦回答就直接朝着门喊："英国士兵想要和你谈话。"

乘务员显得有些不安，不过林特伦并未觉得有什么好担心的，他很自信，自己不会有问题，解释一下就可以了。他从浴缸起身，穿上丝质的浴衣，起来开舱门，门外有两位军官和十名水兵，水兵们拿刺刀瞄准林特伦的胸前。"你就是加歇先生？"一名英国军官问道。

"是的。我能为你做点什么？"

"我们接到命令要把你带走。"

"我不想在这里下船，我要去的是鹿特丹。"林特伦争执道。

"对不起，如果你拒不从命的话，我们只好动手了。"

就是在这一刻，看着眼前亮闪闪的刺刀，林特伦意识到这封电报根本就不是从柏林发来的。这是一封伪造的电报，肯定是有人破解了德国的外交密码，他们把自己带进了这个圈套。当被一群士兵带下船时，他肯定会禁不住去猜想：塔尼的手真是伸得够长的，能够跨越大西洋，最终抓住我。

ARK INVASION

PART VI
TONY'S LAB

第六部分：托尼的实验室

第 50 章

回过头来看，对德国驻美使馆商务参赞海因里希·阿尔伯特而言，唯一的问题或许就是他不应该对省钱这件事如此在意。当军情处的间谍头子对他的行动进行评判时，觉得这位参赞在 1915 年夏天干的一件事完全失败，糟糕透顶，甚至连最基本的间谍常识都给忘了。就节俭而言，省下 1.75 美元的出租车费根本就谈不上什么节约，而这个行为让耗资 4000 万美元搭建起来的间谍网络陷入险境。最起码，作为一个为秘密间谍网络提供资金的人管家，在行动时必须要有很强烈的安全意识，特别是在客轮“鲁斯塔尼亚号”被击沉之后。显然，阿尔伯特太疏忽了。

十个礼拜之前，也就是 1915 年 5 月 7 日，在爱尔兰南部海岸附近，德国潜艇在毫无预警的情况下向美国库纳德轮船公司的客轮“鲁斯塔尼亚号”发射鱼雷。这艘船是当时跨大西洋航线吨位最大、航速最快的客轮，同时也是一艘非常奢华的客轮，被誉为“海上宫殿”。遭到攻击之后，客轮在水上起伏了几下，然后快速下沉，消失在波涛之中。这次袭击事件一共造成1198人死亡，包括124名美国人。

消息传来，举国震惊。德国对毫无防卫能力的平民发动冷血进攻，死难者当中甚至还包括很多来自中立国的妇女和儿童。作为报复，美国的媒体在报道时用了很多非常愤怒的形容词，比如“野蛮”“流氓”“不可理喻”等等。甚至美国总统顾问爱德华·豪斯，此人曾经在得州担任过上校，也预言美国很快将做出回应，而不只是口头上的抨击。“我们将在一个月之内与德国开战。”他自信地说道。

德国对于美国舆论的这种反应也做出强硬回击。德国政府仅仅是对美国公民的死亡表达最深切的同情，但同时毫不妥协地指出，这艘客轮无视德国潜艇的封锁，而且客轮上装有很多走私商品: 4200箱雷明顿步枪子弹和1250箱榴霰弹，同时还有很多食品。德国大使贝恩斯托夫的回应更加强硬，甚至冷血得让人无法原谅，他声称和英国封锁大西洋航线在欧洲大陆导致妇女和儿童死亡的人数相比，潜艇战的受害者要少得多，在海中溺死远没有被慢慢饿死可怕。

袭击发生的六天之后，威尔逊总统对此进行了正式的官方回应。实际上，他对德国政府的外交照会完全就是在战争与和平之间走钢丝，这位大学教授出身的总统非常学究式地声称，一个好斗的国家即便是要报复其敌人，也不能伤及中立国的平民，必须对中立国的实力有所尊重，否则，这样的实力将不再允许类似的行为继续发生。声明中，作为美国三军统帅，威尔逊总统并没有表示如果自己的要求被忽视会采取什么样的实质行动，因此这不是一份最后通牒，甚至连威胁都算不上。

即便总统如此走钢丝，尽力不做任何可能将美国卷入战争的事情，但他还是持续读到纽约警察总监伍兹有关德国间谍在美国搞破坏的报告，这些保密报告让总统充满了愤怒。很明显，德国正在美国本土打一场不宣而战的战争。“鲁斯塔尼亚号”客轮上有那么多美国平民遇难，让他觉得发生在欧洲的战争离国内并不遥远。威尔逊总统为此要求国家安全团队针对德国间谍展开秘密的反制行动。

就在向德国发出外交照会一天后，威尔逊总统立即采取了果断的行动，他要求财政部部长威廉·迈克阿多对德国和奥地利驻美使馆人员进行监控，当时美国国内的秘密情报部门由财政部负责。秘密情报部门的负责人威廉·福林多年之后披露说：“当时我们就租了一间房间，将线路接到两家使馆内部，他们的每一部电话我们都能窃听得到，比如说当使馆内的电话响起，我们这里相应的电话也会闪一下，四名书记员在这里倒班工作，他们全都是语言学家。”而在纽约，塔尼早就开始了窃听活动。这一次，联邦层面也派人过来强化对德国间谍的跟踪和窃听。

美国已经展开行动，只是行动还是在秘密进行中。这场秘密战争已经进入一个全新的阶段。

阿尔伯特对这些变化浑然不知，“鲁斯塔尼亚号”客轮的沉没也没有让他更加警觉。内心里，阿尔伯特对美国这样一个敌人还是心存蔑视，美国的总统前不久还在演讲中称他不会让美国参加战争，这更让阿尔伯特确信根本没有必要担心美国会采取行动。他感觉自己在纽约的街道上就像在柏林的街道上一样安全。

从某种程度上来说，这种分析是对的。阿尔伯特并没有进入美国特工的监控名单，或者更准确地说不是主要的监控目标。1915 年 7 月 24 日，一位名叫乔治·希尔韦斯特·维雷克的美国人成了美国特工跟踪的对象，此人是一份亲德报纸《祖国》的主编，风流潇洒，一头金发。当维雷克那天到下曼哈顿地区的百老汇大街 45 号时，跟踪他的秘密特工开始更加警觉。这里正是汉堡美国船运公司的办公室所在地，当时跟踪的特工们也不知道维雷克会一个人出来，还是有同伙。正在现场的一位特工霍顿想着不能放过任何机会，于是打电话给位于附近海关大楼顶层的行动总部，要求再派一个人过来。另一名特工弗兰克·伯克加入进来。伯克一开始并不是很愿意，因为这是在周六，天气炎热，而且他还想着去看一场棒球比赛。不过在霍顿的坚持下，下午 3 点左右，伯克过来了，正好赶上维雷克离开这栋大楼。和他一起的还有另外一个人，个子更高一些，年纪也更长，脸上有一个似乎是决斗留下的伤疤。他手上拿着一个手提箱，派头非常像一名普鲁士军官。让跟踪的特工有点不解的是，维雷克对这个人非常恭敬，直到后来他们才知道此人就是德国大使馆的商务参赞阿尔伯特。

四个人站在马路上，两个很小的决定后来被证明影响巨大。首先是阿尔伯特的一个决定，他没有叫出租车，真不知道是怎么想的，难道是为了省钱？而在他办公室的保险柜里锁着 700 万美元的票据，可以立即兑换成现金，显然是不缺钱，或许他是觉得花 1.75 美元叫出租车有点奢侈。在这个炎热的下午，他和维雷克一起走了不少的路去搭乘有轨电车。两名特工紧随其后，他们也拟订了计划，如果维雷克他们分开的话，那么霍顿负责跟踪维雷克，而伯克则负责跟踪那位军官模样的人。在第 23 大街，维雷克独自下了电车，霍顿示意了一下伯克，自己跟了上去。闷热的夏日让阿尔伯特汗流满面，电车晃晃荡荡也让他昏昏欲睡，他开始打盹，坐在对面的伯克这下有点乐了。他清楚地记得塔尼曾经警告过他，有些德国人比鱼还滑，因此一定要小心。不过这个人，不管他是谁，这次恐怕溜不了，因为他睡着了。车子在第 50 大街车站停了下来，一个刹车把阿尔伯特给弄醒了。他突然之间醒来，看到车门打开，而自己也到站了，阿尔伯特赶紧下车，但匆忙之间，手提箱忘了拿。

伯克盯着这个手提箱，他根本不知道箱子里装着非常重要的东西，仅仅是看着箱子放在那里。他打定主意，一定要拿走这个箱子。拿到箱子后，他把它夹在自己的手臂下，然后来到电车的后门处。伯克告诉自己，不要跑，尽量不要引人注意。没过一会儿，他看到阿尔伯特回来了。他跟着车跑，眼睛来回扫车上的座椅，看箱子还在不在，脸上的表情明显有些慌张。伯克找准时机从车上跳了下来，然后躲在一根柱子后面。他看着阿尔伯特急匆匆地从台阶上往下走，走到马路边上，一副故作镇定的样子。伯克在人群中走向站台的另一端，他走得不快不慢，然后也走下台阶。

伯克来到马路边上，登上了另一辆有轨电车，他暗自庆幸自己这下子终于可以摆脱阿尔伯特。但不幸的是，就在这个时候，他听到了呼喊声：“停下，贼！那个人偷走了我的手提箱！”他转过身，看到脸上有刀疤的阿尔伯特就在车外，跑着追赶电车。他跑得很快，很快就要追上了。伯克也意识到，当电车到站之后，此人肯定会上车。“那个人就是个疯子！”伯克指着后面追赶电车的人对售票员说。售票员回头看了一下，对伯克的说法表示赞同，觉得要是让他上车的话肯定会带来不少麻烦。于是，售票员来到车的前端告诉驾驶员不要停车，因为有一个疯子在后面追赶。电车一直往前开，阿尔伯特没有放弃追赶，他不停挥手，声音逐渐变得嘶哑。但没过多久，伯克发现这个人已经越来越远，过了几个街区之后，他已经彻底从视线中消失。这个时候伯克下了车，在确认没有被人跟踪之后换乘反向行驶的电车，找到最近的电话亭，然后跟自己的上司威廉·福林打电话汇报情况。两人随后在海关大楼的办公室会面，福林自己动手将箱子打开，里面装的全是文件。而且，这些文件还都是用英文写成，省去了翻译的功夫。在阅读这些文件的时候，福林很快就意识到这是一个巨大的宝藏，这些文件太有价值了。他马上给财政部部长迈克阿多发去一封电报。此时财政部部长还在缅因州自己的老家消夏。电报说：“因有紧急事件必须马上会面。”在没有等到财政部部长答复的情况下，福林当晚就乘车前往缅因州，手提箱铐在自己的腰间，伯克随行当保镖。

阿尔伯特没有追上电车，就去了德国俱乐部，他跟博依德和帕蓬会面，向他们讲述了当天下午发生的事情，尽量淡化自己的责任。他说，一个贼偷了他的手提箱，箱子里装有可能对德国政府不利的文件。如果箱子落到敌人手中，该怎么办呢？博依德的问题很简单：是不是可以确定拿走箱子的人就是一个普通的贼？“绝对是的。”阿尔伯特保证，他也深信没人会对这个箱子感兴趣。博依德表示赞同，他也确信敌人对商务参赞的秘密行动不会太过上心，因此丢了箱子只是一件普通的麻烦事，只会带来一些不便，这种事情发生在纽约公交系统并不奇怪。贼打开箱子发现里面就是一堆文件之后，恐怕会觉得自己的运气实在太糟糕，箱子里没有钱，他只会把它扔掉。不过，阿尔伯特还是让助手在《纽约电讯晚报》上刊登了一条寻物广告：

本周六下午 3 点半在第 50 大街电车站上车后丢失一个棕色小手提箱，里面有一些文件，请送到第 47 大街东五号。20 美元奖励。

在白宫椭圆办公室里，美国政府高层正在举行会议，迈克阿多是主角，会议成了他一个人的秀场。在他演讲的时候，威尔逊总统、豪斯上校以及蓝辛国务卿都在认真倾听。带着一分会计师的精准，迈克阿多引用了文件中的一系列数据，其实不需要他太多的渲染，文件的内容本身就说明了一切。每一件事情，最后都直接和德国驻美大使馆联系在了一起。其中有一堆文件详细阐明了德国是如何利用美国的一些工业巨头作为代理人在康涅狄格州设立军火工厂。比如，布里奇波特弹射设备制造公司就被注资 200 万美元，该公司的任务是以比较高的价格尽量采购用来制造

界报》的相关报道。对此，阿尔伯特本人发表声明，否认自己有任何过错，但这样的声明没有引起任何注意。反过来，不可避免的是他本人被媒体冠以“丢了公文包的参赞”这样一个绰号。

贝恩斯托夫大使本人见势不妙，赶紧找了一个地方躲起来，希望等到丑闻的风头过去之后再回来。不过大使的行踪被美国秘密情报机构发现，原来他去了一处海滩度假，和情妇一起待了十天。对于大使的行为，美国的特工们几乎看不下去，非常鄙视，并且通报给了美国国务院。而英国的特工也得知了大使的行踪，葛恩特想让大使先生难堪一下。他把大使度假时的照片弄到手，照片上这位已婚的大使左拥右抱，右手搭在一位只穿浴衣的美女腰间，左手放在另一美女的胸上。葛恩特把照片放大，然后送给俄国大使。俄国大使把照片放在自家的壁炉上，结果华盛顿的外交圈里都知道了德国大使的风流韵事。当贝恩斯托夫结束“自我流放”，返回华盛顿履职的时候，这张照片已经出现在多家美国报纸上。显然，葛恩特本人是幕后的推手。

德国皇帝也知道了此事，他没有兴趣去弄清这种照片是怎样泄露给媒体的，但是非常愤怒。皇帝本人并没有猛烈抨击阿尔伯特带着机密材料乘电车这种做法，却向德国大使馆发去了一份措辞强硬的电报，称大使本人的言行让德国政府非常尴尬。

只是，威尔逊总统的耐心还没有耗尽。但他也无奈地向豪斯承认，整个国家到处都在谈德国的阴谋，似乎满城都是德国间谍，各种言论甚嚣尘上。总统还是不愿公开对德国说重话，不愿采取任何可能促使美国离战争更近的行动。豪斯却不这么看，他对德国的做法越来越警觉，冒着可能损害自己和总统之间宝贵友谊的风险，他直接向总统说出了自己的想法，他认为总统的不作为让整个国家陷入险境，不直接应对德国威胁的后果将会非常严重："德国人正在试图采取行动炸掉海港，破坏电厂和煤气站，像纽约这样的城市，地铁和桥梁也可能成为破坏的对象。"总统还是无动于衷，他严厉地警告豪斯："不要把事情过分复杂化。"

对塔尼来说，他觉得阿尔伯特的这些文件只是障眼术，这些做法近乎财政恶作剧。而德国大使的桃色丑闻也只不过是一个八卦而已。他自己有更大的关注点，因为他正在打一场充满血腥和硝烟的真正战争，很多货轮已经被炸沉，已经有人成为暗杀的目标。他必须保卫自己的国家，对这种使命感让他有强烈的意识，而且在他的职业生涯中也形成了这样的习惯。凭着职业的直觉，他感觉到美国正面对着一个毫不妥协的敌人，这个敌人将会使用前所未有的恐怖手段来发动袭击。他非常担心未来将在美国发生的一切。

第51章

安顿·迪尔格医生回家了。这位31岁的医生出生在弗吉尼亚州一个1800英亩的庄园里，他的父亲曾经是德国巴登公爵的炮兵中尉，移民美国之后在美国南北战争中也担任过炮兵中尉，并赢得一枚荣誉勋章，为整个家族增添了荣光。他的母亲也是一位德国移民，外祖父是德国非常著名的医生：弗里德里希·蒂德曼，此人在医学年鉴中被称为“海德堡伟大的生理学家”。可能是为了效仿自己的外祖父，迪尔格在十几岁的时候就去了德国学习医学。由于非常刻苦勤奋，迪尔格进步很快，1908年通过了海德堡大学的医学考试，毕业后回到美国霍普金斯大学进行研究生阶段的学习，专业是微生物学。一年之后，他又回到海德堡大学，在该校的外科临床实验室里担任一名助理医生，同时写自己的博士论文。两年之后，也就是在1911年，论文《体外组织培育的关注点：以成年动物组织为例》发表，获得业内专家的一致好评。欧洲战争爆发之后，他离开了海德堡大学，尽管自己是个美国公民，但还是志愿加入德国战地医院担任医生。现在，他要回到出生的地方——美国。

那还是在1915年10月初，当荷兰客轮“诺尔丹号”进入纽约港的时候已是夜幕初降，迪尔格站在甲板上，他身材高大，像个运动员，头发乌黑浓密，向后梳得很整齐，瘦削的脸上总是带着微笑，神情轻松而优雅，非常像一位默片明星。在他的手里拿着一个黑色的小箱子，如果有任何乘客问起，他都可以回答说这是一个医用的小包。箱子里有4个玻璃管，都用木塞塞好。玻璃管用黑色的布包裹起来，就像珠宝的包装一样。其中两个玻璃管上有大写的英文字母“B”，是拉丁语“BOS”的第一个字母，意思是牛，每根管里都装有细菌，这种细菌可以培育炭疽菌。另外两根上写着大写字母“E”，是拉丁文“EQUUS”的第一个字母，里面装的是可以让马和驴呼吸道染上疾病的马鼻疽菌。德国军情处将迪尔格派到美国去，原因是尼古莱本人受到了林特伦的鼓动，他想让这位年轻的医生去完成斯泰因梅茨没有完成的任务。迪尔格回到自己的出生地，就是要散布瘟疫。

这是一栋温馨的两层楼砖房，进门的地方有一个火炉，起居室很大，如果要讨论一些比较私密的事情，可以将移动门关上。楼上的两个房间有一个顶层空间，那里可以成为观察点，监控房间周围的动静，特别是观察是否有不速之客，比如警察和特工。这就是迪尔格在美国租的房子，也是他的行动总部。

从地理位置上讲也是非常不错。这里是华盛顿一个新开发的小区，十几年前还是乡下，离白宫只有6英里，开车十几分钟就能到。现在这里挺热闹，人来人往，因此也没有人会太关心新搬来的住户，对于迪尔格搬进来的东西，估计也不会多想。之所以选择这样的地方，也是德国军情处做出的决定，他们或许也知道这样的道理：大隐隐于市。

其实，对于迪尔格来说，这个房子最吸引他的地方是地下室。地下室面积不大，只有25平方英尺，不过照明条件很好，头顶上就有一个电灯泡，还有两个四方形的窗户能让阳光照射进来。而且，对于操作安全来说，地下室还有一个宝贵的特质，就是有单独的入口。这个入口就在厨房下面，直通后院。别的特工完全可以在半夜的时候进来拿走东西，而不会惊动邻居。迪尔格找到他的姐姐埃姆，让她从弗吉尼亚的农场搬过来和自己住在一起。他直言不讳地告诉48岁的姐姐，称她过去这些年过的孤独生活真的是浪费了太多时间，而到华盛顿来将会有很多机会。另外，待在弗吉尼亚的农场里基本上已经失去了意义，因为父母早已不在。迪尔格还用感情来打动姐姐，因为姐姐一直管他叫“我的小安顿”，他说自己确实需要姐姐。当然，把姐姐找过来还有一个理由，他自己没有明说——有了姐姐可以减少隔壁邻居的各种议论。华盛顿还是一个比较保守的地方，如果知道这么帅的单身汉有姐姐在身边照顾，会让人感到更安心。

当然，还有一点姐姐完全不知道，那就是迪尔格是名德国特工。在姐姐的陪同下，1915年10月的一天，他们搬进了这个新住处，在登记表上他的职业填的是医生。不过，他实际上并没有取得美国的行医执照。当然，他也从未想过去接收病人。反倒是，他要把自己的这个地下室变成生产细菌武器的工厂。

在海德堡，迪尔格的实验室很大，设备也很先进。这是受到一次去柏林参观一家知名实验室的启发。正是在那里，罗伯特·科赫博士在细菌生物学领域做出了开创性的工作，他因此还获得了诺贝尔奖。当时还是一名研究生，为了写论文，迪尔格要利用已经掌握的技术去培育细菌，参观完之后他总想着有一天能够拥有自己的实验室。海德堡的实验室实现了他的梦想，这个研究中心甚至可以进行器官移植实验，这可以拯救别人的性命，为他赢得名声。在华盛顿附近的这间地下室里，他的野心并不是太大，也不需要非常先进的设备，这间实验室只有一个目的：生产出细菌武器，使其成为高效而致命的杀人机器。

就如同把自己的姐姐叫来帮忙照顾家务一样，迪尔格还把他的哥哥卡尔·迪尔格找来帮忙——根据德国军情处的格言："家庭是不会背叛的最可依赖的保证。"卡尔既不是医生也不是科学家，但非常适合提供这样的帮助。他以前在华盛顿一家啤酒厂工作，之后在蒙大拿州开了自己的啤酒公司，生产德国啤酒，不过公司最后倒闭了。卡尔的这种工作经历对迪尔格非常有用，因为他会培育酵母，这和在实验室里培育细菌有相通之处。而且当迪尔格告诉卡尔自己工作的实质就是制造细菌武器时，卡尔并不反感，他非常乐意帮助德国在美国实施恐怖袭击计划。

对于迪尔格兄弟来说，首先要做的是将空荡荡的地下室改造成一个医学实验室。两兄弟在附近的医药用品商店来回逛，花钱购买设备，他们买了一个孵化器，一台消毒机，以及一些玻璃管等，另外，他们还从外地买来了一些小猪崽，反正都是尼古莱提供的资金。所有设备置办齐备之后，在迪尔格的指导下，把它们都安装了起来。两兄弟合作很顺利，就像是回到了在农场协作的少年时代一样。36岁之后已经有好长时间没用过支票了，也没有机会去领一份薪水，现在即便是从自己的弟弟那里获得了一些收入，那也能带给他一种成就感。对迪尔格而言，弄这样一个实验室已经颠覆了他心中曾经有的作为一名医生的职业道德。当医生时，迪尔格曾经承诺不会做坏事，在柏林以及在去华盛顿的路上，他有很多个夜晚睡不踏实：当一名恐怖分子，这和以前的职业反差太大。但和哥哥一起工作一段时间之后，地下室已经变成了实验室，两兄弟还自豪地称其为“托尼的实验室”，这让他对自己即将要面对的现实挑战有了更新的认识。忘掉过去那段经历，他的重心已经完全放在了新的使命上，准备好实施下一阶段对美国的攻击行动。

在工作过程中，迪尔格非常非常小心，因为稍微出点小问题，直接呼吸一口带有细菌的空气就会相当危险，甚至是致命的。带着外科手术用的手套，他将写有字母“B”的瓶子取出来，把小木塞揭开，这里面是炭疽菌，一股陈腐的气味很快就充斥在地下室里。他知道这就是死亡的味道。

迪尔格将玻璃管口朝上放进一个试管里，然后再将一个金属线圈放在火上消毒，当金属线冷却之后，他把它放进玻璃管里。这是一个缓慢、痛苦的过程，他告诉自己一定要稳住，任何一点小的抖动都可能出现致命的后果。标有英文字母“I”的容器盘已经放在桌上，盘上是一种牛肉汤和血的混合物，这是细菌生长的温床。迪尔格非常小心地将金属线圈从瓶子中取出来，然后放在容器盘上搅动一下，这样一来，炭疽菌就会开始在盘子上生长。一周之后，这个盘子上产生的细菌就足以带来一场大瘟疫。

如法炮制，迪尔格再将“E”玻璃管中的马鼻疽菌弄出来进行培育。弄完之后，迪尔格能做的唯一一件事情就是等待。一天下午，埃姆将周围的几个邻居请到家里来做客，他们坐在客厅里，阳光照了进来，暖暖的。埃姆给他们准备了咖啡，使用的瓷器是从弗吉尼亚的农场里带来的，餐盘上还放着甜点，这也是她早上新鲜烘烤的。迪尔格也和他们在一起聊天，谈着在德国的岁月。而就在他们谈笑的时候，地下室里致命的细菌也正在生长。

第52章

新泽西州的霍博肯被称为小不莱梅。由于英国对大西洋航线的封锁，很多德国蒸汽船都停靠在这里，无所事事的德国海员在岸边闲逛，报童向他们兜售德语报纸，在当地的酒吧里也能经常听到大家用德语交流。到了周日，路德教派的牧师们用德语布道。这个哈德逊河边喧闹的小镇似乎成了德国的一部分。就在这里，塔尼重新把调查重心转了过来，希望找到轮船爆炸案的线索。

当初，在新泽西的森林中把费依抓住之后，塔尼觉得爆炸案的调查会比较乐观，但后来证明这种判断是错的。“我们重新恢复了在纽约哈德逊河边的巡逻。”这其实是重走老路，结果可想而知，没有找到任何有价值的东西。调转重心之后，一开始也没什么效果，而且还很耗时间。

塔尼选择霍博肯并不是因为发现了什么可疑的线索，而是因为这里充满着德国元素，到处都是对德国的同情情绪。他走在小镇的街道上，听着那些德国人公开谈论自己要去哪里，在他心中似乎出现了一个个德国军团，只要给他们机会，就随时可以登上战舰开始战斗。塔尼想到了一个办法，这可能完全是一种冒险。他挑选出三名探员——巴斯、克雷尔和森夫，这三个人都在移民家庭长大，德语说得和英语一样流利。塔尼让他们三个人去霍博肯，逛沙龙，泡酒吧，找德国水兵聊天，并且假装自己和德国秘密情报机构有联系。只需要暗示这种关系就行，无须去讲一些虚构的故事。塔尼很清楚，暗示本身更能引起别人的兴趣。这样一来，就可以让他们自己决定是否上钩。秘密世界就是一个娱乐场，特别对于那些远离家乡的人来说，因为他们有大把的时间。“一个点头示意，使一个眼色，低语几句，摇摇头，就足够了。”塔尼对巴斯他们说。

的确如此。巴斯花了一周的时间就和一名德国水兵拉上了关系。他是在霍博肯一家酒吧和这位水兵聊上的，两人边聊边喝，啤酒真喝了不少，也听了水兵的故事，原来这哥们儿对自己的嫂子有兴趣。在水兵倾诉的间隙，巴斯会见机暗示一下自己的身份，称自己直接向柏林威廉大街的实权人物汇报工作。这个时候，他们刚好喝完一大杯啤酒，等着服务员再上新的。听到这个消息，水兵赶紧凑过来。到了第六个晚上，他们的友谊已经建立起来。巴斯本来想着这天的聚会又会听到水兵倾诉如何爱上自己的嫂子，结果听到的却是完全不同的故事。他告诉巴斯，他也认识德国秘密机构的人，还问巴斯是否愿意一见。终于上钩了。

安排见面花了好几天时间。巴斯一开始建议一个地方，但这位水兵的朋友认为在霍博肯任何一个地方秘密会面都是不安全的，因为在他看来这里到处都是便衣警察。真是够讽刺！为了打消对方的疑虑，巴斯说如果周围有警察的话，他肯定能认出他们。这样一来一回经过了数个回合，会面地点都没有敲定，这让塔尼都担心这个水兵是不是在耍他们。好事多磨，终于，他们还是确定了会面地点，在曼哈顿一家名为哈恩的德国餐厅，这里提供正宗的德国菜，如蒸香肠和德国啤酒等，德国人喜欢在这里聚会。

巴斯来到餐厅时，那位水兵和他的朋友已经到了，在他坐下之前，水兵的朋友还站了起来，很正式地与巴斯握手，就像是庆祝合作条约已经签署一样。在巴斯看来，此人并没有德国特工那种冷峻甚至有些凶恶的表情，反倒有点像个风趣的小老头，形象比较卡通。他首先自我介绍，称自己是查尔斯·冯·克莱斯特。尽管很清楚和林特伦一起工作的特工也是叫克莱斯特，不过本能告诉巴斯，即使猎物已经近在咫尺，也还是要冷静。这顿饭对巴斯来说的确有点扫兴，因为老头一直在谈他在海上的故事。而那位水兵则不停地点啤酒，喝啤酒，巴斯很少能插上话。他一直在想，要是这样谈下去，这顿饭的费用该怎么找塔尼来报销。

甜点上完之后，克莱斯特朝巴斯笑了笑，说自己很高兴能见到一个真正的特工。原来，他几天之前曾经见过一个人，也说自己是特工，不过这个人很烦。“你对这样的人应该小心点才是，这里有很多假特工。”巴斯说，装着一副很权威的样子，“他对你做了些什么？”

“这个人叫席勒，有一个实验室，他就在那里工作，做一些东西，我是他聘的主管，但他欠我好几百美元，一直到现在都没还，我想帕蓬先生应该知道这个。”巴斯脸上一副同情的样子，回了一句：“我也知道啊，我看到这件事到了他那里。”他故意顿了一下，声音显得不是那么急切，必须要确保自己的声音没有把内心深处的兴奋给表露出来。“你在那边主要做什么？”巴斯继续问。克莱斯特慢慢讲，话里带着德国人的那种精准和严谨。这一幕显得特别讽刺，它就像是一个特工在向自己的上司抱屈，但实际上他倾诉的对象是自己的敌人。

瓦尔特·席勒博士在新泽西霍博肯有一家工厂，里面有一个实验室，克莱斯特就在这个实验室当主管，为席勒博士工作。这个工厂表面上主要业务是制造农用化学物资，不过，它的真正业务却是制造炸弹。“弗里德里希·格罗斯号”轮船上的首席电气师恩斯特·贝克和首席工程师卡尔·施密特一起合作制造金属小容器，而海员会把这种小容器从船上带下来，送到席勒博士的实验室，席勒博士往里面装炸药。之后，这些小炸弹就会分发给其他人，安装在轮船上。这种做法效果非常不错。

“但这对我有什么好处？”克莱斯特抱怨道，“我没有拿到任何报酬。”

“你等一下。”巴斯说，“我会帮你把这个问题解决了，我认识一个人，我让他和你见个面。如果你说的是事实，你当然应该得到一些东西。等一下，等我把这个人找过来。”

克莱斯特这时又站起来和巴斯握手，他很高兴，他知道自己的这个新朋友会帮忙。

塔尼该怎么做？巴斯的报告让人看到了结束这段长时间调查

的希望。不过，他也提醒自己，他以前就被愚弄过。首先是被驳船的船主，他发现这些人只是普通的贼而已。其次是被费依。如何去确定这些导致轮船爆炸的炸弹就是在霍博肯的实验室里制造的，或者“弗里德里希·格罗斯号”轮船上的水手也被卷入其中？除了听到这个老头讲的事情之外，还有什么新的证据吗？而且塔尼很快发现，这个老头在霍博肯是讲故事出了名的。他曾经考虑突袭霍博肯的工厂，看看到底会发现什么。但这有风险，如果克莱斯特还留有一手，那么突袭行动可能只会抓到一些小喽啰，主犯可能会逃掉。经过仔细考虑之后，塔尼决定让巴斯继续跟进，找个机会挖掘出更实质性的证据，只有得到了证据，才能采取下一步的行动。巴斯已经向克莱斯特承诺会带他去见一个人，这个人其实就是塔尼。只不过由于塔尼临时决定让巴斯继续跟进，所以由巴尼茨先出面，和巴斯一起套出实质性的证据。

他们再一次在哈恩餐厅会面，巴尼茨化名为赫尔·迪恩一起参加。“迪恩先生不会说德语，不过这家伙不错。”巴斯开门见山。一听到这个，克莱斯特显然有点担心，但巴斯反应很快：“我们要用各种各样的人来忽悠美国佬，不是吗？”这是一种很惯常的间谍手法，希望通过这个来打消对方的疑虑。听到这话之后，克莱斯特开始放松了下来，称可以和他分享一点秘密，根本就没有想到迪恩是一名警察。

大家边吃边聊，克莱斯特再一次把怒火发泄在席勒身上，他决心说服迪恩让上面的人知道这里的真实情况，然后把该付给他的钱付给他：“如果你需要更多的证据，我将展示给你看。去我家看看吧。”随后，他们一起乘渡轮到霍博肯，克莱斯特在自己的车库前找到一把铁锹，开始挖院子角落的一块泥地，巴斯他们在旁边看着，洞越挖越深，他们还不清楚里面到底埋的是什么东西。突然间，克莱斯特将一个盒子拿了出来，清掉上面的泥土："这只是其中的一个盒子，我曾经装满过很多这样的盒子。”他自己把盒子打开，盒子里面装的就是“雪茄”炸弹，和在法国货轮“科克斯瓦尔德号”上发现的炸弹一模一样。

第 53 章

“我们出去遛遛。”巴斯提议。已经看到了“雪茄”炸弹，现在首要的任务就是让克莱斯特离开新泽西霍博肯回到纽约，这样他们就有权逮捕他。不过，他们很清楚不能让这个已经到嘴的“猎物”起了任何疑心，巴斯希望这个老头能够自愿回到纽约，而且还希望能够挖掘出更多的信息。

“我们去纽约康尼岛一起吃晚餐怎么样？那里有一家新开张的餐馆，在那里边吃边聊。”巴斯接着说，一步步把克莱斯特引回来。这个提议超出了克莱斯特的预期，迪恩先生已经承诺帮他把钱要回来，而且这两个新朋友还要在康尼岛的餐馆招待他。他还从来没有在康尼岛海边的餐厅用过餐，这种地方不是他这样的人消费得起的。另外，他觉得在海边的餐厅用餐可以重温过去当水手时的感觉，带着咸味的海风吹过来，仿佛一切回到了从前。他很高兴地答应了巴斯的提议。

三人在餐厅里愉快地吃着牛排，快吃完时，迪恩想抽一根雪茄，掏出火柴后突然顿了一下。“你刚才说了那么多你为席勒提供的服务，写一份书面材料出来怎么样？”迪恩对克莱斯特说，让人感觉这个主意是刚刚想出来的一样，“这么做完全是出于规范的考虑，你懂的。我要把这份书面报告交给上头，否则的话你很难拿回你的那一份钱。你可以在报告的末尾签名，作为自己的正式申请。”

对此，克莱斯特一点防备都没有。他觉得迪恩这么做完全是为了帮他，迪恩就是他的英雄，签名一点问题都没有，上头会看到这份报告，然后就会把这一切处理好。“没问题。”他对迪恩说。迪恩拿出几张纸和一支笔，开始写，把克莱斯特之前说的一切都写了下来，准确无误。写完之后，克莱斯特读了一遍，然后签上名。“你觉得要多久我才能讨回这笔钱？”他问。“哦，这个问题你不要担心，我可以告诉你我们将做些什么，我们现在就去找上头，我们会安排他和你会面，你也可以提供更多的信息。”巴斯说。

三人一起开车返回曼哈顿，一路上有说有笑，但一直到巴斯在纽约警察总部大楼前将车门打开时，克莱斯特才意识到自己中计了。“我终于明白你们为什么对我这么好了。”他一脸沮丧。

对克莱斯特的审讯每一步都是用欺骗套话。塔尼也知道这个老头比较温顺，因此用一种温和的手法进行。他还想通过恭维克莱斯特，让他把话慢慢讲出来。塔尼先拿出了一个在驶往法国的货轮“科克斯瓦尔德号”上发现的“雪茄”炸弹。“是的，”克莱斯特说，“当时预计这个炸弹能够在四天内爆炸，但最后没有。”

“这种炸弹你们一共制造了多少？”塔尼问，语气很专业。他很清楚，这个时候不能露出得意之色，否则到手的猎物可能也会出问题。

“我真的不知道制造了多少。”克莱斯特说，但他很快就补充了一句，“我给了新奥尔良的两个爱尔兰人一盒30支，他们会把这些炸弹安装在船上。另外有三艘船也装了炸弹，在新闻中看到它们已经炸了。”塔尼停顿了一下，看看巴尼茨写的那份克莱斯特的“供述”材料，恩斯特·贝克，“弗里德里希·格罗斯号”轮船上的首席电气师在其中扮演着非常重要的角色。“你把剩下的都给了贝克？”塔尼继续问。

“是的，他把这些给了沃尔伯特队长。沃尔伯特是霍博肯阿特拉斯船运公司的码头主管，伯德队长是汉堡美国船运公司的码头主管。”克莱斯特说。

塔尼正在经历一个让人难以置信的晚上，因为审讯太顺利了，犯人没怎么问就已招供，而且还提供了不少细节，供出一些人的名字。塔尼之前犯下的各种错误，各种无效的线索，现在都不再重要了。“你能告诉我有关这些袭击活动的全部内容吗？从一开始到现在，把它都讲一遍。”塔尼问。克莱斯特竟然表示同意，他还说自己现在效忠美国。太顺利了！这简直让塔尼不敢相信。他不得不怀疑，克莱斯特尽管很愿意合作，但并没有讲出自己知道的一切。这个时候，塔尼说自己要向伍兹总监报告一下，然后再回来。

克莱斯特一个人坐在囚室里。时间一分一分地过去，被抓起来让他很有压力，深陷困境简直把他压得喘不过气，他感觉现在进入了一个更加黑暗的世界，比几个小时之前的那个秘密世界更黑暗。他意识到，需要向他之前的朋友传个话。同时，他也需要他们的帮忙。因为自己现在完全无所依靠，只有这些以前的"战友"才可能真正帮到自己。有了他们的帮助，才有可能从这个不确定的未来中解脱出来。想着想着，突然间思路被打断了。有人开了门，穿着工人的衣服，手上拿着一个小梯子，进来之后就开始换灯泡。他只顾自己工作，根本就没有去注意克莱斯特。而克莱斯特出于本能，和他聊了几句。当然，他现在压力这么大，也需要分散一下注意力。没有想太多，克莱斯特开始问他工作的情况，在警察总部主要干些什么。这名工人回答时，带着一点德国口音，于是克莱斯特立即用德语问话："我是德国人，你呢？"工人回答说："我也是。"

在这几个小时的孤独时间里，克莱斯特总是在寻找让自己脱离困境的办法，这一下子让他意识到眼前这个机会非常难得，于是他用德语问这名工人可不可以帮老乡一个忙。工人又给了个肯定的回答。"帮忙把这几个纸条递给纸条上写的人，可以吗？"克莱斯特接着说，更有兴头，"我在这里出不去，想请你帮忙给几个人传个话。" 他担心塔尼随时可能进来，很快写了四个非常简短的便条，里面的信息都是一样的："快点逃跑，我已经被抓了。"这些便条的收件人都是之前他向塔尼披露的人，写好之后交给了工人。他还向这个工人承诺，便条送到之后他必定会得到回报。

工人将便条放进口袋，两人握手，似乎是敲定了一桩协议。之后他把门关上，离开了囚室。这是克莱斯特第一次被带进警察局，他想着现在还没有全盘皆输，他已经给自己的同胞传了话，他们不会抛下自己，德国当然也会想办法把自己弄出去，作为自己忠诚和服务的回报。

这个时候，塔尼进来了，身边就是刚才的那位工人，不同的是这次他穿上了警察制服。“我很高兴将森夫警官介绍给你。”塔尼说。这时，克莱斯特再次意识到自己被彻底打败了，逃无可逃，除了全盘招供之外没有任何出路，也没有任何人可以救他。

第二天，塔尼真是兴奋不已，但他并没有时间停下来享受这种胜利，必须立即采取行动。在获得授权的情况下，一队人马立即搜查了阿特拉斯船运公司在新泽西的办公室，另一队人马则去了汉堡美国船运公司的办公室，将相关人员带到警察总部问话。森夫警官扮成一个信使去抓贝克，他用德语给贝克递话：“克莱斯特想见你，他碰到麻烦了。”贝克拿起帽子，准备和森夫一起去见克莱斯特，却到了警察总部。塔尼本人亲自带一队人马，操着家伙，突袭了“弗里德里希·格罗斯号”轮船，将制造“雪茄”炸弹的工程师和海员通通抓了起来。除此之外，席勒博士在霍博肯的工厂以及实验室也被警方控制，在那里找到了一大堆炸药和其他化学物质。不过，席勒本人已逃之夭夭。两年之后，他才被古巴警方逮捕，然后引渡回纽约。

这些被抓的破坏分子和警方比较合作。贝克比较瘦，非常年轻，他向警方坦白自己已经制造了好几百枚“雪茄”炸弹，“科克斯瓦尔德号”货轮上的炸弹就是他的杰作。他还招供称，在工程师卡尔·施密特的帮助下，他们把这些“雪茄”炸弹交给了沃尔伯特队长。不过，沃尔伯特不是很合作。他身材比较魁梧，红头发，留着胡子，脸上总是红红的，像喝过酒一样。塔尼只好想办法让他招供。

“沃尔伯特队长，难道你不认为这样做帮不到德国，反而会害了它吗？”塔尼问。“见鬼去吧，你将会根据这些混蛋招供的信息采取进一步行动，不是吗？”沃尔伯特有点愤怒。“你认不认识罗伯特·费依？”塔尼问，他想把自己的这张审讯之网撒得越广越好，看到底能捞到什么。“我认识他，有一次我和林特伦一起在齐美尔的办公室见过他。”沃尔伯特说。齐美尔是谁？塔尼一点概念也没有，不过他很快就忽略了这个名字，盯上另一条更大的鱼。“你是说冯·林特伦？”他问道。

“不是，”沃尔伯特嚷道，他的脸涨得和头发一样红，“不是冯·林特伦，见鬼，就是林特伦。”愤怒之中，沃尔伯特的发音反而更清楚了。他打开了话匣子，部分是招供，部分也是为了发泄对林特伦的不满。他说出了很多有关林特伦行动的细节，甚至还告诉塔尼，林特伦曾经用假名“汉森”在纽约的很多银行里开有账户，为秘密行动提供资金。

另外，在谈话中，沃尔伯特还无意透露出了一个律师的名字：博尼法斯。他和林特伦一起曾经见过这个律师一两次。对于博尼法斯到底扮演什么样的角色，沃尔伯特不是很了解，但塔尼关心的是律师和林特伦之间到底是什么关系。有关摩根先生被刺杀的案子到现在还有很多问题没有答案，比如霍尔特——或许称蒙特更准确——身上的那些疑点，还在持续困扰着塔尼，他需要找到问题的答案，必须搞清楚是不是还有别人涉足其中，特别是他之前有关林特伦已经被卷入这些阴谋之中的判断，都应该得到证实。于是，塔尼要求手下把博尼法斯带回来。让塔尼失望的是，博尼法斯很快就表示，他对于刺杀摩根这件事一无所知，自己从来就没有和林特伦讨论过这件事。塔尼不能确定自己是否应该相信博尼法斯的这番话，不过他也不想太过纠缠于此，决定将调查暂时调转方向。当他的手下逮捕博尼法斯的时候，在他的办公桌上发现了两封信，一封贴着阿根廷布宜诺斯艾利斯的邮票，另一封则来自荷兰。两封信的签名都是“卡尔·齐美尔”，两封信的文字都有些旧了，说明已有时日。塔尼不禁想这个齐美尔是否就是沃尔伯特说的齐美尔，他更想知道的是齐美尔在间谍网络中扮演何种角色。

博尼法斯谈得很开，只是他律师独有的思维方式也让他不停地算计怎样表达才对自己最有利。他告诉塔尼自己曾经向齐美尔提供过一个名单，名单的内容就是一周之内从纽约港出发驶往欧洲的所有货轮，提供的地点就在他的办公室。

对于这一系列行动所抓获的嫌疑人，塔尼他们一共审讯了三周，经过这么长时间的审讯，德国间谍在美国活动的全貌大抵得出了一个概况。然而随着轮船爆炸的谜团被解开，调查也失去了一定的紧迫性。塔尼自己也觉得有点疲惫，不知道下一步的目标在哪里。现在只是根据自己的直觉往前推进，看看到底还会出什么状况。

无意之中，塔尼随口问博尼法斯在齐美尔的办公室里还见过谁，得到的回答是林特伦曾经去过一次，不过当时还不清楚林特伦到底是做什么的。至于别人，博尼法斯又供出了两个人的名字，一个是斯泰因梅茨，另一个是赫尔曼·埃伯林。这两个人到底是做什么的？对塔尼来说，这完全是陌生的名字，他怀疑这可能没那么简单，问题也出来了。博尼法斯有点犹豫，塔尼一下子警觉起来，严厉要求博尼法斯讲出实情。博尼法斯这个时候顶不住压力，只好招供。原来，斯泰因梅茨曾经将一些马鼻疽菌带到美国，而埃伯林就是斯泰因梅茨的助手，他们向运往欧洲的马匹投放过这些病毒，希望引发瘟疫，不过这些细菌带到美国之后都死了，因此没有得逞。

德国竟然对美国发动细菌战！塔尼整个惊呆了。所有他最糟糕的担心和预感突然之间全部都变成了现实。斯泰因梅茨到底在哪里？埃伯林呢？博尼法斯也不知道。他们还会继续散布瘟疫吗？是不是还有新的细菌病毒被带到美国？塔尼想知道这一切的答案。但是，博尼法斯并不知道，之后又显得有些犹豫。塔尼严厉警告他，必须交代。博尼法斯冷静了下来，知道不回答是不可能的了。于是他告诉塔尼，在林特伦离开美国之前，他已经给自己的上司打过电报，敦促他们发动新的细菌战。

第 54 章

迪尔格在工作时感觉最快乐，无论是在海德堡的实验室还是在战区医院，都是如此。他会全身心投入工作，很快就进入状态。因此，一天下午在地下室工作中听到敲门声时，他的第一反应就是不去理会。他没有邀请任何人过来，或许敲门的只是邻居或销售人员。如果他留在地下室，敲门的人估计很快就会离开。

然而这一次敲门的声响有所不同，声音越来越大，这让迪尔格有点火，他只好去看看到底是什么情况。他脱掉橡胶手套，把手洗干净之后，上楼来开门。门前站着一个身材高大、满头金发的男人，眼睛有点贼溜溜的，衣着倒有点像个外国人。出于防卫的心理，迪尔格只是打了一声招呼，但敲门的人立即用德语说："我是辛世，你应该有一些东西要交给我是吧。"听到这些话，迪尔格完全放松了，因为此人正是林特伦的手下。在柏林，他就听说过德国在美国的间谍网络位于巴尔的摩的这一部分就是辛世队长负责组建的。而网络的负责人则是保罗·希尔肯，虽然已经三十出头，但仍然是一个被父亲宠坏的孩子。老希尔肯是北德劳依德船运公司驻巴尔的摩代表处的代表，同时也是德国驻当地的荣誉领事。他在那里积极利用自己的财富和社会地位为儿子铺路，让孩子上最好的学校读书，后来还送他到麻省理工学院深造，学习工程学。儿子结婚时，老希尔肯在当地的富人区为他们买了一套漂亮的房子。战争爆发之后，公司的船运业务暂时中断，他自己则去了纽约，担任船运公司驻纽约的代表。

林特伦准备将破坏行动向美国南边扩展，巴尔的摩港就是个不错的选择。他把希尔肯叫到费城的丽兹酒店，当时希尔肯有点害怕，因为老爸已经告诉他林特伦就是个间谍。父子两人觉得参加秘密行动会影响到正常生活，不过林特伦最终还是说服了他们，他首先用自己的魅力，其次就是用爱国主义将两人争取了过来。其实，还有一点比较打动希尔肯，林特伦说这是一个实现自我、成为真正男人的绝好机会。希尔肯同意了："我将竭尽所能来协助德国。"

林特伦天生就非常善于发现别人的长处，他觉得希尔肯在当地要人脉有人脉，要钱有钱，完全可以担起整个间谍网络的银行家这一角色。不过，要想完成自己的使命，光靠这些还不够，他需要去找一个特工，能够在码头上招到自己的人，在搬运工和水手中间有影响力，而且这个人必须凶狠，镇得住下面的人，让工人觉得背叛就只有死路一条。希尔肯手头正好就有一个这样的人。

一个月之后，希尔肯在自己的家里将这个人引荐给林特伦——弗里德里克·辛世队长。辛世是个老水手，他说自己已经四十多了，但看起来似乎更老一些。他曾经担任北德劳依德船运公司“聂卡尔号”货轮的船长，欧洲战争爆发之时，他刚好将这艘船开出哈瓦那港。在之后的一个月里，他和英国军舰玩起了猫捉老鼠的游戏，后来轮船引擎出了点问题，被迫停靠巴尔的摩避难。如今这艘船被困在码头上已经差不多一年，对于船长来说每一天都是煎熬。林特伦很快就看出辛世队长是个不错的人选，在他们开始合作之后，辛世成功地将“雪茄”炸弹放在了驶离巴尔的摩的货轮上。

现在，辛世已经站在门外，到了将整个行动往前推进，进入实施阶段的时候了。迪尔格从柏林接到的指令非常明确：将这些小瓶子交给辛世，队长本人会执行袭击任务。“我一直在想你到底会在何时现身呢。”迪尔格对辛世说。

迪尔格在厨房里倒了两杯啤酒，辛世在沙发上落座之后，迪尔格将客厅的移动门关好，以防去华盛顿探望亲戚的姐姐可能随时会回来。两人边喝啤酒边聊起来，谈得最多的就是战争。迪尔格讲到自己的侄子彼得已经在法国战场上牺牲，他还充满自豪地提到自己的父亲，曾经在巴登公爵的手下当过炮兵，后来参加过美国南北战争。辛世则讲起自己的很多同事，现在都在德国海军服役。一提到战争的前景，有一点两人心里都很明白，那就是虽然没有直接在战场上战斗，但他们也在参加另外一种形式的战斗，而且他们做的事情将会对这场战争产生深远的影响。

啤酒慢慢喝完，迪尔格带着辛世来到地下室，地下室里有两排货架，上面有很多黑色的小瓶子，里面装的都是细菌。前面一排的小瓶子上标有数字1，里面是炭疽菌。后面一排标着数字2，里面则是马鼻疽菌。辛世很警惕地看着这些瓶子："一直要保持有24到36瓶的货，随时都可能有人来取。"迪尔格则保证做得到，货源很充足。

辛世还问起质量问题，因为他知道之前斯泰因梅茨就是因为细菌的质量出了问题，导致任务失败，因此必须保证自己的这次行动不会遭遇同样的失败。对此，迪尔格的解释是自己是一名医生，很清楚细菌的质量。他还指着笼子里装的小猪崽，有些猪崽已经无精打采，像死了一样，其实就是感染了自己培育的细菌。"它们很快就会死掉。"迪尔格说。看到这个之后，辛世很满意。迪尔格也开始将这些小瓶子打包装起来，将它们很小心地放在木质的医用容器内。这些小瓶子也都用小木塞塞住，在瓶子的外面裹一层棉花。木盒外面则用纸包起来，用绳子绑好。他提醒辛世，这些细菌绝对碰不得，开封的时候一定要戴上橡皮手套。这一点最为重要，因为这将关乎他的性命。之后，迪尔格继续讲这些细菌该怎么用。马鼻疽菌可以直接接触马鼻子，也可以通过食物或水让马接触到。炭疽菌注射最好。最后，迪尔格再一次提醒辛世，在运输的过程中整个木盒子要一直朝上，不要弄翻了，如果弄翻了或者说听到里面小瓶子破了，一定不要打开，因为里面的东西是致命的，直接深埋就好。

一切交代完毕，辛世从口袋里掏出几百美元交给迪尔格。这些钱都是希尔肯给他的，也就是给迪尔格的一些酬劳。两人一起离开地下室上楼。辛世很小心地拿着木盒子离开，他的车停在第 33 大街。上车之后他把木盒子平稳地放在后排座位上，发动引擎，慢慢开走，祈祷前面的路不要太坑坑洼洼。辛世这是要去巴尔的摩。

汉萨豪斯大楼是巴尔的摩的地标建筑，该大楼仿照的是 16 世纪德国一个标志性的法庭。大楼的第一、二层是德国领事馆和德国船运公司代表处的办公室。里面有一个小阁楼，这里就是德国军情处在当地的行动总部。辛世把车停在大楼前，他已经安排了一位名叫菲尔顿的搬运工来接他。这个搬运工算得上辛世的心腹，几个月之前才把他招过来，给他的周薪是 150 到 200 美元，这已经相当高了。菲尔顿之前的主要任务就是把“雪茄”炸弹弄进货轮，报酬的多少取决于他能安放多少炸弹。菲尔顿对辛世非常忠诚，甚至可以说是完全忠诚。反过来，辛世感觉菲尔顿也是一个聪明人，工作还很努力，从早干到晚。辛世平常对这些搬运工要求非常严，能有这样的评价已经非常不错的了。

辛世让菲尔顿将装有细菌的木盒子从车里搬出来。“一定要小心。”他说。两人一起将盒子拿到了阁楼上，关上门之后，他开门见山，告诉菲尔顿现在有一项特殊任务。他要求菲尔顿去找一些可以信赖的搬运工，一起来完成这项任务，完成之后会有额外的奖赏。不过，他们应该明白，他们之间绝对不要去讨论这个任务本身，因为这些盒子里装的就是致命毒菌。

整个行动的计划是：菲尔顿和他找来的这些人到美国东海岸的各个港口，包括纽约、巴尔的摩、诺福克等，这些港口上都有成批的马匹，很快就会被陆续装船运往欧洲；他们的任务就是尽可能将这些马匹毒死。接下来，辛世向菲尔顿展示了如何用这些细菌，而菲尔顿则负责教会其他人使用方法。

第55章

35万人次！这就是纽约地铁每天的客流量。在过去这不安定的一年当中，塔尼老是担心有一天地铁车站，或者其他人流比较密集的地方会发生爆炸事件。如果德国间谍的任务是让美国人觉得最重要的是聚焦国内问题，而不是越过大西洋到欧洲去参加战争，那么在地铁上搞一次爆炸会很有说服力。

塔尼曾经把这种想法向伍兹总监和斯库尔副总监汇报过，他们也认为的确存在这种可能性。斯库尔本人还专门去过一趟华盛顿，与联邦政府首席情报顾问富兰克林·波尔克会过面，由于几乎每天都有轮船、工厂爆炸案发生，因此地铁爆炸案的威胁是实实在在的。波尔克随后与豪斯上校会面，希望总统能够了解到问题的严重性。豪斯上校为此给威尔逊总统写了一封信，预言德国间谍可能袭击纽约地铁。但因坚持不参战的立场，总统对这封信的内容置之不理。

一想到纽约地铁每天的客流量达到35万人次，塔尼就感到责任重大。而且当他得知德国曾经针对美国发动过细菌战，虽然不成功，但林特伦离开美国前还向上司建议发动新的攻击，这一点更让他不寒而栗。如果在地铁车厢释放炭疽菌，或者是在城市里释放其他病毒，后果不堪设想。一想到这里，塔尼就感到无比愤怒，同时也让他更警觉。

但他能做点什么？在纽约市所有的马厩附近，他都增加了执勤人手。其实，他也清楚这么做并不能保证绝对的安全，因为对这种恐怖袭击的威力他还不太了解。为此，他加大了对斯泰因梅茨的搜索力度，但让他沮丧的是，他最终发现这个人已经返回德国。他还派了很多人到码头去，希望能找到有关埃伯林的一些线索，不过很快就发现在码头这样的地方，级别比较低的人根本就不可能接触到机密情报。在与伍兹总监和斯库尔副总监经过长时间的讨论之后，他们还是非常无奈地认为，如果发生类似的恐怖袭击，恐怕真的是无能为力。且更糟糕的是，当斯库尔把德国准备发动细菌战的消息带给波尔克的时候，他甚至都没有去找豪斯上校，感觉总统不会对这样的消息感兴趣，也不会果断采取行动。

只不过，波尔克采取了自己认为恰当的做法，他直接去找德国大使贝恩斯托夫。他用非常愤怒的语气警告德国大使，如果对纽约地铁发动袭击，那么全美国的人都会知道到底是谁干的。大使对这样的指控表达强烈抗议，坚决否认德国会支持这样的行动。这样的回答并没有出乎波尔克的意料，他觉得当前情况下能够得到大使的保证和这样的答复已经不错了。

所有的问题最后还是落到塔尼头上。无论是波尔克还是伍兹总监，以及斯库尔副总监，他们都指望塔尼能够阻止德国人在美国发动生化恐怖袭击，因为他之前已经成功破获了轮船爆炸案，有再次保护祖国免受袭击的能力。但塔尼真心不知道该从哪里开始着手，这是一种全新的调查，完全不像之前的轮船爆炸案。原因很简单，轮船爆炸案都是在事情发生之后再去寻找线索。而这一次要去查的是还没有发生的事情，更准确地说是去阻止事情的发生。当然，他也很清楚，如果等到事情已经发生，那就太迟了，死亡的人数将超乎想象。然而正当他举步维艰之时，突然得到了帮助，这一帮助来自一个最意想不到的人——威尔逊总统。

这件事还要从纽约丽兹·卡尔顿酒店的一个服务生说起。有一天，贝恩斯托夫大使和奥匈帝国驻美大使康斯坦丁·顿巴一起在酒店的顶层餐厅用餐，其中还有一位客人是知名的美国记者约翰·阿奇巴尔德。当服务生收盘子的时候，他看到顿巴非常小心地将一页纸递给阿奇巴尔德。第二天，这名服务生就把情况向美国政府有关部门进行了报告。美国联邦政府其实很长时间以来就怀疑阿奇巴尔德，因为在战争爆发前很多年，此人就担任驻德记者待在柏林，他写的很多文章在立场上都很亲德。因此，有人怀疑他接受德国政府的资助，而贝恩斯托夫大使和顿巴大使都把他当成一个信使，向国内传达一些机密信息。当他们发现阿奇巴尔德准备乘船离开美国前往欧洲时，立即将这个消息通报给英国军情处驻纽约的代表葛恩特，而葛恩特则立即把情况向国内进行了汇报。

当阿奇巴尔德乘坐的轮船靠近英国时，英国水兵上来查船，搜查了他的箱子，里面装有大量的文件，而这些文件主要都是给德国政府相关部门的。文件的内容涵盖面比较广，包括德国在美国国内展开秘密战的方方面面。比如煽动钢铁厂的工人罢工，给那些破坏者和宣传员提供经费的清单，很多文件都是由帕蓬和博依德签署的。此外还包括博依德和墨西哥将军胡埃塔会面的总结资料，以及帕蓬到美国和墨西哥边境地区活动，将当地的德国居民组织起来的文件等等。

阿奇巴尔德很快就在英国以"敌人的信使"被起诉。英国当局随即把查到的这些文件转给美国驻英国大使瓦尔特 · 佩奇，佩奇则把这些资料送回华盛顿。其实佩奇这个人极其支持美国参加欧战，对德国开战。而当威尔逊总统读到这些文件的时候，这些信息早就不是什么秘密了。为了避免威尔逊总统找出新的理由来淡化处理这些文件，英国人早已将其公开，美国的媒体很快就对此进行了广泛报道。在阿尔伯特手提箱里的文件被公开几个月后，又出现了新一批文件，讲的都是德国如何在美国开展秘密行动，这让愤怒的美国公众更加光火，估计总统本人也无法不受这种气氛的影响。再加上纽约警察局提交的各种有关德国行动的报告，诸如费依的船舵炸弹，德国密谋让墨西哥的胡埃塔掌权对美国开战，德国人试图暗杀摩根先生，等等。这一次，当豪斯上校建议总统应该尽快将这些讨厌的德国佬赶回国时，威尔逊终于同意了。

1915 年 12 月 3 日，美国国务卿蓝辛将贝恩斯托夫大使召到国务院，向他宣布美国总统已经正式认定帕蓬和博依德为不受欢迎的人，将驱逐他们出境。四天之后，威尔逊总统向国会发表演讲。这一次他的态度有所改变，语调也更加强硬，不过，总统并没有走得太远。整个演讲听起来有点像是对公众道歉，不仅是作为总统，同时也作为一个很痛苦的人，他的道德素养让他不愿意去怀疑别人比自己有更低的道德水准。

“我必须惭愧地承认，美国国内有不少公民，因为是在别的国家出生，因此给我们整个国家的动脉中注入了不忠诚的血液，这些人总是对我们政府的仁慈和权威不屑一顾，只要觉得对于实现自己的目的有帮助，他们就会去摧毁我们的工业，为外国的阴谋服务。

“就在不久之前，这样的事情看起来似乎还是令人难以置信的。也就是因为难以置信，所以我们并没有为此进行准备。而如果真要进行准备，我们应该感到羞愧，因为这就如同我们在怀疑自己的同胞，怀疑我们的邻居，怀疑我们自己一样。然而丑陋和令人难以置信的事情终究还是发生了。现在，我们还没有相关的联邦法律来处理这样的事件，但这种不忠诚的因素必须要清除。”

对于威尔逊总统的讲话，德国方面很快就做出了回应：“很明显，德国的敌人成功地制造出了这样一种印象，那就是德国政府对于威尔逊总统所说的反美行动负有责任，对这一点我们坚决否认。”与此同时，德国外交部对于美国仍没有驱逐贝恩斯托夫大使还暗自庆幸。“你并没有在被驱逐之列，”蓝辛曾这样对贝恩斯托夫说，“如果你离开的话，我们会感到极度遗憾。”这个时候的威尔逊总统，仍然对大使能够说服德国皇帝与美国达成和平协议抱有希望。只是帕蓬和博依德别无他法，只能准备离开。在 12 月中旬的一个雪夜，帕蓬和科尼格在纽约的德国俱乐部吃饭告别，他感谢科尼格还在坚守。“这对我来说是一种安慰，即便我走了，你还留在这里工作。”帕蓬说。帕蓬这话似乎说得有点早，塔尼的人早就盯上了科尼格，就在科尼格赴宴的路上，他们已经跟上了。第二天早上，塔尼读到这份对他们晚宴的监控报告，很想知道科尼格对于德国准备发动的细菌战了解多少。反正总统已经对德国使馆的两名武官下了手，现在该是逮捕科尼格的时候了，或许他就知道埃伯林到底藏在哪里，他也可能掌握有德国细菌战的资料。为了解答这些问题，该动手了。

第 56 章

当塔尼的人冲进科尼格的办公室时，他还在负隅顽抗：“任何干涉德国人或者德国政府事务的人都将受到惩罚。”对此，巴尼茨的回答很直接——将手铐铐在了他的手上。然而就像塔尼预想的那样，科尼格虽然被抓了起来，但一点也不合作。时而咆哮咒骂，时而盯着地面，对所提的问题充耳不闻，保持沉默。塔尼怀疑自己是不是动手太早，如果一直盯着可能会更有效果，也许能获得更多的消息。但巴尼茨的出现立即让他打消了这个念头，他一副很高兴的样子，冲进了审讯室。

原来，巴尼茨手中拿着一个黑色的笔记本，有几百页的样子，上面打满了字。这个笔记本是在科尼格位于第西 94 大街的寓所里发现的，当时就锁在桌子的抽屉里。科尼格看到这个笔记本的时候突然爆发了，他提出强烈抗议：“这是私人财产，你们没有权力碰它，把它立即还给我。”然而即便如此地大声喊叫，他也知道这已经太晚了。

塔尼看了看，很快就发现这个笔记本堪称美国历史上追查外国间谍获得的最大成果之一，这完全就是德国军情处特工在美国的一个操作守则 。它同时也是一个王牌间谍的个人日记。内容完全用英文写成，详细记述了从 1914 年 8 月 22 日他成为一名德国军事间谍开始，到和帕蓬吃告别晚宴那天结束他所参加的各种活动。除了对事件的记述特别完整之外，里面还有很多操作规范。比如用电话号码记录曼哈顿街道的数字时，就意味着会议的实际地点要比字面上提到的地点往上再走五个街区。此外，还有一些地名和字面上的位置完全不同，比如提到安索尼亚饭店，实际上指的是曼哈顿宾馆的咖啡馆。

也有一些个人的安全操作原则，比如为了保守秘密不被泄露，在有人敲门时必须立即将桌子上的文件清理干净，除了与正常业务有关的东西之外，其他东西一律不能放在桌上。还有，所有与他有关系的人，不管关系有多远，都不能与美国调查局有任何瓜葛。

健康方面的规定也很细，比如不能抽烟，因为这会影响健康和工作，也不能喝威士忌。不过，最吸引塔尼的还是科尼格在日记中记录为“D 案例”的那一部分。这部分属于绝密行动，而问题是这部分内容也是用密码来写作的，有各种各样的假名字、假地点以及很多随机而无规律的数字，这些密码只有科尼格本人知道。科尼格拒绝合作，看到塔尼徒劳地想破解这些密码，他很是开心，尽管自己已经被抓，但敌人拿他没办法，最后的胜利还是属于自己，想到这一点他脸上就有了笑容。只是，塔尼并没有退缩，他觉得这些所谓的“D 案例”很可能与细菌战有关，里面也包含有斯泰因梅茨所执行使命的秘密。更重要的是，这些内容可能会涉及德国即将展开的新一轮细菌战的细节，这正是林特伦离开美国时所建议的。这些担心让塔尼更急切地想破解“D 案例”的秘密。

在所有的这些“D 案例”当中，又数 D343 案例最引人注目。因为在日记当中，科尼格本人对这个案子非常谨慎，为此还特别制订了一项规则：“从 11 月 6 日开始，所有与 D343 案例有关的报告不能复印，原件直接发给 H.G.M.。”这个 H.G.M，塔尼已经将它破解，就是帕蓬。但什么东西这么重要，帕蓬一定要保留其原件？有关这个案子的第二条规则再一次印证了它的重要性：“为了完成好与 D343 案例相关的任务，要缩短通报信息的特工在接头地点停留的时间，以前那种在接到报告之后与通报信息的特工一起吃饭的做法要停止。同时，在有关这个案子的信息被全部传达之前，不能参与别的案子，这将是一条规矩。”很明显，塔尼觉得，这个案子有着特殊的重要性。为了安全起见，特工不能逗留，而且在特工完成汇报之前科尼格不能做别的。塔尼越想这些，越是觉得这肯定和细菌战有关。难道还有什么别的东西，需要这么隐蔽与谨慎？

第 57 章

带着一种紧迫感，塔尼又重新回到笔记本上，希望能从中找到线索。在 D343 案例中，科尼格的化名是沃勒，至于一线的特工，化名经常变。比如，一开始他会被称为是 51 号特工，之后又被称为是 CO 特工 ，没过多久则改为 BI 特工。这到底是不是同一个人？还是说有好几个一线特工？谜越来越多。

从笔记本中往回找，塔尼发现沃勒曾经和一个名为弗里德里希 · 施莱恩德尔的人见过面，他仔细阅读这一段内容，读完之后，他觉得自己找到了线索：科尼格出场了。什么原因呢？因为这实际上就是科尼格第一次和这个一线特工会面，而在会面的时候他自己用了化名做记录，但正因为是第一次，所以特工并没有用化名。道理很简单，那个时候还没办法知道这个人是否能当一线特工，是否有价值，也不知道还会不会与这个人有下一次会面的机会。但后来的情况是，此人很快发展成为一名很有价值的特工。而科尼格在过了一段时间之后估计也从来没想过要回过头来修改他和施莱恩德尔第一次会面的记录。

通过这样来来回回阅读日记，塔尼从笔记本中找到了一条很明确的线索，沃勒就是科尼格，而正是科尼格本人直接控制着一线特工。塔尼觉得自己终于找到了有关德国特工的有效情报，应该有助于破解德国细菌战计划，于是下令立即抓捕施莱恩德尔。这个行动其实并不难，在核查完纽约市的电话簿之后，很快就找到了施莱恩德尔的位置。只是，把他带到警局之后，的确是帮助塔尼揭开了一个谜团，但不是塔尼所期待的。

原来，施莱恩德尔出生在德国巴伐利亚，只是一名银行职员，与细菌战根本就没有关系。战争爆发之时，他在纽约城市国民银行工作，同时也是一名德国预备役士兵。于是，他向德国驻纽约领事馆报到，希望能做些事情。几个月之后，他才接到一个电话，通知他到曼哈顿宾馆和一个名为赫尔·沃勒的人会面："你将会在酒吧间见到他。"

沃勒给他点了一杯啤酒，然后两人聊了起来。"讲讲你自己吧。"沃勒说。这次谈话更像是审判，而不是普通的对话。谈着谈着，沃勒有了一个重要发现，施莱恩德尔的工作让他有机会接触到协约国政府每天发给银行的电报，电报的内容主要是安排购买和运输战争物资。沃勒希望他把这些电报的内容搞出来，主要是这些采购的货物什么时候可以运到港口装船，以及每一批货物具体是什么。沃勒当天就给了施莱恩德尔 25 美元作为报酬，施莱恩德尔答应照办，一方面是因为他对德国的感情，另一方面这 25 美元相当于他两倍的周工资。

这一做法很快就成了惯例。一般来说，到了周末，施莱恩德尔会把一周的电报情况汇总，周五晚上交给沃勒，沃勒复印完之后，他再把原件还回去。得到这些信息之后，科尼格再将重要的内容传给林特伦。有了这些信息，林特伦发动的“雪茄”炸弹袭击就更有针对性。尽管向协约国出口物资的信息是高度保密的，但“雪茄”炸弹袭击的目标非常精准，对协约国的破坏相当大。现在塔尼终于知道，这一切到底是怎么实现的。

当塔尼在翻阅施莱恩德尔传给科尼格的文件时，有一项内容引起了他的注意，而正是这一条内容解开了另一个谜团。这是一份往欧洲运送几千台磁发电机的合同，这些发电机用于战场前线的拖拉机和汽车。这些发电机装上轮船起航之后，在 1915 年 7 月 7 日起火爆炸。这个日子塔尼印象深刻，因为在审讯霍尔特（蒙特）的时候，他曾经说 7 月 7 日会有大爆炸。而爆炸发生之后，塔尼一直没搞明白一名康奈尔大学的教师是如何知道自己的炸弹已经被安装在轮船上，而且就在 7 月 7 日这一天爆炸。当塔尼希望从他口中得到答案时，霍尔特已经死亡。之后，塔尼一直这样安慰自己，或许这只是碰巧而已。现在，他终于明白了。正是施莱恩德尔将相关的信息传给了科尼格，而科尼格再转给林特伦，林特伦则把这一信息告诉了霍尔特。他一直怀疑霍尔特不是一个人在行动，这一点也得到了验证。霍尔特在美国国会大厦放置炸弹，刺杀摩根先生，显然是得到了德国特工的协助。

这些谜团都被解开之后，塔尼并没有感到轻松，反而更加觉得敌人是如此凶残。一旦红线被跨越，任何事情都做得出来。恐怖已经成为习惯，他很清楚自己的对手既然可以搞爆炸，搞暗杀，那么也必然会毫不犹豫地对美国展开细菌战。

第 58 章

这个人快要死了。他才 47 岁，以前的健康状况非常好。但在三周之前，他因为感觉到浑身虚弱无力、发烧而去纽约贝尔福医院看病，现在病情没有任何好转，他已经进入昏迷状态，器官衰竭，而医生们还诊断不出到底是什么原因。

对于这位患者的病情，目前只有两条线索。一是他的工作，他在往欧洲运送马匹的轮船上工作，主要给马喂食，打扫马厩。另一条线索是他的身体，他的脸上有很多红点，而且大腿和小腿上都有硬币大小的红块。医生们普遍认为，这些皮肤上的问题是和马接触之后出现的疹子，但他们还不能确定这些皮肤上的问题就是他的死因。但也有少数几名医生对他的诊断完全不同，因为他曾经出过几次国，因此可以断定他得的是外国的麻疹。这种诊断既可以解释他的病情，也能解释他身体的情况。

这位患者在住院的第二周，身体上的红块越来越大，很快就破裂，暗黄色的脓流了出来。之后，他的体温急剧上升，在入院

21 天后完全昏迷，再过两天就死在了医院。而这个时候，医生还不知道死因。

患者死亡后，医生们并没有放弃对死因的调查。一个新的理论出现了，有人觉得这可能是一场瘟疫。如果这一推论属实，那么整个城市都需要提高警戒级别，同时必须采取更加严格的预警措施。为了进一步确认，医生从这位患者的尸体中抽出一点血液，然后注射到实验用的小猪崽体内，没过多久猪体表也起了红块，然后化脓。再过几天，注入血液的猪已经病得不行，很快就死了。医生经过诊断之后，断定这不是瘟疫，而是被感染了病毒，很可能是从马匹身上传染来的，就是在给马喂食或清扫马厩时感染上的。对尸体进行解剖之后确认了这一点。“病毒损害了病人的肺部和肝部。”这就是死因。

直到九年之后，那时战争早已结束，当律师对德国于战争期间在美国进行破坏活动寻求赔偿时，他们才逐渐了解到这一切的根源是迪尔格在地下室培育的细菌。医生们这才明白，这名患者就是德国发动细菌战致死的第一人。

纽约出现这样的死亡案例的几周后，在弗吉尼亚的纽波特港，来自巴尔的摩的码头搬运工约翰·格兰特趁着夜色躲在码头附近的一个马棚外。12 月已经进入隆冬，非常冷，寒风刺骨，但格兰特似乎并不急，他边等边观望。他的老板菲尔顿曾经告诉他，已经给了马棚的守卫一笔钱，让他待在办公室里不要出来巡逻，但格兰特还是担心附近的英国士兵，他们也在负责马匹的安全。这些人一般会在天黑之后离开，但如果碰巧有士兵在，他们看到有陌生人很可能会开枪。格兰特干这份活儿可以赚到10美元，这笔钱不少，要比在码头上搬东西容易多了，但如果为了得到这点钱要冒生命危险，那就不值当了。

他竖起耳朵，仔细听周围的动静，包括码头停靠船只上传来的声音，还有马棚里牲口的声音。在确信没有士兵巡逻之后，他从口袋里掏出橡胶手套，戴在手上，然后打开一个小木盒子。打开之后，他将盖在玻璃瓶上的棉花拿开，瓶子一共两个，每个瓶子大概有两英寸长，木塞塞住了瓶口。接下来要做的事情有点危险，这一点格兰特很清楚。如果一不小心，很可能就会丧命。因此，决不能让瓶子里装的东西碰到自己的皮肤，一点都不可以。他慢慢地将木塞子揭开，然后用注射器从瓶子里将液体吸出来。突然间不知怎么回事，有几滴黄色的液体滴到了地上，不过经过瞬间的恐慌之后，他感觉这些液体并没有滴到自己的衣服或皮肤上。他手上拿着注射器，就像拿着一把刀，赶紧冲进最近的马棚，这个棚子里关着骡子。他将针头猛地向骡子的大腿上扎，这牲口突然间像发了疯似的，乱踢乱叫，弄得格兰特一下子撒了手，针都没拔出来。过了一会儿，好不容易才拔了出来。但这个时候，满棚子的牲口都受了惊，乱成一团，踢着围栏。格兰特只好暂时往后撤，先躲起来等牲口安静下来再下手。

从本能上讲，他应该将这些瓶子扔到附近的詹姆斯河里，然后逃之夭夭，因为他觉得弄出这么大的动静肯定会惊动附近的英国士兵，把这些人招了回来没什么好果子吃。但同时他也知道如果自己逃了，菲尔顿绝对饶不了他，后果甚至要比被英国士兵抓起来还要严重。没办法，只能硬着头皮留下来。过了一会儿，马棚里的牲口安静了。格兰特重新回到棚里，这次有了经验，他下手很快，尽可能扎更多的骡子。当第一个瓶子里的黄色液体快要耗尽的时候，他把剩下的一点残留液体直接倒在马槽里。

随后，格兰特如法炮制，打开第二个瓶子，这一次是扎棚子里的马。扎第一匹马时，也出现了类似的情况，不过这一次格兰特没有退缩，而是直接干下去，一个接一个地扎，动作麻利。工作完成之后，他来到詹姆斯河边，将手套脱下直接扔进河里，看着河水将手套冲到下游。两个玻璃小瓶子也直接扔到河里，很快就沉了下去。之后，他立即离开码头，赶往火车站，搭第二天早上开往巴尔的摩的火车。

直到多年之后，美国的律师就战争期间德国在美国开展的破坏活动向德国政府寻求赔偿时，他们找到了格兰特，问明情况之后，这一切才真相大白。德国针对美国发动的细菌战，也许就从格兰特打开瓶盖、黄色液体滴到地上的那一刻开始。不管怎么说，医生们这个时候终于找到了 1915 年到 1916 年冬天弗吉尼亚州几起神秘死亡事件的原因，这显然是炭疽菌造成的。

只是回到当时，不管是在纽约还是弗吉尼亚，这些神秘的死亡案件根本就找不出真正的原因，塔尼也是一头雾水。推动他工作的动力就是一种本能，还有出于对国家安全的担忧，他确信德国人正在发动细菌战。只是，他追捕的目标就像幽灵一样飘忽不定，没有嫌犯，没有线索。这些致命的武器在悄无声息的情况下就发挥了作用，留下的只是令人恐惧的结果。一想到这些，塔尼晚上经常会睡不着，会去想这样的袭击是不是已经开始，而他却不知道。医生是不是有能力判定袭击已经发生呢？他也没有把握。面对这样一个看都看不见的巨大威胁，他又能做点什么呢？

但是向威胁屈服不是塔尼的性格。他已经进一步增派人手去保护纽约港口附近的马棚，同时在码头周围加大巡逻力度，以此警告敌人的特工不要再对出口欧洲的马匹下手。另外，他还请求伍兹总监和斯库尔副总监利用自己在华盛顿的人脉，向上层传达这样一层意思：细菌战是一个非常现实的威胁。塔尼正在做他之前从未做过的事情，他再也不是那个永不疲倦地追捕嫌犯的探长，现在他要做的是阻止犯罪，虽然这一切只有到好多年之后才真相大白，但他当时不知不觉地取得了成功。

第 59 章

新泽西的冬天非常严酷，哈德逊河边寒风瑟瑟，人迹罕至。不过正因为如此，希尔肯觉得在这样的地方举行一次紧急会议才够安全。他要求辛世和迪尔格来到河边的一栋单层小楼开会，这是他为这次会议紧急租来的。在召集他们两人的时候，他还特别提醒他们防止被盯梢。

辛世开着自己的福特车，迪尔格先乘火车，然后坐出租车来到这里。希尔肯想尽力掩盖自己的不安，他很热情，到门口来迎接这两位，进屋之后给他们上啤酒。迪尔格看得出来，他还是有些紧张，还不像一个老练的间谍那样足够镇定。他有消息要传达，因为科尼格曾经联系他，此人被捕之后由于笔记本被搜到，审讯价值已经大打折扣，交了 5 万美元之后被保释。纽约警方已经派大量警力到港口巡逻，盘问所有可疑人等，希望能找到马匹被毒的线索。科尼格知道警力增加的消息，现在如果继续动手，很可能会被抓到。希尔肯得到这个消息后，非常惊恐。德国驻美大使馆的沃尔夫·冯·伊戈尔上校，也就是帕蓬的继任者，将希尔肯找来，向他传达贝恩斯托夫大使的意见，大使先生对他们的工作很愤怒。“这些蠢蛋有没有意识到他们的行为有多么严重的后果？”根据伊戈尔转交给希尔肯的信件，大使先生这样质问道。而且，大使得到信息称，美国有关当局已经怀疑德国正在美国展开细菌战，如果美国现在找到了证据，那么这将是把美国推向对德国作战的最终导火线。通过毒杀一些马匹来获得一些战术上的优势，远远没有因此导致美国参战所带来的消极影响大。因此，大使的意思是立即停止相关行动。

对此，迪尔格表示反对。因为他觉得自己无须听从大使的命令，自己只听从德国军情处。也许是意识到可能出现这样的情况，希尔肯向他转交了一份电报，要求他尽快返回柏林就一些事情展开讨论。迪尔格看到，这份电报是由尼古莱签名的。1916 年 1 月 29 日，迪尔格使用一份新护照，护照上他的身份是德国海德堡红十字会医院的医生，搭乘挪威客轮“克里斯蒂安福特号”返回欧洲。而就在离开之后，辛世将托尼实验室解散。

迪尔格再也没有返回美国。到了柏林之后，他接到了新的任务，目的地是西班牙。在马德里，他染上了流感病毒，最后死在了那儿。这个培育致命细菌的医生，最后还是死在病毒感染上。塔尼当时根本就没有意识到他所采取的行动已经发挥了重要的作用，他已经赢得了巨大的胜利。在过去的两年中，他逐渐意识到他自己正在从事一场全新的调查行动。调查的目标是阻止犯罪的发生，而不是在发生之后将犯人绳之以法。而在这个领域，胜利往往是无声的，得不到承认，但如果失败了，那就会成为媒体的头条。而现在，成功就这样不知不觉地到来了，细菌战还没大规模展开就被敌人自己叫停。

至于希尔肯，他虽然有点紧张，但因为秘密行动带来的刺激，以及感觉他的行动可能会改变历史，这个诱惑实在是太大了，他不愿放弃。他再也不可能回到过去，去当被父亲宠坏的儿子，他对于自己在更大的舞台上进行表演很享受。还是和辛世一起，他们策划了一个名为“泽西”的秘密行动计划。其实这个想法最早来自于林特伦，他当时曾经想炸掉美国最大的军火库，军火库位于“黑汤姆”，就在新泽西。袭击者可以从哪里下手，他已经将图表做好，但正在积极筹划的时候，他接到了返回德国的“电报”。希尔肯和辛世把这个计划接了下来。他们在玛莎那里筹划，周围有很多美女，还有一些手下围着，这种感觉让希尔肯很享受，觉得自己已经可以和林特伦平起平坐了。他突然有一种自己已经成为王牌间谍的感觉，不可战胜。

1916 年 7 月 30 日是个星期天，零点 24 分，有人已经看到工厂里有火星。两个小时之后，整个工厂已经变成了一个巨大的火球，照亮夜空。储存的炸药不停地爆炸，子弹到处乱飞。爆炸的威力如此之大，以至于整个地球好像都被震动了。跨过哈德逊河，在纽约这一边也感受到了爆炸的巨大威力，窗户的玻璃被震碎，很多人觉得是不是世界末日已经到来，都纷纷从家里出来涌到街上。根据媒体的估计，这次爆炸造成的直接经济损失高达两千万美元，还导致至少五人死亡。

塔尼当天晚上正好在布鲁克林，他也被惊醒，看到窗外亮如白昼，虽然他不知道爆炸的原因（真正的原因要等几年之后才被查清），但很清楚是谁干的。别人可能不知道这到底是一起事故还是有人蓄意破坏，但塔尼心里清楚肯定是德国人干的。这次，德国人做得太过分了。整个美国肯定会复仇，战争再也无法避免。他一个人长时间的挣扎即将结束，新的战斗马上就要开始。他也会继续战斗，不是穿警服，而是和成千上万的美国人一样，为了共同的使命而战。

第 60 章

威尔逊总统再也无法抑制内心的愤怒。作为一名政治家，他有着高深的学问，也有着圣人的耐心，他曾经想尽力去忽视甚至是将德国的所有挑衅行为合理化，但现在看来已经不可能了。随着最大的军火库被炸平，举国愤怒难以平息。德国政府针对美国采取的行动已经变得无法容忍。1917 年 2 月 1 日，德国宣布执行无限制潜艇战。也就是说，德国潜艇在毫无预警的情况下会在英国、法国和意大利附近相关海域击沉中立国的船只。根据这个政策，美国要么放弃在公海进行贸易和航运的主权，要么就是看着自己的船只被德国的鱼雷击沉。正如一份报纸愤怒地报道："德国政府已经宣布从此航行自由只能属于冰山和鱼儿了。"

对于德国的这一做法，总统的回应似乎有点超乎想象，美国决定和德国断绝外交关系。德国驻美大使，同时也是德国情报网络在美国的负责人，被迫和大使馆的官员一起离开美国回国。获知这一消息之后，葛恩特立即给国内发去电报："贝恩斯托夫要回去了，我今晚必须喝一杯。”当晚，他确实和塔尼、伍兹以及斯库尔一起在哈佛俱乐部喝酒庆祝。

不过，英国的情报机构因为正忙于策划下一步的行动而无暇庆祝，40 房间的窃听人员已经解码了一份德国外交部部长齐默尔曼发给德国驻墨西哥公使海因里希·冯·艾克哈特的电报。其实，之前林特伦和胡埃塔将军的会面，以及帕蓬前往墨西哥的侦察行程，都或多或少暗示了德国的意图。然而这份电报是德国政策的铁证。根据电报的内容，德国提议和墨西哥以及日本结盟，共同对美国作战，并且承诺帮助墨西哥收回被美国夺去的领土，如得克萨斯、亚利桑那和新墨西哥州。英国方面将电报的内容转给威尔逊总统，但这一次总统自己决定这份内容必须公之于众。1917 年 3 月 1 日，美国各大报纸纷纷以头条的形式刊登这份电报的内容，《华盛顿邮报》的标题是“德国计划联合日本和墨西哥征服美国的阴谋被曝光”，《纽约时报》的报道称，“德国寻求结盟应对美国，请求墨西哥和日本加入自己的阵营”。在接下来的几天里，总统自己亲自撰写演讲稿，并且还在椭圆办公室里亲自将演讲内容打出来。4 月 2 日晚，天下着雨，在骑兵的护卫下，总统乘车从白宫出发前往国会大厦，在参众两院联席会议上，威尔逊总统准备发表演讲，现场掌声雷动，足足超过两分钟。总统正式要求美国国会对德国宣战。

是什么促使总统做出这样一个决定？要知道就在几个月之前，他还认为参加战争是对文明的犯罪。很显然，导致他宣战的并不是单一的理由，也并非一个单一事件的导火索导致宣战。相反的是，总统内心发生了根本的变化，很多因素都让这个充满理想主义的人发生了改变。而这种改变其实来得很慢，不是一蹴而就的。随着他对德国在美国展开的秘密活动了解得越来越多，这也改变了他对整个世界的看法。其实，威尔逊当选总统的时候，总是相信无论是人还是国家，都会以一种非常体面的方式来做事。这种天真既出于道德因素，同时也是自己的思考和教养使然，他很难接受这样一个事实，那就是一个国家可以明目张胆地蔑视上述这条原则。因此，听说德国在美国干的这些个卑鄙的勾当，总统非常困惑。炸弹阴谋，刺杀行为，细菌战，煽动美国国民反抗，所有这些在他看来是不可能的，但纽约警方提供的证据又铁证如山。要他改变这样的想法需要时间，而在他的内心深处其实经受着斗争和煎熬。随着这些不自然的东西逐渐变成了不可否认的事实，他的震惊也变成了愤怒，因为他觉得自己是被残酷地欺骗了。

随着美国准备对德国开战，威尔逊总统在 1917 年 6 月发表的一次演讲透露出他内心的真实想法，一种互不信任的世界观正在他的脑海中形成。“我们是被迫卷入战争，这一点非常清楚。他们的间谍和阴谋破坏者渗透到我们的社区当中，播撒着不信任的种子，影响民众的舆论，为他们自己的私利服务。当发现做不到这些的时候，他们就到处煽风点火，甚至通过暴力来破坏我们的工业，阻止商业活动，而这些特工和间谍就直接与德国驻华盛顿的官方大使馆联系在一起。一个伟大的国家在这种情况下难道不应该拿起武器反抗吗？”

在过去三年中，德国间谍持续不断的破坏活动终于彻底改变了威尔逊总统的观念和信仰，没有了幻想，也没有了天真，总统和五年前上台时的那个人已经完全不同，他带领这个国家走向战争。

对于敌人的本性，塔尼当然没有心存幻想，更没有天真。他的关注点集中在自己的国家，在他应该为自己的胜利庆祝时，这种想法涌上心头，显得有点矛盾。就在美国国会宣布对德开战几周之后，伍兹总监将塔尼提拔为巡长，巴尼茨则被提拔为中尉。1917 年 12 月 17 日，《纽约时报》的一篇报道披露了他职业生涯的另一个大跳跃——“本市警察局拆弹分队已参军”，副标题是“塔尼将会成为上校入伍，继续追击各种阴谋袭击者”。

文章的内容充满了溢美之词：

著名的纽约市警察局拆弹分队，在塔尼巡长的领导下，曾经因为追捕德国间谍而赢得声誉，如今这一分队已经划归到美国战争部，成为陆军情报服务机构驻纽约的分部，在纽约执行任务。联邦官员认为美国政府采取的这一举措有深远影响，被证明是官方有意加大力度应对德国间谍的破坏活动。

塔尼读到这篇报道的时候，一点也高兴不起来，也无法感到乐观。他自己很清楚，整个国家还没有办法真正做到不遗余力地对付这些间谍。在他过去三年的追捕生涯中，他越来越相信美国其实根本就没有准备好去应对这些秘密的敌人会给整个国家带来的伤害。这一点的确比较危险。美国是一个充满信任的国家，这也让美国成为一个比较脆弱的国家。美国既没有足够的能力去搜集对手的情报，也没有足够的资源去阻止恐怖袭击事件的发生。

资金充裕的德国间谍在过去的三年中，给美国造成的财产损失超过1.5亿美元。大量的货轮在海上爆炸沉没，工厂起火被烧毁，军火库被引爆，暗杀事件屡有发生，细菌病毒被传播，这一系列的破坏事件导致的死亡人数超过100人。

美国调查局、秘密情报机构以及军事情报机构，这些机构都应该担起保护好这个国家的责任，但他们之间互相斗争，组织松散，效率低下。敌人的间谍已经在街头行动起来，他们还没有获取相关的情报，更搞不清楚敌人会使用什么武器，以及袭击的目标是什么。最后，只能由塔尼和他的团队来完成保护祖国的任务，匆忙进入一场毫无准备的战争。只是凭着勇气、韧性和不怕牺牲的精神，他们才赢得了胜利，而他们的胜利也让这个国家更安全。

然而，这些成绩还是远远不够的。塔尼担心未来，因为这个国家有太多可以袭击的目标。国会大厦已经被袭击过，敌人甚至还用上了炭疽菌，这些先例已经有了。未来，还会有什么样的恐怖袭击会针对他的城市、他的国家呢？就像破坏者使用的“雪茄”炸弹后来又被船舵炸弹所取代一样，制造出更具破坏力的武器是人类的残酷本性所决定的，他们可能会用更加有效的方法来传播病菌。

然后会怎样？塔尼只能自己去想了。

后记

我花了好些天待在书桌旁，盯着电脑屏幕时才意识到写一本书就像谈一场恋爱一样，会有一些起伏的时候。但感谢上帝，这也会带来一些快乐时光。在写这本书的时候，我特别幸运的是，无论晴雨，我都能够得到很多人的帮助，他们给了我建议和安慰。林恩·内斯比特是我永远的经纪人，她的友谊和智慧是我可以依赖的支柱。在她的办公室里，我还一直可以依赖史蒂法尼·科文、雷诺尔·霍夫曼、蒂娜·西姆斯和汉娜·戴威提供的帮助。

在哈珀科林斯出版社，乔纳森·伯恩汉姆的热情让我受益匪浅，克莱尔·瓦奇特尔非常准确而权威性的编辑以及汉娜·伍德的友好帮助都让我受益。

我写这本书也得到里克·霍尔根和内森·罗伯森的鼓励和指导，他们对我的手稿提出了很多宝贵的建议，在这方面我真的欠他们不少。

鲍勃·伯克曼将我的手稿拿到好莱坞，成功避开了各种风险，这个故事将来会被拍成电影，而鲍勃以前还代理了我的多部作品。是鲍勃让这个故事获得华纳兄弟电影公司的关注，布拉德利·库珀和约翰·莱瑟将会以这本书的故事为基础，共同拍摄一部电影。现在我非常期待布拉德利扮演的塔尼。而艾伦·赫戈特，他是我认识的最聪明的人，和辛迪·格兰塔一起，也会参与到电影的拍摄当中。

《名利场》杂志的格雷顿·卡特和达纳·布朗阅读了我的初稿，并提出了不少建议。在写作的漫长过程中，我的妹妹马茜和其他很多朋友在我遇到麻烦时总会慷慨地提供各种帮助，他们是肯·利博、贝斯·德伍迪、苏珊·里奇、戴维·里奇、艾琳·威尔伯、菲利普·威尔伯、莎拉和比尔·劳齐、爱德华·克齐、约翰·李文塔尔、布鲁斯·托布、斯科特·西尔弗、帕特里克和鲍勃·拉斯特豪斯、鲍勃·米切尔、贝赛和伦·拉波波特、克劳迪和安德鲁·斯孔卡。

我的孩子们也给我带来了很多祝福，我特别对托尼、安娜、达尼和他们做的事情感到自豪。尤其要说的是，我非常感谢黛西和伊娃娜。

附录一

有关引用资料的说明

今天的纽约警察局总部位于下曼哈顿地区，这是一栋红砖建筑。在总部大楼的 14 层，警察总监早上 9 点刚过就会与负责反恐事务和负责情报事务的两位副总监会面。会面的地方就是警察总部内部的指挥控制中心。这个房间很大，墙上装满了电视屏幕，屏幕上放着世界各地的新闻报道，还有纽约各条街道和高速路上交通情况的实时直播，以及纽约各个区域最新的犯罪信息报道。另外，纽约警方装备有放射物质监测设备的直升机每天都会在港口和码头上方盘旋，这些信息将实时反馈回指挥控制中心。

总监和两位副总监讨论的主要内容就是在过去的 24 小时当中，任何可能对纽约构成威胁的事情。指挥控制中心这个大房间的中间放有一张长方形的桌子，两位副总监通常会坐在桌子旁边，就座之后就所谓的“纽约问题”向总监发表自己的看法。什么是“纽约问题”？这其实是现任的警察总监雷蒙 · 凯利提出来的。此人外表冷峻，内心冷酷，以前曾经当过街头巡警，还在美国海军陆战队服过役，总监想通过这个会议了解世界上任何地方发生的、可能会影响纽约市安全的事件。

我曾被允许参加过一次指挥控制中心的简报会议，当时坐的位置就在屏幕墙边上，而屏幕上放映的正是华尔街的实时交通状况。我当时听得很仔细，听到不少让人关注的消息，比如在上下班高峰期可能发生的针对纽约港口管理局轨道列车和隧道的炸弹袭击；在弗吉尼亚州有一个嫌疑人可能正在捣鼓生化武器，要在地铁上发动袭击；约旦的某个监狱很可能与纽约皇后区的一个组织相关联，而这个组织正在对布鲁克林和曼哈顿的很多桥梁进行拍照取点；一个“基地”组织的网站发布消息，誓言将很快对纽约发动袭击。

当我仔细聆听这些消息的时候，在我的脑海中，各种新技术和细枝末节的东西已经自动剥离。而把这些东西去掉之后，我发现，当下正在这个房间里发生的事情和一个世纪之前，塔尼乘坐总监的私人电梯来到他的办公室，商讨当时发生在纽约的袭击事件，真的没有什么不同。现在的这些会议，同样充满了各种质疑和恐惧。

我坐在那里，越来越清楚地感觉到，对于那些保卫我们这个国家的人来说，在过去的一百年当中，这一切真的都没变。就像塔尼当时破解了轮船爆炸案，打败了林特伦、费依和科尼格一样，这个国家新的保护者也击败了新的敌人和对手，让这个国家更安全。但对他们来说，总会有明天，总会有危险，总会有不法分子在那里策划各种阴谋，准备发动袭击，而随着时间的推移，离他们发动袭击可能会变得越来越近。

当我在做研究、写这本书的时候，正是这种想法在我的脑海中萦绕不去，占据着非常重要的位置。塔尼当年做的这些事情和今天我们在媒体上看到的头条，这种相关性一直在提醒着我，就像福克纳曾经观察到的那样，“过去永远没有成为过去”，这其实就是我如此痴迷于历史的原因,也是我想讲述这个故事的原因。

同时，我写这本书也受到我自己写的另外两本书的启发和影响，这两本书其实也是在这本书出版之前才刚刚出版，它们分别是《美国雷鸣》和《天堂的地板》。《美国雷鸣》是一本讲述 1910 年洛杉矶时报大厦遭遇爆炸袭击的图书，这次爆炸事件导致 21 人死亡。事件的核心就是当时劳资的矛盾和冲突，这是世纪之交的美国举国最为关注的事情。《天堂的地板》写的则是 19 世纪末美国历史上发生的转折性事件，勇敢的西部牛仔在拓展边疆时节节获胜，他们需要寻找新的疆土进行开拓和征服。本书则脱离了美国国内事务，讲述美国在成为世界强国时所体现出来的意愿、决心和力量。

这三本书中的每一本讲述的都是一个独立的故事。第一本书像是个侦探故事，第二本则是西部题材的故事，现在这一本肯定属于间谍题材的图书，它们在现实生活中都有原型，但把它们放在一起，就成了某种形式的三部曲。而每一本书当中，都有一个主导的中心角色，他们都能把世纪之交的美国团结起来。这三本书还有一个共同点,那就是它们都关注美国这样一个年轻的国家，关注这个国家在努力改变自我,并在世界舞台上寻找自己的位置。

这些都是真实的故事，没有任何编造，我所做的就是尽我所能将这些事件进行还原，尽力写得更客观一些。我查找了很多资料，这些资料呈现的观点和内容相互交叉，我写作的方式就是要把它们全都呈现出来，让大家拥有知情权。为了写出书中这些英雄和恶棍们的所说、所做、所感、所思，既要准确又要生动，我主要依靠第一手的自述和回忆录，以及当时的新闻报道和政府文件，当然还有一些法律文书和一大堆的历史研究专著。因此，当读者看到书中有直接引用时，说明这其实就是一个资料来源。进一步而言，当书中有一个人说出他的所想或个人感受时，这可能就来自于回忆录、信件或者以前出版的访谈录。

特别有价值的是，如果把这些一手的资料放到一起，也就是各种文件和档案，足足有 1032 立方英尺（约 30 立方米——译者）这么多。这些资料就藏于华盛顿国家档案馆外交事务分部，它包括美国和德国的一个混合委员会编辑的大量材料。这个委员会的主要职责就是调查在美国参加一战之前德国间谍在美国的活动，以及“黑汤姆”军火库的爆炸事件，另外还有整理研究德国军情处有关细菌战的证词、英国截获的德国政府情报和美国加入一战之前英国情报机构在美国活动的相关文件。除此之外，一手的资料还包括各种目击者和德国情报机构成员的证词，参与破坏活动人员的自传等。

卡内基国际和平基金会在 1923 年出版的两卷本专著 *Official German Documents Relating to the World War: The Report of the First and Second Subcommittee of the Committee Appointed by the National Constituent Assembly to Inquire into the Responsibility for the War*，这里面也有很多德国政府的文件和官员证词。

我对威尔逊总统想法（以及美国政府对中立政策的立场）的了解发生改变，也要得益于美国国务院印发的图书 *Papers Relating to the Foreign Relations of the United States* 和 *Supplements, World War, 1914—1918*。

塔尼本人在战后曾经到美国参议院司法委员会作证，他非常坦率的证词也有助于我了解他本人在当时所承担的角色，这些内容见于 1919 年第 66 届国会第一次会议文件《美国参议院司法委员会听证报告》第 62 卷。而要了解当时才刚刚诞生不久的美国情报部门的整体运作情况，许多官员的证词也非常有价值，这可见于 1917 年第 65 届国会第一次会议的文件《间谍与干预中立：司法委员会听证会》。

阅读 1919 年第 66 届国会第一次会议文件《美国参议院外交事务委员会听证会：对德和约相关调查》和 1937 年第 74 届国会第二次会议文件《美国参议院有关军火工业调查特别委员会听证会》，我找到了很多有关摩根先生影响美国对协约国援助的资料。

我还频繁阅读当时的政府文件和总统的演说稿，以了解美国如何加入协约国参与对德作战。这些材料完整的文本可见于杨百翰大学一战档案资料馆，也可以在 http://www.lib.byu.edu/index 网站上找到。

有关一战的图书在图书馆里遍地都是，在过去的四年当中，我花了很多时间来对这些书的内容进行研究，因此我的书房里到处都堆满了书，足能到腰间这么高。不过，像做学术研究那样列出一个参考书单并不是我要说的重点。对于普通读者来说，其实更重要的是下面这些书，这些书对于我要讲述的故事非常有价值。

塔尼本人和保罗·霍利斯特合著的 *Throttled! The Detection of the German and Anarchist Bomb Plotters* 是对整个调查事件最为生动，也最为个性化记录的一本书。塔尼当时虽然还没有美国国土安全部部长（“9·11”事件之后美国才设立国土安全部）这样的头衔，但从其做的事情来看，绝对说得上是美国首位国土安全部部长。在读塔尼的故事时，也可以和林特伦的两部回忆录 *The Dark Invader* 和 *Return of the Dark Invader* 一起读，这将会让你感受到这两个人在玩猫鼠游戏时的紧张感。另外，纽约警察局为我了解塔尼的职业生涯提供了极大的便利和帮助，特别是纽约警察局负责信息公开的副总监保罗·布朗，他给了我很多帮助，而且也正是因为他，我才有机会参加纽约警察局的简报会议。

其他的回忆录，有的细节非常丰富，但显然是经过润色，有些说法还非常耸人听闻，这都削减了其可信度。讲述德国特工在外国执行任务情况的图书就有不少，包括一本匿名作品 *German Spy System from Within, by an Ex-Intelligence Officer*；阿姆加尔德·卡尔·格拉夫斯的 *The Secrets of the German War Office*；爱德华·迈尔斯的 *Adventures of a Former Agent of the Kaiser's Secret Service*；霍斯特·冯·格尔茨的 *My Adventure as a German Secret Agent* 和埃里克·费舍尔·伍德的 *The Note-Book of an Intelligence Officer*。

外交官的回忆录往往会出于自己的目的来重述历史，而事实则会比较欠缺。但不管怎么说，这些外交官的回忆录对于我们了解战争期间华盛顿、纽约和柏林内部的决策过程还是很有价值的，这包括詹姆斯·杰拉德的*My Four Years in Germany and Face to Face with Kaiserism*；罗伯特·蓝辛的*War Memoirs*；瓦尔特·尼古莱的*The German Secret Service*；海因里希·贝恩斯托夫的*My Three Years in America*和*Memoirs of Count Bernstorff*以及弗兰茨·冯·帕蓬的*Memoirs*。

除此之外，还有一些作品既不是回忆录也不是传记，但对于了解这些历史中的人比较有意义。其中有两本书对于了解书中的两个人提供了非常独特的视角，分别是亨利·凯斯的*Guy Hamilton Scull*（这本书对塔尼也着墨不少）和约瑟夫·图幕尔蒂的*Woodrow Wilson as I Know Him*。

为了将德国间谍网络对美国发动袭击的全况拼接起来，我还找了一些当时新闻媒体的报道，这些报道都是在袭击发生之后刊发的，非常详细，包括乔治·巴顿的“Celebrated Spies and Famous Mysteries of the Great War”；约翰·普莱斯·琼斯和保罗·梅里克·霍利斯特的“The German Secret Service in America, 1914—1918”；亨利·蓝多“The Enemy Within”和弗伦奇·斯特罗瑟的“Fighting Germany's Spies”。

这个领域其实也是近现代史研究经常涉及的，其中包括茹尔斯·维特考福的*Sabotage at Black Tom*，这是一部记录德国在美密战的图书，不仅非常重要而且具有很强的可读性。在*The*

Fourth Horseman 一书中，罗伯特 · 科尼格对于美国出现的首次生化细菌战进行了具有开创性的研究，我本人对迪尔格及其活动的记录在很大程度上要感谢科尼格开创性的工作。查德 · 米尔曼的 *The Detonators* 资料丰富，引人入胜，这本书特别关注“黑汤姆”爆炸事件。芭芭拉 · 塔克曼的 *Zimmermann Telegram* 文笔优雅，这本书对于英国和德国在美国的间谍活动有比较不错的视角。而对于美国联邦政府和纽约警察局应对敌方特工记录最全面的著作则是托马斯 · 里佩托的《战场：纽约市》，此外还有里佩托与詹姆斯 · 拉德纳合著的 *NYPD: A City and Its Police*，里佩托是研究纽约警察历史的权威，在几次非常丰富而愉悦的交谈中，他补充了不少信息。

塔尼所处的那个时代，世界上发生的很多事情都会对他的行为和想法乃至个人诉求产生影响。下面这些书对于我了解当时的世界，进而了解塔尼所处的环境很有帮助，这些也是我经常参考的书，包括赫波特 · 巴斯的 *America' Entry into World War I*；贾斯丁 · 多内克的 *Nothing Less Than War: New History of America' Entry into World War I*；理查德 · 霍尔摩斯的 *The Oxford Companion to Military History*；约翰 · 基甘的 *A History of Warfare* 和 *The First World War*；约翰 · 巴赫 · 迈克马斯特的 *United States in the World War*（Volume I）；马克 · 鲍韦的 *The Emergence of the War Department Intelligence Agency,1885—1918*；戴维 · 史蒂文森的 *Cataclysm: The First World War as Political Tragedy*；A. 韦勒特的 *The Road to Safety: A Study in Anglo-*

American Relations。

最后，我还反复阅读了不少专题论文，这对于本书内容的定型非常关键。下面这些是我参考得最多的，包括汤姆·蒙塔尔巴诺的“The Station Agent and the Anarchist”，载于2010年3月19日的*Syosset Jericho Tribune*；弗兰克·拉法尔科的“Imperial Germany's Sabotage Operations in the US”，载于*A Counterinteligence Reader: American Revolution to World War II*；理查德·斯宾西的“Englishmen in New York: The SIS American Station 1915—1921”，载于*Intelligence and National Security*；迈克·华纳的“The Kaiser Sows Destruction: Protecting the Homeland the First Time Around”，载于*Studies in Intelligence*；道格拉斯·维勒的“A Guide to the History of Intelligence,1800—1918”，载于*Intelligencer: Journal of US Intelligence Studies*，还有最不可或缺的丹尼尔·拉塞尔的“The Day Morgan Was Shot”。

附录二

参考书目

Andrew, Christopher. *Her Majesty's Secret Service: The Making of British Intelligence.* New York: Viking, 1986.

Anonymous. *The German Spy System from Within, by an Ex-Intelligence Officer.* London: Hodder & Stoughton, 1915.

Barton, George. *Celebrated Spies and Famous Mysteries of the Great War.* Boston: Page, 1919.

Bass, Herbert J., ed. *America's Entry into World War I.* New York: Dryden Press, 1964.

Beesley, Patrick. *Room 40: British Naval Intelligence, 1914—1918.* London: Hamish Hamilton, 1982.

Carnegie Endowment for International Peace. *Official German Documents Relating to the World War: The Report of the First and Second Subcommittee of the Committee Appointed by the National Constituent Assembly to Inquire into the Responsibility for the War. 2 vols.* New York: Oxford University Press, 1965.

Case, Henry Jay. *Guy Hamilton Scull.* New York: Duffield, 1922.

Chernow, Ron. *The House of Morgan: An American Banking Dynasty and the Rise of Modern Finance.* New York: Grove Press, 2010.

Cooper, Jilly. *Animals in War.* New York: Lyons Press, 2003.

Daniels, Josephus. *The Years of Peace, 1910—1917,* Vol. 1 of The Wilson Era. Chapel Hill: University of North Carolina Press, 1946.

Dearle, N. B. *An Economic Chronicle of the Great War for Great Britain and Ireland.* Oxford: Oxford University Press, 1929.

Doenecke, Justin D. *Nothing Less than War: A New History of America's Entry into World War I.* Lexington: University Press of Kentucky, 2011.

Doerries, Reinhard R. *Imperial Challenge:Ambassador Count von Bernstorff and German-American Relations, 1908—1917,* Chapel Hill: University of North Carolina Press, 1989.

Ewing, Alfred, Jr. *The Man of Room 40: The Life of Sir Alfred Ewing.* London: Hutchinson, 1939.

Forbes, John Douglas. *J. P. Morgan, Jr., 1867—1943.* Charlottesville: University of Virginia Press, 1988.

Gannon, Paul. *Inside Room 40.* London: Ian Allen, 2011.

Geissler, Erhard, ed. *Biological and Toxin Weapons: Research,*

Development and Use from the Middle Ages to 1943. Oxford: Oxford University Press, 1999.

Gerard, James W. *My Four Years in Germany.* New York: G. H. Doran, 1917.

Gerard, James W. Face to Face with Kaiserism. New York: G. H. Doran, 1918.

Graves,Armgaard Karl. *The Secrets of the German War Office.* New York: McBride, Nast, 1914.

Holmes, Richard. *The Oxford Companion to Military History.* Oxford: Oxford University Press, 2001.

James, Sir William. *The Eyes of the Navy: A Biographical Study of Admiral Sir Reginald Hall.* London: Methuen, 1956.

Jones, John Price, and Paul Merrick Hollister. *The German Secret Service in America, 1914—1918.* Boston: Small, Maynard, 1918.

Keegan, John. *A History of Warfare.* New York: Vintage Books, 1994.

Keegan, John. The First World War. New York: Alfred A. Knopf, 1998.

Koenig, Robert. *The Fourth Horseman.* New York: Public Affairs, 2006.

Koeves, Tibor. *Satan in Top Hat.* New York: Alliance, 1941.

Landau, Henry. *The Enemy Within.* New York: Putnam, 1937.

Lansing, Robert. *War Memoirs.* Indianapolis: Bobbs-Merrill, 1935.

Livingston, Phil, and Ed Roberts. *War Horse: Mounting the Cavalry with America's Finest Horses.* New York: Black Sky Press, 2003.

Lopate, Phillip. *Waterfront: A Journey Around Manhattan.* New York: Crown,2004.

M. *My Experiences in the German Espionage.* New York: Biblio Bazaar, 2010.

Marchisio, M., and W Noreisch. "Chemical Warfare During World War One (1914—1918): Remarks Related to the Horses Employed in the Main Armies." Paper presented at the 35th International Conference of the World Association for the History of Veterinary Medicine, Turin, 2004. http://document.fondiz.it/59.pdf.

McAdoo,William Gibbs. *Crowded Years.* Boston: Houghton-Mifflin, 1931.

McMaster, John Bach. *United States in the World War.* Vol. 1. New York: D.Appleton, 1918.

Miller, Judith, Stephen Engleberg, and William Broad. *Germs: Biological Weapons and America's Secret War.* New York: Simon & Schuster, 2001.

Millman, Chad. *The Detonators.* New York: Little, Brown, 2006.

Montalbano, Tom. "The Station Agent and the Anarchist" *Syosset jericho Tribune,* March 19, 2010.

Munsterberg, Hugo. *The War and America.* New York: D. Appleton, 1914.

Myers, Edward. *Adventures of a Former Agent of the Kaiser's Secret Service.* London: Hodder & Stoughton, 1914.

Nicolai, Walter. *The German Secret Service.* London: Stanley Paul, 1924.

Powe, Marc B. *The Emergence of the War Department Intelligence Agency, 1885—1918.* Manhattan, KS: Military Affairs, 1975.

Rafalko, Frank J. "Imperial Germany's Sabotage Operations in the U.S." Chap. 3 in *A Counterintelligence Reader: American Revolution to World War II,* vol. 1.Washington, DC: National Counterintelligence Center, 2006. www.fas.org/irp/ops/ci/docs/cil/ch3c.htm.

Reppetto, Thomas A. *Battleground, New York City.* Washington, DC: Potomac Books, 2012.

Reppetto, Ihomas A., with James Lardner. *NYPD: A City and Its Police.* New York: Macmillan, 2001.

Richelson,Jeffrey T. *A Century of Spies: Intelligence in the Twentieth Century.* New York: Oxford University Press, 1997.

Russell, Charles Edmund. *True Adventures of the Secret Service.* New York: Burt, 1923.

Russell, Daniel E. *The Day Morgan Was Shot.* Glen Cove: Privately printed, 2004.

Seymour, Charles. *Woodrow Wilson and the World War.* New Haven, CT: Yale University Press, 1921.

Seymour, Charles. The Intimate Papers of Colonel House. 4 vols. Boston: Houghton Mifflin, 1926—1928.

Spence, Richard. "Englishmen in New York: The SIS American Station, 1915-21." *Intelligence and National Security* (London), 2004.

Stevenson, David. *Cataclysm: The First World War as Political Tragedy.* New York: Basic Books, 2004.

Strother, French. *Fighting Germany's Spies.* New York: Doubleday, Page, 1918.

Thwaites, Norman. *Velvet and Vinegar.* London: Grayson and Grayson, 1932.

Tresca, Carlo, and Nunzio Pernicone. *The Autobiography of Carlo Tresca.* New York: John D. Calandra Italian American Institute, Queens College, City University of New York, 2003.

Tuchman, Barbara W. *The Guns of August.* New York: Ballantine Books, 1962.

Tuchman, Barbara W. The Zimmermann Telegram. New York: Ballantine Books, 1979.

Tumulty,Joseph P. *Woodrow Wilson as I Know Him.* New York: Doubleday, Page,1921.

Tunney, Thomas J., with Paul Merrick Hollister. *Throttled! The Detection of the German and Anarchist Bomb Plotters.* Boston: Small, Maynard, 1919.

Von Bernstorff, Johann. *My Three Years in America.* New York: Scribner's, 1920.

Von Bernstorff, Johann. Memoirs of Count Bernstorff. New York: Random House, 1936.

Von der Goltz, Horst. *My Adventures as a German Secret Agent.* New York: Robert M. McBride, 1917.

Von Papen, Franz. *Memoirs.* London: A. Deutsch, 1932.

Von Rintelen, Franz. *The Dark Invader: Wartime Reminiscences of a German Naval Intelligence Officer.* London: Lovat Dickson, 1933.

Von Rintelen, Franz. Return of the Dark Invader. London: Dickson & Thompson, 1935.

Voska, Emanuel Victor, and Will Irwin. *Spy and Counterspy.* New York: Doubleday, 1940.

Warner, Michael. "The Kaiser Sows Destruction: Protecting the Homeland the First Time Around." *Studies in Intelligence* (CIA Center for the Study of Intelligence) 46, no. 1 (2002): 3-9.

Wheeler, Douglas. "A Guide to the History of Intelligence, 1800—1918." *Intelligencer: Journal of U.S. Intelligence Studies* 19, no. 1 (2012): 47~50.

Willert, A. *The Road to Safety: A Study in Anglo-American Relations.* London: Derek Verchoyle, 1952.

Witcover, Jules. *Sabotage at Black Tom.* Chapel Hill, NC: Algonquin Books,1989.

Wood, Eric Fisher. *The Note-Book of an Intelligence Officer.* New York: Century, 1917.

附录三

中英译词对照表

A

Abteilung IIIB　军事秘密情报机构［德］
Amedeo Polignani(Frank Baldo)　阿美迪奥·波里纳尼(弗兰克·巴尔多)
American Federation of Labor(AFL)　美国劳工联合会
Anton Dilger　安顿 · 迪尔格
Arthur Woods　亚瑟 · 伍兹
Arthur Zimmermann　亚瑟 · 齐默尔曼
Associated Press　美联社
Atlas Line　大西洋航线

B

Black Tom　“黑汤姆”
Bomb and Neutrality Squad　炸弹与中立行动小组
Bonford Boniface　邦福特 · 博尼法斯
British Secret Intelligence Service　英国秘密情报机构
Bureau of Investigation　调查局

C

Canadian Pacific Railroad　加拿大太平洋铁路线
Carl Wettig　卡尔 · 维提格
Charles von Kleist　查尔斯 · 冯 · 克莱斯特

City National Bank 纽约城市国民银行

D

Defense Secret Act of 1911 《国防秘密法案》
Deutsche Bank 德意志银行

E

Ed Felton 菲尔顿
Equitable Building 公平大厦
Erich Muenter（Frank Holt） 恩里希 · 蒙特 (弗兰克 · 霍尔特)
Erich von Steinmetz 恩里希 · 冯 · 斯泰因梅茨
Executive Committee 行动委员会

F

Frank Abarno 弗兰克 · 阿尔巴诺
Franklin Polk 富兰克林 · 波尔克
Franz Gustav von Wandel 弗兰茨 · 古斯塔夫 · 冯 · 万德尔
Franz von Papen 弗兰茨 · 冯 · 帕蓬
Franz von Rintelen 弗兰茨 · 冯 · 林特伦
Frederick Hinsch 弗里德里克 · 辛世
Friedrich Schleindl 弗里德里希 · 施莱恩德尔

G

George Barnitz 乔治 · 巴尼茨
George Fuchs 乔治 · 福熙
German Club 德国俱乐部
Gibbons(E.V.),Inc. E.V. 吉本斯公司
Grand Central Palace 中央皇宫大酒店
Groton School 格罗顿学校
Gottlieb von Jagow 戈特利布 · 冯 · 贾高

Guy Gaunt	盖伊 · 葛恩特
Guy Scull	盖伊 · 斯库尔

H

Hamburg-American Building	汉堡美国大厦
Hamburg-American Line	汉堡美国船运公司
Hans von Wedell	汉斯 · 冯 · 维德尔
Heinrich Albert	海因里希 · 阿尔伯特
Henry Barth	亨利 · 巴斯
Henry Senff	亨利 · 森夫
Herbert Kienzle	休伯特 · 凯恩茨勒
Herman Ebling	赫尔曼 · 埃伯林
Horst von der Goltz	霍斯特 · 冯 · 德 · 格尔茨
Hugo Munsterberg	雨果 · 蒙斯特博格

I

International Union of Structural Workers	美国建筑工人国际联合会

J

J.P.Morgan Jr. （“Jack”）	小杰克 · 摩根
James Coy	詹姆斯 · 考依
Johann von Bernstorff	海因里希 · 冯 · 贝恩斯托夫
John Archibald	约翰 · 阿奇巴尔德
Junker Class	容克阶层

K

Kaiserpass	国王护照
Karl Boy-Ed	卡尔 · 博依德

L

Labor's National Peace Council	全国劳工和平委员会
Leona Holt	莱安娜 · 霍尔特
Leona Muenter	莱安娜 · 蒙特

M

Manhattan Front	曼哈顿前线
Mansfield Smith-Cumming(C)	曼斯菲尔德 · 史密斯 - 康明斯
Max Weiser	马克斯 · 维瑟
Military Intelligence Division(MID)	陆军情报分部

N

National German-American Alliance	德美全国联盟协会
New York Madison Square Garden	纽约麦迪逊花园广场
New York Mills Hotel	米尔斯宾馆
New York Times	《纽约时报》
New York Yacht Club	纽约游艇俱乐部

O

Oberste Heeresleitung(OHL)	德国最高军事部
Office of Naval Intelligence(ONI)	海军情报办公室
Otto Wolpert	奥托 · 沃尔伯特

P

Patrick Walsh	帕特里克 · 沃尔什
Paul Hilken	保罗 · 希尔肯
Paul Koenig	保罗 · 科尼格
Paul Siebs(Karl Oppegaarde)	保罗 · 希布斯

R

Robert Fay	罗伯特 · 费依
Robert Lansing	罗伯特 · 蓝辛

S

Secret Intelligence Service(SIS)	英国秘密情报机构
Secret Service(U.S.)	秘密情报机构 [美]
Shipping News	《船运新闻》
Society Summer Directory	《夏季协会指南》

T

Tom Tunney	汤姆 · 塔尼

U

Union Metallic Cartridge	联合金属子弹工厂
United Press	合众国际社

V

Valentine Corell	瓦伦丁 · 克雷尔
Van Cortland Park	范科特兰德公园
Victoriano Huerta	胡埃塔

W

Walter Scholz	瓦尔特 · 索尔茨
Walter Nicolai	瓦尔特 · 尼古莱
Walter Scheele	瓦尔特 · 席勒
Washington Post	《华盛顿邮报》
Woodrow Wilson	伍德罗 · 威尔逊

图书在版编目(CIP)数据

黑暗入侵:1915美国首次反恐与卷入一战秘因 / (美)布鲁姆著;王兴栋译. – 重庆:西南师范大学出版社, 2015.7

书名原文: Dark Invasion: 1915: Germany's Secret War and the Hunt for the First Terrorist Cell in America

ISBN 978-7-5621-7472-1

Ⅰ. ①黑… Ⅱ. ①布… ②王… Ⅲ. ①反恐怖活动–史料–美国–1915 Ⅳ. ①D771.288

中国版本图书馆CIP数据核字(2015)第146160号

Dark Invasion: 1915: Germany's Secret War and the Hunt for the First Terrorist Cell in America

黑暗入侵:1915美国首次反恐与卷入一战秘因
HEIAN RUQIN: 1915 MEIGUO SHOUCI FANKONG YU JUANRU YIZHAN MIYIN

[美] 霍华德 · 布鲁姆 著 王兴栋 译

出 品 人:米加德
总 策 划:卢 旭 闫青华
责任编辑:何雨婷 王绍政
封面设计:黄佳菁 谷亚楠
内文排版:胡 静
出版发行:西南师范大学出版社
重庆市北碚区天生路1号 邮编:400715
http://www.xscbs.com
市场营销部电话:023-68868624
印 刷:重庆五环印务有限公司
字 数:256 千字
开 本:890mm × 1240mm 1/32
印 张:12.5
版 次:2016年1月第1版
印 次:2016年1月第1次印刷
著作权合同登记号:2015年第198号
书 号:ISBN 978-7-5621-7472-1

定 价:42.00元

读者回函表

Readers

WIPUB BOOKS

姓名：______ 性别：____ 年龄：____ 职业：______ 教育程度：______

邮寄地址：______________________ 邮编：______

E-mail：____________ 电话：____________

您所购买的书籍名称：《黑暗入侵：1915美国首次反恐与卷入一战秘因》

您对本书的评价：

书名：□满意 □一般 □不满意 | 故事情节：□满意 □一般 □不满意

翻译：□满意 □一般 □不满意 | 书籍设计：□满意 □一般 □不满意

纸张：□满意 □一般 □不满意 | 印刷质量：□满意 □一般 □不满意

价格：□便宜 □正好 □贵了 | 整体感觉：□满意 □一般 □不满意

您的阅读渠道（多选）：□书店 □网上书店 □图书馆借阅 □超市/便利店 □朋友借阅 □找电子版 □其他 ______

您是如何得知一本新书的呢（多选）：□别人介绍 □逛书店偶然看到 □网络信息 □杂志与报纸新闻 □广播节目 □电视节目 □其他 ______

购买新书时您会注意以下哪些地方？

□封面设计 □书名 □出版社 □封面、封底文字 □腰封文字 □前言后记 □名家推荐 □目录

您喜欢的书籍类型：

□文学-奇幻小说 □文学-侦探/推理小说 □文学-情感小说 □文学-散文随笔

□文学-历史小说 □文学-青春励志小说 □文学-传记

□经管 □艺术 □旅游 □历史 □军事 □教育/心理 □成功/励志

□生活 □科技 □其他______

请列出3本您最近想买的书：______、______、______

请您提出宝贵建议：______________________

____

★感谢您购买本书，请将本表填好后，扫描或拍照后发电子邮件至wipub_sh@126.com和xscbsr@sina.com，您的意见对我们很珍贵。祝您阅读愉快！

图书翻译者征集

为进一步提高我们引进版图书的译文质量，也为翻译爱好者搭建一个展示自己的舞台，现面向全国诚征外文书籍的翻译者。如果您对此感兴趣，也具备翻译外文书籍的能力，就请赶快联系我们吧！

您是否有过图书翻译的经验：□有（译作举例：______________________）
□没有

您擅长的语种：□英语 □法语 □日语 □德语
□韩语 □西班牙语 □其他______________________

您希望翻译的书籍类型：□文学 □生活 □心理 □其他______________

请将上述问题填写好、扫描或拍照后，发电子邮件至wipub_sh@126.com和xscbsr@sina.com，同时请将您的译者应征简历添加至邮件附件，简历中请着重说明您的外语水平等。

期待您的参与！

西南师范大学出版社
上海万墨轩图书有限公司